GRAMMAIRE RAISONNÉE

DE LA

LANGUE ESPAGNOLE.

BORDEAUX. — Imprimerie de PROSPER FAYE, fossés de l'Intendance, 15.

GRAMMAIRE RAISONNÉE

DE LA

LANGUE ESPAGNOLE

AVEC UN TRAITÉ COMPLET DE SON ORTHOGRAPHE;

PAR

C. GALLI,

Professeur agrégé du Collége Royal de Bordeaux,

Auteur de LA CIENCIA DE LA DIGUA, etc., Traducteur juré du Tribunal Civil pour les langues *Anglaise, Espagnole et Italienne.*

El idioma de CUZCO Y FILIPINAS,
Mas rico que la plata de sus minas,
Mas brillante que su oro
Y tan cundido, y mucho mas sonoro.

BORDEAUX.

FERET FILS, LIBRAIRE,

Fossés de l'Intendance, 15.

1846

ti
q
p
n
je
p

n
ni
p
la
cc
se
de
sa
de

PRÉFACE.

Il est fâcheux qu'un auteur qui travaille à un sujet déjà traité, ne puisse démontrer l'opportunité de son ouvrage, qu'en parlant des fautes de ses devanciers. On est d'autant plus contrarié, que l'on sent plus vivement le besoin de reconnaître tout ce que leurs heureux ou malheureux efforts ont jeté de lumière sur l'économie d'un édifice élevé en grande partie avec leurs propres matériaux.

Mais le sort de nos devanciers est celui qui nous attend nous-mêmes. Une bonne grammaire ne saurait être le produit ni d'un homme, ni d'un siècle. Dans les sciences progressives, plus on avance et plus on voit la distance qui nous sépare de la perfection. La science d'une langue vivante est, en outre, comme un navire lancé à la mer avant d'être achevé, et qui se détériore à mesure que l'on travaille au perfectionnement de sa structure. Heureux si nous sommes parvenus à rendre sa course plus sûre et plus légère au passager qui viendra demander une place à son bord.

Oui, depuis Lebrija jusqu'à Salvá, nous avons beaucoup d'obligations aux nombreux grammairiens que nous nous sommes empressés de consulter ; mais un simple coup-d'œil suffira pour démontrer que nous ne nous sommes pas bornés à rédiger ce qu'il y avait de meilleur dans leurs ouvrages : nous avons tâché de remplir leurs lacunes et d'élaguer leurs superfluités, en ne mettant dans notre grammaire que ce que l'on a droit d'y trouver ; nous ne nous sommes pas contentés de rectifier et de compléter leurs règles : nous croyons les avoir simplifiées. Nous avons placé à côté de chaque règle un nombre suffisant d'exemples, pour en faire apprécier la vérité, l'utilité; et par l'explication raisonnée des anomalies, nous avons souvent obligé l'intelligence à venir au secours de la mémoire, que nous avons encore aidée de la mnémonie.

Nous avons tâché de diminuer les difficultés dans l'article.

Nous avons trouvé des règles aux noms en *e*, qui ont fait le désespoir des autres grammairiens ; et, outre les épicènes, nous avons donné une liste des animaux dont les femelles ou les petits ayant un nom spécial, étaient une exception aux règles des genres et des nombres.

Dans les pronoms, nous avons fait des tableaux synoptiques pour en faire saisir à l'instant les règles et les irrégularités.

Nous avons fait connaître les huit différentes manières de rendre l'*on* français en espagnol, et les dix acceptions du *que*, ce que personne n'avait encore fait avant nous.

Quant aux verbes, nous avons indiqué les temps formatifs des verbes réguliers, et nous avons expliqué leur mécanisme; nous avons réduit à huit espèces les verbes irréguliers, et expliqué la cause de leurs irrégularités.

Les verbes *ser* et *estar*, et les prépositions *por* et *para*, ont été soumises à des règles précises et faciles à saisir et à retenir.

Ce travail suffirait, ce nous semble, pour justifier l'utilité de notre ouvrage ; mais nous ne nous sommes pas borné là.

Pour donner une idée du caractère particulier de la langue espagnole, nous en avons fait connaître le vieux et le nouveau génie, les HOMONYMES, les SYNONYMES, les PARONYMES, et à côté de sa pauvreté relativement minime, ses nombreux PLOUSIONYMES ou mots riches. Enfin, nous avons raisonné les IDIOTISMES de la langue, et nous n'avons pas oublié un petit traité d'orthographe, que nous avons cependant réduit à sa plus simple expression. Voilà à peu près ce que nous avions à dire pour justifier l'opportunité de notre travail.

Il nous reste maintenant à répondre à deux accusations portées contre notre *grammaire*, même avant d'être terminée.

La première est une supposition tirée de son titre : *grammaire* RAISONNÉE, ce qui fait, dit-on, qu'elle doit être trop savante ! Et l'autre, qui semblerait devoir exclure la première, — qu'elle ne doit pas valoir grand chose, puisque l'auteur n'est ni espagnol, ni français.

Quant au premier chef : si, à l'exemple des Volney, des Sacy, des Vater, des Bournoufs, il nous est quelquefois arrivé de demander à la linguistique ou à l'histoire littéraire de l'Europe, des données à l'appui de nos principes et de nos règles, nous l'avons fait dans des notes indépendantes du texte, utiles pour l'élève intelligent qui voudra les consulter, sans arrêter celui qui se contenterait de croire *in verbo magistri*. Au surplus, nous ne croyons pas qu'on puisse apprendre par principes une autre langue sans connaître la sienne, et c'est sans doute par ce motif que dans les colléges bien organisés, on ne permet l'étude des langues vivantes qu'en quatrième ; mais dès qu'un élève connait sa langue, il y a plus d'avantage pour lui à s'élever vers la science du maître, qu'à faire descendre le maître au niveau de l'ignorance de l'élève.

Il y a encore une autre considération : la grammaire est ordinairement expliquée à l'élève par une personne dont il faut respecter le caractère et ménager l'amour-propre, et les trivialités blessent les personnes à qui elles s'adressent, car elles supposent l'ignorance.

Le second chef est plus sérieux : on conçoit tout ce qu'il y a de délicat dans la position où nous place une pareille accusation; nous n'y ajouterons pas le ridicule auquel s'expose infailliblement l'homme qui fait ses propres louanges. Nous nous bornerons à examiner la question,—si un écrivain est absolument dans l'impossibilité de faire une bonne grammaire, dans une langue autre que la sienne.

Si l'on décidait pour l'affirmative, les meilleures grammaires sanscrites, grecques et latines seraient mauvaises, par le seul fait d'avoir été faites des siècles après que ces langues n'étaient plus parlées, par des allemands, des anglais ou des français; et cela n'est certainement pas ainsi. Nous allons bien plus loin : nous croyons que celui qui a appris une langue, non par routine comme on le fait dans l'enfance, mais par principes, en examinant les différences, en se rendant compte des rapports qu'elle peut avoir avec celle qui lui est déjà connue, n'est pas moins apte qu'un autre à enseigner le chemin qu'il a lui-même parcouru pour arriver au même but. C'est ainsi que l'aveugle-né, adulte, qui a subi l'opération de la cataracte, est beaucoup plus à même de nous expliquer comment on mesure les distances, on distingue les corps de leurs images ou de leurs ombres, les couleurs des formes, que l'enfant incapable de réfléchir et de formuler le résultat de ses réflexions. L'aveugle qui ne reçoit la vue qu'à l'âge de raison, est plus apte que nous ne le serions nous-mêmes à nous rappeler ces sensations éloignées dont nous ne sommes pas même sûrs d'avoir jamais eu la conscience. Aussi la grammaire la plus complète d'une langue quelconque, n'a jamais été celle d'un grammairien national. J'en appelle au jugement des hommes compétents de toute l'Europe. Pour peu qu'on y pense, on verra qu'il doit en être ainsi : les choses les plus singulières auxquelles nous sommes accoutumés dès l'enfance, finissent par nous être de la plus grande indifférence, tandis qu'elles appellent immédiatement l'attention de celui qui les voit pour la première fois, à l'âge où il est capable de réflexion. Les modismes, les phénomènes linguistiques, tout ce qui constitue le caractère d'une langue, frappe beaucoup plus la fibre de l'étranger que celle que l'habitude a rendue impassible, calleuse.

Tout ce que nous venons de dire n'a pas porté notre confiance jusqu'à nous faire mépriser les avis des personnes compétentes ; nous leur avons même soumis notre travail, et nous leur en témoignons ici toute notre reconnaissance, sentiment que nous professons également pour tous ceux de nos prédécesseurs dont les travaux nous ont fourni des faits ou des idées.

N. B. La classe de mots contenus dans le Ch. XXV porte une nomenclature (ébionisme) que nous avons tirée des racines sémitiques, faute d'une racine grecque convenable.

te
lo
pa
be
av
no
la
jug
ex
l'o

pas
em
sou

fort
le n
le li
cès
de

AVIS DE L'ÉDITEUR.

—

Tout éditeur qui prône l'ouvrage qu'il imprime, perd son temps et peut même aller contre le but qu'il se propose. Les louanges de l'éditeur n'étant point désintéressées, il ne peut pas y avoir impartialité dans son jugement, et plus il sent le besoin d'appuyer son livre par des mots, moins ce livre doit avoir de force pour se soutenir par lui-même. Nous comprenons parfaitement cela ; aussi, loin de préjuger le mérite de la GRAMMAIRE RAISONNÉE, nous la soumettons entièrement au jugement des hommes compétents. L'auteur, du reste, a exposé dans sa préface tout ce qui pouvait justifier l'utilité, l'opportunité de son ouvrage.

Cependant, un sentiment de modestie qui pourrait n'être pas aussi utile pour nous qu'il est honorable pour lui, l'a empêché de dire ce que nous ne croyons pas devoir passer sous silence.

Un éditeur est intéressé à parler de l'ouvrage qu'il édite fort bien ; mais d'où lui vient cet intérêt? De ce qu'il a acheté le manuscrit ou qu'il l'imprime à ses frais ; soit. Mais quel est le libraire qui entreprendrait une affaire sans croire à son succès? Or, pour croire que dans un pays où il n'y a pas moins de vingt-deux grammaires pour apprendre l'espagnol, dont quelques-unes, comme celle de Cormon, sont à leur dixième édition, un nouvel ouvrage de ce genre pourrait être une bonne affaire, il fallait quelque confiance dans son auteur. Hé bien! ce sont les motifs qui nous ont inspiré cette confiance que nous tenons à faire connaître au public. Il n'y aura pas un mot de nous et nous, ne citerons pas une ligne sans en indiquer la source.

On sait que pour être admis au concours pour les langues vivantes, il faut au moins un grade universitaire qui suppose la connaissance plus ou moins intime du latin et du grec.

M. Galli est le seul candidat qui se soit présenté à l'examen pour trois langues à la fois, et les résultats de cet examen furent la chaire d'anglais du collége royal de Saint-Étienne, et le brevet d'aptitude pour l'italien et l'espagnol qu'il professe en ce moment au collége royal de Bordeaux, où il est en même temps traducteur juré au tribunal civil, pour ces trois langues.

M. Galli qui a écrit dans *la Silhouette de Paris* (1829), *l'Abeille de Londres* (1832), et dans plusieurs journaux espagnols, entr'autres *el Amigo de la Civilisacion* (Lerida, 1838), *el Vigilante* (Girone, 1839), etc., etc., est auteur de plusieurs ouvrages qui tous ont mérité l'attention de la presse, et c'est à faire connaître l'homme par ses œuvres que se borne notre tâche.

1829. La Revue encyclopédique le loue « de l'harmonie, de la grace, de la correction de son style. » (Tom. II, p. 226.)

1833. En analysant ses Prose e Carmi, où il y a entr'autres pièces cent-un apologues dédiés aux célèbres *cent-et-un*, le Globe and Traveller (21 février 1833) dit de cet ouvrage: *This is an excellent little book, with some admirable fables.* L'Atheneum en fait l'éloge dans son numéro 265 de la même année ; et le TIMES (le roi de la presse) inséra plusieurs de ses pièces dans ses numéros 14,647 et 15,047.

1834. Le COURT MAGASINE (numéro 283), à propos de ses articles d'économie politique, fait les plus grands éloges de M. Galli : « *We are glad*, y est-il dit, *to see the talent of so intelligent and able a writer as signor C. Galli, engaged in* L'ABEILLE DE LONDRES, *the third number of which now before us countains a clever paper by that gentleman in opposition to the mischievous system of Malthus.* »

M. Florent Galli, auteur de la *Tabula philologica*, tableau synoptique de toutes les langues parlées dans l'univers (plus de 3,000), ayant succombé sous le poids du travail, M. C. Galli publia *The key to the Tabula philologica* de son frère. *The litterary Gazette* est le périodique anglais qui s'est le plus étendu sur la *Tabula philologica*, la plus grande planche gravée qui eut encore paru d'une seule pièce en Angleterre.

Les travaux exigés par ce nouvel ouvrage ont sans doute préparé M. Galli à celui qu'il publia depuis, en 1842, à Saint-Etienne, sur le nom et la langue des anciens Celtes.

La polémique à laquelle il a donné lieu entre l'auteur et M. l'abbé de La Touche, nous dispense d'en parler. On peut voir les numéros 12,727, 12,735 et 12,757 du *Mémorial Bordelais*, où l'auteur est représenté comme *un linguiste d'une érudition aussi profonde que variée*.

En 1843, le *Mercure Ségusien* avait déjà analysé l'ESSAI SUR LES ANCIENS CELTES, où M. Galli examine aussi la question de l'origine des langues. Cette analyse n'occupe pas moins de quatre colonnes; nous ne citerons que quelques lignes. « Nous » l'avouerons, l'originalité de ses opinions philologiques et la » hardiesse de ses conclusions, nous firent regarder au pre- » mier abord ses nouveaux principes comme d'éblouissantes

» chimères, comme d'ingénieux paradoxes; car ils sont en » opposition avec toutes les idées reçues jusqu'à ce jour, et » ne tendent à rien moins qu'à une complète révolution dans » la science des langues. Mais une grande force de logique, » soutenue d'une érudition d'historien aussi remarquable que » la sagacité du linguiste, nous disposent à considérer les idées » de l'auteur comme de nouvelles routes ouvertes aux études » philologiques. » Ce compte-rendu finit ainsi : « M. le capi- » taine Galli possède un double titre à une juste appréciation » de ses savantes études, lui qui pour l'amour de la science » a fait le sacrifice d'une position acquise, beaucoup plus » brillante et lucrative que celle qu'il peut rencontrer aujour- » d'hui dans sa nouvelle carrière. » (Numéro 1929.)

La Revue analytique de Paris (juin 1843), après avoir loué le langage animé de l'auteur et examiné le fond de son ouvrage, où il prouve la pluralité des langues, dit-elle, par des exemples puisés dans près de cinquante langues différentes, finit ainsi son compte-rendu : « Ce n'est donc pas une analyse » que le lecteur qui veut s'instruire doit nous demander, » c'est le livre lui-même qu'il faut lire avec l'assurance d'y » trouver une foule de faits linguistiques qu'on chercherait » vainement dans des ouvrages plus étendus. »

Nous croyons inutile de rapporter l'opinion des autres journaux et revues de France qui ont loué le premier essai de M. Galli dans la langue française, en disant qu'il a mérité (séance du 3 mai 1842) une mention honorable de l'Institut; et si cela ne suffisait pas, s'il fallait trouver une autorité de plus chez le peuple le plus compétent en fait de linguistique, nous citerions la FEUILLE littéraire de Leipsik, BLATTER FUR LITERARISCHE UNTERHALTUNG (11 février 1845, numéro 42). Cette feuille regarde M. C. Galli comme un des linguistes qui ont poussé le plus loin, *weiter vordringen*, les études celtiques, et quoiqu'elle ne partage pas toutes les opinions de M. Galli, « Son livre, » dit-elle, « il faut le reconnaître, est riche en » observations qui démontrent la sagacité de son esprit et dont » la science tirera sans doute son profit.

Il nous resterait à parler de ses ouvrages en espagnol : nous nous bornerons à un seul, la CIENCIA DE LA DICHA, dont on peut deviner l'esprit par l'épigraphe : « *Nemo malus felix*. »

OPINION DE LA PRESSE ESPAGNOLE

Sur la Ciencia de la Dicha.

EL HONGO nº 18. « Hemos tenido ocasion de examinarla y nos ha gustado muchísimo la sencillez de su estilo, la claridad de sus ideas y su fondo de moral, obra digna en todos conceptos de la pluma del aventajado escritor don Celestino Galli autor del UNIVERSO EN MARCHA y de la COSMOGLOTA en la que se esplanan sus cuasi universales conocimientos. »

EL LIBERAL BARCELONES nº 124. « Convencido el capitan Galli de que con el antiguo orden de cosas han desaparecido las antiguas costumbres y las « rancias virtudes » como suele decirse, ha procurado salvar la humanidad de este naufrajio universal remozando, si podemos decirlo asi, la moral con el prestijio de la filosofia... »

EL CONSTITUCIONAL nº 1100. « El, no consuela, pero enseña á precaver los males: no diserta sobre las olas del mar político, mas procura conjurar sus tempestades, no declama sobre las enfermedades, sino que indica el remedio. ¡ Que reconocimiento no debemos al autor que ha sabido derramar en toda su obra ese sentimiento de filantropia que despierta en el corazon mil lisonjeras esperanzas ! Allí no se halla el frio estoicismo de la escuela alemana, ni los santos desvarios de la americana, ni la escéptica burla de la francesa, sino la calma, la gravedad que solo cuadra á una obra filosófica con esas tiernas efusiones de corazon *verdaderamente humanas*.

LA LEY nº 76. « El capitan Galli despues de haber demostrado que la *moral* es susceptible de modificaciones y de progreso, y el *dogma* no: porque es divino hace ver la necesidad de separar una cosa de otra, probando en la introduccion que no hay *incesto* mas de temer para la sociedad que su *intima union* aunque *separadas* puedan servir de mútua sancion una á otra. Otros muchos puntos interesantes se tocan en esta obra singular que la hacen muy apreciable.

EL ECO DE ARAGON nº 1301. « Hace dos años anunciamos otra obra del mismo autor que aunque de otro género, no era quizà inferior en mérito á la que acaba de publicar : al menos creemos que nadie dudará que la idea del UNIVERSO EN MARCHA fué muy feliz, y que en sus observaciones el señor Galli acreditó su vasta erudicion y su profundo conocimiento de las causas que conducen la marcha en progreso del mundo. Pero la obra de la CIENCIA DE LA DICHA es esencialmente moral, y por consiguiente de mas utilidad en si misma.

. . . .

Habiamos señalado algunos capítulos para recomendar su lectura; despues nos pareció que les igualaban todos. y quitamos los señales. Pero por las circunstancias en que nos encontramos y las cuestiones que se agitan en los cuerpos legislativos de Europa y en los escritos de los sábios, no podemos dejar de recomendar los capítulos XVIII y XIX. — Los SS. párrocos, los maestros públicos los padres de familias, tienen en este libro un tesoro inagotable y preciosísimo de doctrina aplicable á todas las clases y edades.

Voilà, ce nous semble, assez de faits pour faire voir que nous n'avons pas édité la grammaire de M. Galli sans quelque garantie.

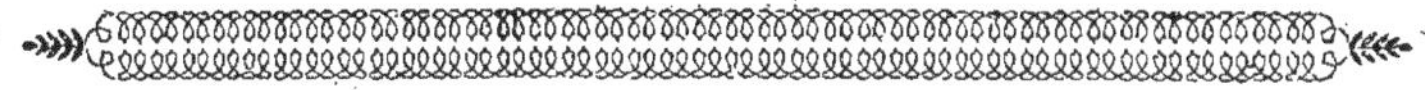

GRAMMAIRE
RAISONNÉE
DE LA
LANGUE ESPAGNOLE.

CHAPITRE Ier.

ALPHABET ET PRONONCIATION.

Les langues sont un moyen *oral* ou *graphique*, pour exprimer au dehors ce qui se passe au dedans de nous.

Apprendre une langue étrangère, c'est apprendre les différences qui existent entre cette langue et l'idiome ou idiomes que nous connaissons déjà.

Ces différences portent sur les lettres, les mots et les phrases.

ALPHABET.

Les lettres qui composent l'alphabet espagnol sont au nombre de vingt-huit, et toutes du genre féminin.

FORME DES LETTRES.

1. La forme des lettres est celle de l'alphabet français.

LETTRES DE MOINS.—1.

2. Les Espagnols n'ont pas encore adopté le *w* des langues germaniques, et le *k* ne sert, comme en français, qu'à reproduire des mots étrangers : *kirie, kan, kilometro.*

LETTRES DE PLUS.— 1.

3. La *ñ* est le seul caractère qui ne se trouve pas dans l'alphabet français, la *ll* n'étant que la réunion de deux *l*.

SONS SIMPLES.

4. SONS PERDUS.— 6. Les sons *u*, *eu*, *j*, *ch* et *z* sont inconnus à la langue espagnole, ainsi que le son muet de l'*e* et les sons nasaux.

5. SONS NOUVEAUX.— 3. Les lettres *c* et *g* devant l'*e* et l'*i*, et le *j*, le *z* et *ch* dans tous les cas, ont un son inconnu à la langue française.

SONS MODIFIÉS.

ESPAGNOLS.		FRANÇAIS.
e	répond à	*ai*
u	— à	*ou*

MÉCANISME ORAL DES SONS NOUVEAUX.

Ceta *Z* C'est un *f* où la langue remplace la lèvre inférieure: *zagal, azote, zurra.*

Jota *J* C'est une gutturale qu'il faut entendre articuler, si l'on ne connait pas le *ch* allemand ou les gutturales sémitiques. On la prononce en faisant un bruit assez analogue à celui que produiraient nos efforts quand nous voulons chasser du gosier un corps étranger.

Tch *CH* C'est le *ch* français vibré, martelé, au lieu d'être continu; le *ch* anglais, le *ci* italien, le *ć* polonais, le *ch* languedocien dans *péchaïre.*

Elye *LL* C'est l'*ll* mouillé français, dans bataille, famille, veille, feuille, citrouille. Cet *ll* n'a pas besoin d'être précédé d'un *i* pour être mouillé et peut même commencer un mot: *llave, llama, lleno* (1).

(1) Dans les mots dérivés du latin, cette double consonne ne répond pas ordinairement au double *ll* français, mais à l'*l* précédé d'une autre consonne: *llave*, (de clavis) clef; *lleno*, (de plenus) plein; *llama*, (de flamma) flamme; *lloros*, pleurs; *llamar*, (clamare) appeler.

Egne *Ñ* C'est le *gn* français dans ma*gn*anime, ma*gn*étique, ma*gn*ifique (1).

Le *C* devant l'*e* et l'*i* a le son du z, aceite, fácil.

Le *D* à la fin d'un mot est à peine sensible : Madri*d*, bonda*d*, merce*d*.

Le *G* devant l'*e* et l'*i* a le son du *j*.

H n'est jamais aspiré, et *huevo* œuf, se prononce *ouëvo*.

S a toujours le son de *ç* ou de deux *ss* : *rosa, casa, cosa, misa ;* le son du *z* français n'étant pas espagnol (2).

V et *B* Le *v* est un peu plus fort qu'en français, et le *b* un peu moins fort.

Equis *X* Cette lettre avait le son de la jota au commencement et à la fin d'un mot ainsi qu'au milieu, lorsqu'elle ne représentait pas l'*x* latin : *xeres, relox, baxar;* mais aujourd'hui elle a presque disparu de l'orthographe espagnole; quand elle a le son de la jota on la remplace par cette lettre, et l'on écrit : *jeres, reloj, bajar;* et quand elle remplace l'*x* elle est représentée par *cs*, les deux lettres qui en expriment le son : *ecsortar, ecsecrar, ecsijir*. Lorsque la consonne qui la suit est dure, l'on se contente même d'un *s* et l'on écrit : *escomulgar, escusar,* au lieu d'*excomulgar;* mais on écrit encore : *ónix, fénix* et *sardonix* par *x*, qu'on prononce comme *s* : *esce*, et *esci*, ne s'emploient que pour représenter le *sc* latin : *esceptico,* sceptique ; *Escita,* Scythe.

I griega *Y* Cette lettre est voyelle à la fin d'un mot et devant la consonne; et elle est consonne devant la voyelle. *Consonne,* elle a le son de l'ï dans faïence ; *voyelle,* elle a celui de l'*i*, qui la remplace au milieu des mots : *física, sinónimo* (3).

---

(1) Dans l'orthographe actuelle cette lettre ne se trouve initiale que dans *Ñaque* (embarras), et *Ñoclos* (espèce de macarons).

(2) Il n'y a point de mots espagnols qui commencent par un *s* suivi d'une consonne, ni par *ie*, ni par *ue*, altérations de l'*e* et de l'*o*, comme dans *ciento*, cent; *puerta*, porte.

(3) L'*y* initial ne répond jamais à l'y grec. Tantôt il remplace une consonne

SONS COMBINÉS.

REDOUBLEMENT DE VOYELLES.

Quelle que soit la combinaison des voyelles entr'elles, il n'en résulte jamais d'autre son que celui qui leur est naturel.

SON ESPAGNOL.	SON FRANÇAIS.
ai, donaire,	*gentillesse,* donaïre.
au, mausoleo,	*mausolée,* máousoléo.
oi, oigo,	*j'entends,* oïgo.
oy, doy,	*je donne,* doïe.
eu, Europa,	*Europe,* Eouropa.

SUPPRESSION DE VOYELLES.

Les mots français *taon, nageoire, seigneur, paon, Volney,* se prononcent *ton, najouare, segneur, pan, volné,* en supprimant tantôt l'*á* tantôt l'*e,* l'*i,* l'*o* ou l'*y;* cela n'arrive jamais en espagnol. La seule voyelle dont le son peut s'effacer est l'*u* lorsqu'il suit le *q* et après le *g* devant *e* et *i* : *que, quien, guisar, guerra,* que, qui, cuisiner, guerre.

REDOUBLEMENT DE CONSONNES.

Il n'y a que le *c,* l'*l,* l'*r* (1) et l'*n* qui puissent se redoubler en espagnol, et ces trois premières ont un son particulier quand on les redouble.

Le double *c* ne se trouve jamais que devant l'*e* et l'*i;* la première de ces consonnes conserve alors le son dur qu'elle a, comme en français, devant les consonnes, et l'autre, celui du zeta : *acceder, accion;* prononcez : *akzeder, akzion.*

---

et tantôt l'*i* que l'habitude a fait ajouter à l'*e*; ainsi il se trouve remplacé :

L'*h* dans *yerba* (herba), *yelmo* heaume.

Le *g* dans *yelo* (gelu), *yerno* gendre.

Le *j* dans *yacer* (jacere) *yugo* joug; *yantar* du janten cantabre (manger).

Il est à remarquer que la plupart des mots ou l'*ye* initial remplace le simple *e* comme dans *yermo, yedra* : cet *e* était précédé d'un *h* dans l'ancien latin où l'on trouve également *eremus* et *heremus, edera, hedera,* etc.

(1) L'*n* ne se redouble que dans *sinnumero* (innombrable) que quelques-uns écrivent encore par deux mots *sin numero*; dans *nonnato* (non né), et dans une

LL Nous avons dit déjà que le son du double *ll* est toujours mouillé.

RR Le double *rr* se prononce comme l'r français au commencement d'un mot; beaucoup plus dur que lorsqu'il est tout seul entre deux voyelles:

De *caro* à *carro;* de *pero* à *perro;* de *coro* à *corro.* (Cher, char; poirier, chien; chœur, cercle de personnes); il y a comme de l'*r* de cha*r*ité à celui de *r*age ou d'e*rr*ant.

COMBINAISON DE CONSONNES.

CH Le ch des grecs et des latins est remplacé par le simple *c,* chaos, *caos,* écho, *eco.*

PH Le ph par f, *fisico, filosofo.*

RH *TH* Le rh et le th sont remplacés par *r* et *t*, *retorico*, *teologo.* Quant au *ch* espagnol, il n'est jamais étymologique dans les mots dérivés des langues mortes.

GN Le *g* suivi de l'*n* est toujours dur, comme dans stagnation que l'on prononce staguenation. La seule exception est le mot *agnus* qui se prononce añus.

tio Le *t* suivi d'une voyelle précédée d'un *i* se change ordinairement en *c* en espagnol; ainsi *action, nation, portion,* se traduisent par *accion*, *nacion*, *porcion;* mais on dira: *tio, tia, patio, estío, sitiar,* etc., en prononçant toujours un *t* dans les mots où il est exprimé.

Dans la langue manuscrite le T majuscule est coupé au milieu et ressemblerait à un F si l'extrémité inférieure ne tournait pas comme celle du c par devant.

Nous ajouterons qu'un 0 coupé au milieu signifie mille en espagnol.

---

quinzaine d'autres mots composés du préfixe *in* ou *con* et d'un mot espagnol qui commence par un *n, innato, innoble, connexidad*, *innovar*, *innegable*, *connivencia*, *connotar*, *innumerable*, etc. Si le mot qui suit le préfixe n'était pas espagnol, comme dans *inocencia* et *conocer*, composés du *nocens* et *nosco,* latin, alors l'*n* ne se redoublerait pas. Mots mnémoniques *c'est la reine* (des langues).

c, l, r, n.

CHAPITRE II.

RÈGLES POUR LA LECTURE.

DE L'ACCENT.

1. L'accent est *écrit* ou *habituel*, c'est-à-dire, exprimé ou non exprimé.

2. Le seul accent écrit, espagnol, a la forme de l'accent aigu français : *amé*, j'aimai ; *mástil*, mât ; *amémonos*, aimons-nous. *Echándosele*, le lui jetant ; *tráigasemele*, qu'on me l'amène.

3. Partout où se trouve l'accent écrit, il faut appuyer avec force, glissant rapidement sur les syllabes ou voyelles qui suivent ou précèdent.

4. Il en est de même de l'accent habituel qui, n'étant pas marqué, a besoin de règles pour être connu.

MOTS AYANT L'ACCENT HABITUEL SUR LA DERNIÈRE SYLLABE.

5. Les mots qui se terminent par une consonne sont censés être longs, si cette consonne n'est pas grammaticale.

6. Une consonne n'est pas grammaticale, lorsqu'elle se trouve dans la racine du nom ou du verbe, comme *pulgar*, le pouce ; *amar*, *haber*, *sentir*, aimer, avoir, sentir (1) ; mais si nous ajoutons au nom la mar-

(1) Il faut ajouter à l'infinitif, la seconde personne plurielle de l'impératif qui était jadis absolument identique, mais qui depuis a radouci l'*r* final en *d* : *amad*, *habed*, *sentid*. Quant aux noms, les comparatifs en *or*, les diminutifs en *in*, et l'augmentatif en *on* : *ladro*, voleur, *ladron*, grand voleur ; *paloma*, *palomin*, colombe, petite colombe, sont considérés comme des parties intégrantes du mot ; n'étant là, ni pour indiquer le nombre, ni pour indiquer le genre, mais l'*ez* cantabre que l'on ajoute aux noms propres, étant la marque du génitif ou plutôt de l'ablatif, *Gonzalez de Gonzalo, Lopez de Lope, Rodriguez de Rodrigo*, on le considère comme grammatical, et il ne rend point la syllabe longue.

que du pluriel : *pulgar-es*, ou nous conjuguons le verbe *ama-s*, tu aimes ; *ama-mos*, nous aimons ; *ama-is*, vous aimez ; *ama-n*, ils aiment ; *amar-on*, ils aimèrent ; *ama-ban*, ils aimaient ; *ama-sen*, qu'ils aimassent, etc. ; alors, tous ces affixes qui servent au mécanisme grammatical, quoique terminés par une consonne, ne rendront point le mot long, et l'accent habituel sera sur l'avant-dernière syllabe, si l'accent écrit ne le fait reculer sur les précédentes, comme cela arrive dans la première personne plurielle de presque tous les temps, et dans celles qui sont suivies d'un ou plusieurs pronoms.

Dans les adverbes terminés en *mente*, on porte aussi l'accent sur l'avant-dernière, mais sans cesser de faire sentir l'accent habituel ou écrit, sur l'adjectif qui le précède ; absolument comme si les deux élémens de l'adverbe étaient séparés :

magnífica ménte,	*gránde ménte,*	*superiór ménte.*
magnifiquement,	grandement,	supérieurement.

Les mots qui terminent par une consonne non grammaticale et qui ne sont pas longs, portent tous l'accent écrit sur la syllabe qu'il faut accentuer. Ces mots ne sont une exception à notre règle 5 que pour conserver la prosodie étymologique.

Cáliz (1) de Calix . . .
Márgen de margo . . .
Débil de debilis . . . . } latins.
Cárcel de carcer. . . .
órden de ordo (2). . . .

Mástil de mast, mât, gaulois et germanique (mast).
Jéres de gers, arabe ou cair celte.
Córtes de corte (court), italien, ou pluriel de *corte* espagnol.

(1) Les *esdrújulos* ou dactiles : *ángulo, término, bárbaro*, etc., le sont aussi par la même raison ; tous ces mots ont les deux dernières syllabes brèves en latin, de même que *túmulo, título, tálamo* et les autres mots *esdrújulos*.

(2) L'on peut voir par là que le plus souvent les langues italienne, française, espagnole, portugaise et anglaise, dans les noms qu'elles ont pris du latin, n'ont pas adopté le nominatif, mais l'ablatif : attention, interprète, limite, héritier, fleur, fraude, salut, palud, lièvre, le prouvent aussi pour le français ; mais en espagnol cette règle est presque sans exception.

TROCHÉES ou *llanos*.

Tout mot ne terminant pas par une consonne est censé trochée ou ayant l'avant-dernière syllabe longue, s'il n'a pas d'accent écrit.

DACTYLES OU *esdrújulos* (GLISSANTS).

Les mots dont l'accent ne tombe pas sur une des deux dernières syllabes, portent toujours l'accent écrit sur la voyelle où il faut appuyer.

DIPHTONGUES.

Pour les diphtongues, il faut d'abord diviser les voyelles en lettres rondes : *a, e, o;* et lettres verticales : *i, u, y*. Toutes les fois qu'au milieu d'un mot il y a combinaison de ces voyelles, la ronde absorbe presque tout le son à elle seule ; exemple :

ai páisáno	*iá* aciágo	*au* cáusa	*uá* cuándo
ei péine	*ié* piénso	*eu* réuma	*ué* puédo
oi óigo	*ió* vióléncia	*ou*	*uó* cuóta

A la fin des mots elles se partagent la force.

ay guirigay	*ia* gloria		*ua* agua.
ey rey	*ie* serie		*ue* continue.
oy estoy	*io* imperio		*uo* continuo.

Tout mot qui n'aurait pas cette prosodie est obligé de marquer la voyelle *verticale* d'un accent, si le mot a plus d'une syllabe ou n'est pas suivi d'une consonne radicale : comme *pais, reir, oiste, guiar, Saul, sintió, fué, continuó, continíúo.*

La même règle tient bon pour les triphtongues.

iai rociais
iei medieis.
uai, uay, santiguais, paraguay.
uei, uey, evacueis, buey.

Les lettres rondes, véritables imitations hiéroglyphiques de ce qui a lieu dans le mécanisme oral, représentant une émission plus libre et plus pleine de la voix humaine (1), doivent naturellement absorber

(1) Il est très facile de s'assurer de ce fait. On n'a qu'à mouiller le dos de la main, la placer à quatre ou cinq doigts de distance de la bouche et prononcer les cinq sons voyelles ; les rondes produisent de la chaleur, tandis que les autres produisent une sensation de froid, et le son de l'*i* est si grêle qu'il arrive à peine à faire une impression quelconque.

les sons plus maigres des autres voyelles, lorsqu'elles se trouvent en combinaison avec elles (1); cependant si l'*i* se trouve l'avant-dernière voyelle de la diphtongue, on doit y appuyer dessus dans les mots qui n'ont que deux voyelles: *brío, cría, frío, pío, tía, día, río, mío, tío, tío,* etc. Dios, diaz et diez, qui finissent par une consonne radicale, en sont exceptés, ainsi que les passés définis *vió, dió* qui d'ailleurs ont l'accent écrit sur la dernière voyelle.

S'il y a plus de deux voyelles dans le mot, on ne peut appuyer sur l'*i* que lorsqu'il porte l'accent écrit : *umbrío, impío, estío, desvarío, había, decía, habría, diría, haría, porfía, rocío* (rosée), *sofistería, magía, manía, filosofía,* etc. Sans quoi l'accent tomberait sur la voyelle précédente, comme dans *agio, barrio, cambio, Decio, idilio, Enio, folio, genio, honorio, imperio, Julia, lamia, lluvia, medio, nutria, ocio, patria, genio, quicio, recio, sitio, tapia, venia, vidrio, zafio, vicio, delirio, serio, vario, limpio, sabio, socio, miseria, industria, barbarie, emporio, abolorio, emisferio, Julio, junio,* etc. (2)

L'habitude orale qu'ont les nationaux, de la bonne prononciation des mots de leur langue, fait qu'ils ne sentent pas toujours la nécessité de la préciser par des signes. Cela a lieu principalement dans l'*e* de porqué, dans l'*i* de l'imparfait et du conditionnel, de même que dans les noms de science, *geografía, astrología, teología, magía,* qu'aujourd'hui on prononce même *màgia;* dans l'*o* de *sino*, et dans les noms en *es* et *is* : *lunes, dosis,* etc.

---

(1) Cette réflexion, qui nous appartient, nous la bornons aux langues latine, française, italienne, espagnole et portugaise, car nous n'ignorons pas qu'il y a des alphabets où elle ne serait plus applicable.

(2) Quelle que soit la prosodie des noms, les verbes qui n'ont pas d'accent écrit ont l'accent habituel sur l'avant-dernière lettre. Si la seconde personne plurielle de l'indicatif présent et du passé défini de la troisième conjugaison a l'accent sur la dernière voyelle, c'est parce que cette voyelle en représente deux.

CHAPITRE III.

EXERCICES DE LECTURE.

Azar, *hazard.*
Asar, *rôtir.*
Cana, *toise (cat.).*
Caña, *roseau.*
La casa, *la maison.*
Caza, *gibier.*
Caja, *boîte.*
Cara, *visage.*
Ase, *il saisit.*
Abrasar, *embrâser.*
Hace, *il fait.*
Abrazar, *embrasser.*
Fiero, *fier.*
Fierro, *minerai de fer.*
Hiero, *je blesse.*
Hierro, *du fer.*
Bolo, *quille.*
Bollo, *brioche.*
Acedo, *aigre.*
Accedo, *j'adhère.*
Embaucar, *leurrer.*
Embargar, *sequestrer.*
Embarcar, *embarquer.*
Embotar, *émousser.*
Emplear, *employer.*
Muchacho, *petit garçon*

Niño, *enfant.*
El empeño, *l'engagement.*
Entero, *entier.*
Encuadernar, *relier.*
Énfasis, *emphase.*
Enfadarse, *se fâcher.*
Enlace, *union.*
Enseñar, *enseigner.*
ímpetu, *violence.*
Imponer, *imposer.*
Imprimir, *imprimer.*
La imprenta, *la presse.*
El incendio, *l'incendie.*
Incienso, *encens.*
Insolente, *insolent.*
Inculto, *inculte.*
Indio, *Indien.*
Impío, *impie.*
Indómito, *indomptable.*
ínfimo, *infime.*
Indigente, *indigent.*
Jarro, *cruche.*
Gigante, *géant.*
Gage, *gage.*
Judío, *Juif.*

Jaqueca, *migraine.*
Inocente, *innocent.*
Inquíeto, *inquiet.*
Guerra, *guerre.*
águila, *aigle.*
Querer, *vouloir.*
Agua, *eau.*
Agüero, *augure.*
Inútil, *inutile.*
Intrépido, *intrépide.*
Henil, *grenier à foin.*
Hinchar, *enfler.*
Lluvia, *pluie.*
Llegar, *arriver.*
Llevar, *transporter.*
Hallar, *trouver.*
Yegua, *jument.*
Yugo, *joug.*
Ya, *déjà.*
Yerba, *herbe.*
Yesca, *amadou.*
Zafarse, *se sauver.*
Azafran, *safran.*
Zambo, *cagneux.*
Zanco, *échasse.*
Zarza, *ronce.*

LECTURE ET VERSION.

CIENCIA DE LA DICHA.

Science du bonheur.

1. La DICHA es el goce mas puro y duradero que sea
est la jouissance (la) plus pure et (la plus) durable qui soit
asequible al hombre sobre la tierra.
possible à l' homme sur la terre.

2. Goce puro significa goce sin mezcla de sinsosiego actual y sin
sans mélange d' anxiété présente
mezcla de pena futura.

3. Goce duradero es aquel que está fundado sobre bases sólidas
celui est fondé des
y anchas.
larges.

4. Gozar es sacar el mayor provecho de un bien cualquiera que
Jouir (c') est tirer le plus grand parti quelconque qui
esté á nuestra disposicion.
soit notre

5. Hay un bien comun á todos los hombres y este bien es la
(Il) y a tous les hommes ce
ecsistencia.

6. Gozar de su ecsistencia es hacerse dichoso.
son (c') se rendre heureux.

7. Pero gozar de una cosa no quiere decir destruirla.
Mais chose ne veut (pas) dire la détruire.

8. Son pues necesarias reglas para distinguir el goce que usa,
Sont donc (des) règles pour
conserva y amejora, dél que abusa deteriora y mata.
améliore de celui qui détériore et tue.

9. La ciencia de la Dicha es el conjunto razonado de estas reglas.
l' ensemble raisonné

10. Se hallan estas de un modo mas ó menos perfecto en los
Se trouvent celles-ci manière plus ou moins dans
escritos de los filósofos y en la *moral* de todas las religiones
écrits des philosophes.

11. « Ningun hombre malo, ha dicho Juvenal; podrá jamas ser
Ne aucun méchant a dit pourra être
dichoso. »

12. « Yerra aquel que cree possible una vida contenta la cual no
Se trompe celui croit une vie contente la quelle ne
sea al propio tiempo honrada ; » ha escrito Seneca.
soit en même temps honnête, a écrit Sénèque.

13. Los que nos rodean son tan sensibles como nosotros mismos
Ceux qui nous entourent sont aussi que nous mêmes
al bien y al mal : á los beneficios y á los insultos.
au bien et au mal; aux bienfaits et aux insultes.

14. Desean, como lo podemos hacer nosotros mismos, que cese
(Ils) désirent comme le pouvons faire nous mêmes, qué cesse
el mal y dure el bien.
le mal et dure le bien.

15. O, en otras palabras, que se indebilite y desaparezca la causa
Ou en (d')autres mots que s' affaiblisse et disparaisse la cause
de los sufrimientos y se enfortalezca y prospere el bienhechor, la
des souffrances et (que) se fortifie et prospère le bienfaiteur,
causa del goce.

16. Por eso ha dicho Demófilo : las penas que hagas á los demas
Pour cela Démophyle : les peines (tu) feras aux autres
no tardaran á recaer sobre ti mismo.
ne tarderont à retomber sur toi même.

17. Quien siembra odio, dice la ciencia de la Dicha, odio recoje,
Qui sème (la) haine haine recueille
y cosecha cariño quien cariño sembró.
moissonne bienveillance qui a semé.

18. Espérate de los demas lo que les habras hecho, hallamos
Attend-toi des autres ce que (tu) les auras fait, nous trouvons
en Publio Syro.
dans Publius Syrus.

19. Los hechos de la historia estan conformes à estos axiomas.
Les faits sont d'accord avec ces axiomes.

20. Y las Escrituras dicen igualmente : te medirán con la misma
disent (ils) te mesureront avec
medida con que habrás medido á los demas.
mesure avec laquelle (tu) auras mesuré les autres.

21. No hagais á los demas lo que no quisierais para vosotros.
Ne faites (pas) aux autres ce que (vous) ne voudriez (pas) pour vous.
— J.-Cristo.
— J.-Christ.

22. En esto conocerán todos que sois mis discípulos si tuvie-
En cela connaîtront tous (vous) êtes mes si (vous) aurez
reis caridad entre vosotros. — San Juan.
(de la) charité entre vous (les uns envers les autres). — Saint Jean.

23. Aunque hablara todos los idiomas de los hombres y los
Quand même (je) parlerais tous les des et ceux
de los ángeles, si no tengo caridad mis palabras seran como
des (je) n'ai (point) (de) charité mes paroles seront
el sonido de un metal, como el tañido del cimbalo. — San Pablo.
le son d' un tintement d'une cymbale. — Saint Paul.

24. Si tuviese el dono de la profecía, y conociese todos los miste-
Si j'avais (je) connaissais
rios, todas las ciencias; y si tuviera toda la fé necesaria para trasladar
j'avais transporter
las montañas; si no tengo caridad yo no soy nada. El mismo
je n'ai pas (la) je ne suis rien (du tout). Le même
apóstol.
apôtre.

25. Como mas estendido sea el placer, es decir: como menos
plus étendu sera c'est (à) dire moins
egoístico; como mas duradero, es decir: como menos frívolo;
individuel plus (il sera) durable, moins (il sera)
como mas puro, es decir: como menos vicioso; mas per-
plus (il sera) pur moins (il sera) vicieux plus par-
fecta sera la dicha.
fait.

26. Un hombre enfermo, ignorante, pobre puede hacer muy poco
malade peut faire très peu (de)
bien para la sociedad, y puede al contrario hacerse con el tiempo un
devenir avec
peso inútil y enfadoso por ella.
poids et fâcheux.

27. La moderacion que conserva la salud; la ciencia que nos
santé

hace útiles para nosotros mismos, la familia, la ciudad y la patria;
fait (rend) cité
y la prudencia que nos enseña á huir la pereza que malogra el tiempo y
fuir ruine
enmohece el alma, serán pues medios seguros para conseguir la
rouille l' âme donc (des) moyens sûrs pour obtenir le
dicha.
bonheur.

28. Que la prudencia sea á mas la justicia de la juventud para con
Que soit en outre jeunesse envers
la vejez, lo esplicará el sueño que estoy para contar.
la vieillesse rêve je suis pour conter.

EL ESPEJO MAGICO.

Le Miroir magique.

Es vision ó sueño? — Con su varita mágica
Est-(ce)(une) vision où (est-ce) (un) rêve? — Avec sa baguette magique
toca la Previdencia un cristal, y luego asoma en él la imágen de una
touche la Prévoyance un et aussitôt paraît en lui l' image d' une
planta, y ¡ que planta! Su tronco separece à mi cuerpo; sus ramos á
quelle Son tronc ressemble mon corps; ses rameaux à
mis manos y tiene por fruto una cabeza con mi nariz, mi frente y
mes mains et pour fruit une tête avec mon nez, mon front et
todas mis facciones.
tous mes traits.

¿ Mas quien es ese vejarron que se acerca y sopla sobre el arbol
Mais qui est ce vieillard qui s'approche et souffle sur l' arbre
un aliento que todo á la vez le yela y le abrasa? ¡Dios mio! como en
une haleine qui tout fois le gèle et l' embrâse? Mon Dieu!
poco rato canos y raros se hicieron mis rubios y espesos cabellos!
peu (de) temps blancs devinrent mes blonds cheveux.
Ya perdió la tez su frescura; se hundieron los ojos, se cubrieron de
Déjà perdit mon teint sa fraîcheur; se creusèrent les yeux, se couvrirent de
palidez las mejillas; apenas quedó una muela en la boca de esa
les joues; restât-t-elle une dent dans la bouche de ce
cara, cuyas muchas rugas no impidieron aun que fuera el
masque, dont (les) nombreuses rides n' empêcheront pas encore d'être le
retrato de lo que sería en mi vejez.
portrait: de ce (je) serais dans ma vieillesse.

Todavia no vuelvo de mi admiracion, que abre sus lívidos
Encore je ne reviens (pas) de ma surprise qu' ouvre ses livides
labios aquella cabeza y así, ceñuda y austera, me habla. Su voz tiene
lèvres cette tête et ainsi sombre et austère me parle. Sa voix a
un no se que de dulce y de irritado que me penetra el alma.
un (je) ne sais quoi de doux et d' irrité qui me pénètre l' âme.
Hermana que los destinos llamaron á dividir conmigo el reinado de
(Ma) Sœur que la destinée ont appelée à partager avec moi l' empire de
este cuerpo ¿como puedes ser tan injusta para conmigo? Tu llena de
ce corps peux-tu être si envers moi? Toi pleine de
salud y vigorosa y yo llena de achaques: para los dos nos
santé et vigoureuse et moi pleine d' infirmités pour (toutes) les deux nous
dejara fortuna el goze de un patrimonio que tu prodigas para ti sola.
a laissé la fortune la

Salud, paz, tiempo y fama, todo (lo) destruyes hermana.
Santé, paix, temps et bon nom, ma sœur tu détruis tout.

Sin un solo pensamiento para mi, tu talas los campos y arrasas
Sans une seule pensée pour moi fourrages les champs et rases
la huerta que granadas espigas y sabrosos frutos debían agostar
le jardin qui (de) gros épis et de doux fruits devaient mûrir
para mi; y en ese campo desnudo, ¡ ay de mi! hermana; tu
pour moi; et dans ce champ nu. hélas (ma) sœur ta
asoladora mano enfermedades y miseria siembra que á mi sola tocará
destructrice main des infirmités et la misère sème qu' à moi seule (il)
recojer.
appartiendra (de) recueillir.

Tu pereza te impide el que venzas una ignorancia que será mi opro-
Ta paresse t' empêche de vaincre mon
bio; ella deja detras el peso que tendré que cargar sobre mis
elle laisse derrière (elle) le poids que (je) devrai porter sur mes
debiles hombros. Para satisfacer tus caprichos, mil deudas crías, que
faibles épaules. Pour satisfaire tes caprices mille dettes tu créas que
tendré que pagar con mi libertad y ¿quizá? con el pan de cada día.
je devrai payer de ma et peut-être avec le pain de chaque jour.
¡Las migas y la carne te comes, hermana, con todos tus dientes, la
la
dura crosta y los huesos dejando para mis despobladas encías!!!
croûte les os laissant pour mes sans dents gencives!!!

Me desperté y prorompí: *la prudencia es la justicia de las edades.*
(Je) me réveillai et m'écriai : *la prudence est la justice des âges.*
Sí la prudencia es la justicia de las edades como la justicia es su prudencia y toda la ciencia moral puede resumirse en dos axiomas.
peut se résumer
— Es bondad la prudencia y prudencia es la bondad.—
Il est bon d'être prudent et il est prudent d'être bon.
Es bondad la prudencia, pues: hecho (un) infeliz, el imprudente acaba
Par être fâcheux car devenu malheureux finit
con ser molesto à los mismos que su cariño queria ayudar.
ceux-là mêmes sa bienveillance voulait aider.
La bondad es prudencia : pues, la bondad, como la ruindad, han
car méchanceté re-
de recojer enfin lo que han sembrado.
cueilleront enfin ce (elles) ont semé.
Benevolencia y prudencia he-allí la virtud en compendio.
Bienveillance et prudence vois-là le précis de toutes les vertus.
El secreto pues de la dicha es practicar la virtud que nos grangea
Le donc gagne
la estimacion pública; nos rodea de amigos, nos da, con el habito
estime entoure donne avec habitude
de la frugalidad y del trabajo, la salud del cuerpo, el contento del
du travail santé contentement
corazon y la paz del alma : — la dicha. La dicha, ese estado sobe-
cœur paix de l'ame : — le bonheur. cet état souve-
ranamente deleitoso en que el hombre honrado, libre y espon-
rainement délicieux dans (le) quel honnête, librement et spon-
taneamente, puede elevar sus ideas hácia el *Ser perfectisimo* y decir
tanément peut vers l' être très-parfait et dire
con un suspiro y una sonrisa mas elocuentes que las litanias de Buda,
un sourir plus les litanies de Buda,
(carga de muchos camellos) ; cuanto se alegra de haber dado
(la) charge de plusieurs chameaux ; combien il est content d' avoir donné
por blanco á todas sus acciones, á todos sus pensamientos AQUEL que
pour but à toutes ses pensées CELUI qui
imponiendo á los hombres la virtud no les impuso sino el que
imposant aux hommes (ils) ne leur imposa que
fuesen *dichosos.*
le bonheur.

De l'exercice qui précède, nous venons de voir :

1° Que la langue espagnole a des superlatifs comme la langue latine. Elle a aussi des augmentatifs et des diminutifs;

2° Qu'ordinairement elle n'exprime point le *sujet* quand c'est un pronom : Je dis, *digo;* vous avez raison, *teneis razon;*

3° Qu'elle emploie l'*infinitif* comme un substantif n'exprimant pas le *de* français qui le précède, quand il est sujet ou régime, et le rendant ordinairement par *que,* avec le subjonctif, quand il est précédé d'un autre verbe.

4° Que le participe passé est aussi employé en forme de substantif; et quand le nom, l'infinitif, ou le participe sont le sujet de la phrase, on peut les placer avant ou après le verbe ;

5° Que souvent l'objet ou accusatif précède le verbe dont il est le régime ;

6° Que si le régime est un être raisonnable ou un pronom autre que le pronom personnel, on le fait précéder de la préposition *á;*

7° Que lorsque l'équivoque n'est pas possible, on remplace le pronom possessif par l'article, et l'on ne traduit point l'*y* ni l'*en*, pronom et adverbe français;

8° Que le *si* veut le subjonctif, comme dans le latin, qui forme le fond de la langue espagnole. Enfin, que lorsqu'on dirige la parole aux personnes qui n'ont point de titre, on leur donne celui de *v.*[d], qui signifie *vuestra merced,* votre grace, substantif qui exige, comme tous les autres substantifs, le verbe et les pronoms à la troisième personne, dans le cas, bien entendu, où l'on n'est pas assez familier avec les gens pour les tutoyer.

CHAPITRE IV.

DÉFINITIONS.

1. La grammaire, comme l'indique son étymologie (*grammé*, ligne, trait; *gramma*, lettre, écrit, cahier, en grec), n'apprenait d'abord qu'à tracer les caractères, et par extension, à écrire; aujourd'hui l'on entend par **Grammaire**, *l'art de parler et d'écrire correctement.*

DES ÉLÉMENTS DE LA PHRASE.

Considérés comme les éléments du discours, les *mots* prennent dans la phrase le nom qui indique le mieux le rôle qu'ils y jouent, le secours qu'ils y prêtent. On peut les réduire à neuf espèces :

1. **Le Nom** est un mot qui désigne tout ce qui a un *nom;* tous les êtres, réels ou fictifs, et leurs qualités. Ex. : *Dieu, homme, animal, arbre, métal, air, douleur, science, chimère, grand, périssable, froid, utile, absurde.*

Le Substantif (*sub-stans* / dessous-demeurant) désigne l'être intime, abstraction faite des qualités qui l'enveloppent. Ex. : *Dieu, Jacques, marbre, odeur, goût, vice, Phœnix.*

L'Adjectif (*ad objectum* / près de l'objet) accompagne l'*objet* ou l'*être* dont il indique les qualités. Ex.: *carré, jaune, épais, froid, petit, doux, bon, savant, sain, imaginaire.*

2. **Le Verbe** (*de verbum*, parole) est un mot qui sert à *parler*, à *dire* quelque chose de l'être. Ex. : Il *est*, il *a*, il *dort*, il *écrit*, il *souffre*, il *pense*, il *délire*.

3. **L'Adverbe** (*ad verbum* / près du verbe) sert à qualifier les modifications du nom exprimées par le verbe. Ex.: Il dort *profondément*, il écrit *bien*, il souffre *beaucoup*, il pense *peu*.

4. **L'Article** (*articulus*, particule) est un petit mot qui, placé

avant le nom, fait connaître : 1° si l'objet désigné par le substantif est un être *quelconque* de son espèce: un homme m'a dit; l'*espèce :* l'homme est mortel; ou un être *connu* de l'espèce : j'ai vu l'homme ce matin. Le pluriel d'*un*, qui ne peut être remplacé par un pronom démonstratif est *des*; le pluriel de *le*, quand il désigne l'espèce, est *les*, tandis qu'il ne peut pas avoir de pluriel quand il détermine un seul individu. 2° Pour indiquer la quantité. Ex. : Une cerise, des cerises, du pain, du fromage.

Dans le premier cas, l'article est *indéterminé;* dans le second et le troisième cas, il est *déterminé;* et on l'appelle *partitif* quand il désigne une quantité, une *partie* de la chose indiquée par le substantif.

5. La Préposition (*præ-positio* avant-position) est un mot qui précède le nom auquel se rapporte ce que dit le verbe. Ex.: Ce bouquet que j'ai placé *sur* la table *dans* la chambre *de* ma tante est *pour* vous, il a *environ* deux cents fleurs que j'ai cueillies, cet *après-dînée*, *parmi* les fraises et les arbres, *tout près* du mur qui est *à côté* de la treille, *entre* le petit pont et la fontaine.

6. La Conjonction sert à unir les mots et les idées : ex. mon frère *et* son épouse devaient arriver aujourd'hui, *mais* le temps est si mauvais *et* il est si tard que je ne les attends pas.

7. L'Interjection est cette exclamation, ce cri que nous arrachent la joie ou la douleur, la pitié ou la surprise, le mépris ou l'admiration : *ah* que je suis content ! *hélas* tant pis ! etc.

8. Le Participe est un mot qui *participe* du verbe quant à sa dérivation, et du nom quant à son emploi.

9. Le Pronom (*pro-nomine* pour le nom) est un mot qui remplace le nom qu'il serait ennuyeux de devoir répéter à chaque instant dans la phrase.

DE LA PHRASE.

La phrase (de *phrazo* grec *je parle*) est l'expression d'une pensée ou d'un sentiment. Elle se compose nécessairement du nom et du verbe, mais l'un ou l'autre peuvent dans certains cas être sous entendus, ce qui fait qu'elle peut être formée d'un ou plusieurs mots.

Il y a phrase toutes les fois qu'il y a un sens complet dans l'expression de la parole.

EXEMPLE *de Phrases depuis* 1 *mot jusqu'à* 50.

1. Dors.... (sous entendant *le nom* de la personne à qui on dit de dormir).
   ..... Charles (sous entendant *écoute, viens* ou un autre *verbe*).
2. Dors Jenny; étudie Charles; espère Alfred; saute Henry.
3. Repose *chère* enfant; sois *sage* Oscar; restez *tranquilles* Messieurs.
4. Repose *tranquillement* petit ange.
5. *Le* petit appelle la bonne.
6. Hippolyte est tombé *dans* l'eau.
7. Il est *arrivé* à Paris en *courant*.
8. Il partit *et* revint, *mais* il est reparti.
9. *Ha!* vous êtes donc ici? *Hola*..... mais non, partez.
10. *Cet* enfant *qu'on* admire, nous dit-*elle,* est *mon* fils.
20. Il suffit de bien connaître les avantages de la vertu, pour sentir le besoin de l'aimer.
30. Dans l'association des méchants, ce n'est pas le moins coupable qui agit sur les criminels, mais le plus dépravé qui a action sur celui qui l'est moins. (DE BEAUMONT.)
50. Dans le monde moral, dit la *Science du Bonheur,* la vertu est le soleil qui donne la lumière, la gaîté, la chaleur et la vie à tout ce qui existe : tous les genres de contentement et de bonheur roulent autour de cet astre brillant, comme s'ils étaient ses planètes. *(Ciencia de la dicha.)*

Cette dernière phrase, ou mieux période, est de deux membres.

Il y a des phrases qui sont encore plus longues, quoiqu'en général il faille tâcher de les éviter, car l'obscurité n'est pas seulement produite par les *termes vagues ou équivoques, les constructions louches et les inversions forcées,* mais par la fatigue de l'esprit qui, avant d'arriver au bout de la phrase, en oublie le commencement, ce qui arrive surtout dans la manière d'écrire des anciens et des peuples arriérés.

La grammaire espagnole ne diffère en rien de la française, quant aux éléments de la phrase. En espagnol, comme en français, le nom et le verbe sont seuls indispensables dans la phrase pour parler, et savoir qui parle, à qui l'on parle et de qui ou de quoi l'on parle.

CHAPITRE V.

DES ARTICLES.

Il y trois genres en espagnol : le masculin, le féminin et le neutre.

Les substantifs ne peuvent être que masculins ou féminins.

L'article déterminé du genre masculin est *el ;* celui du féminin est *la ;* excepté devant l'a accentué qui par euphonie demande aussi *el*.

Il n'y a au pluriel que *los* pour le masculin, et *las* pour le féminin.

Exemples du masculin :
el libro, el hombre, el arco, pl. los libros, los hombres, los arcos.
le livre, l'homme, l'arc,

Exemples du féminin :
la carta, la honra, la edad, la América, la almendra,
la lettre, l'honneur, l'âge, l'Amérique, l'amande,
la amistad, el alma, el ave, el ánade, el agua, el águila.
l'amitié, l'âme, le volatille, la cane, l'eau l'aigle.

Quel que soit l'article féminin singulier, il faut donc *las* au pluriel, el *alma*, las *almas*, etc. La raison est que la rencontre peu agréable des deux *a* qui a lieu au singulier, lorsque le nom féminin commence par un *a* accenté, ne peut exister au pluriel, lequel ajoute toujours un *s* au singulier, et que l'on dit el *alma*, las *almas*, par la même raison que l'on dit en français : *mon* amie, *mes* amies.

SECTION PREMIÈRE.

DE L'ARTICLE NEUTRE.

L'article neutre n'a point de pluriel et est invariablement *lo*.

Lo *bueno*, lo *horroroso*, lo *agradable*, lo *ominoso*, lo *visto*, lo *aguantado*.
Le bon, l'horrible, l'agréable, le sinistre, le vu, le souffert, c'est-à-dire ce que nous avons vu, souffert, etc.

Par ces exemples, on voit que l'article neutre précède l'adjectif et le participe, lorsqu'ils sont pris substantivement dans un sens collectif et abstrait.

Ce *lo*, comme on le verra au chapitre du pronom démonstratif, est moins un article que le pronom *aquello que*, (CE QUE) lo bueno, pour *aquello que es bueno*, ce qui est bon, etc.; et quand ces adjectifs neutres sont suivis de que et d'un verbe, ils signifient *combien*. Ex.: *lo bueno que es*, combien il est bon; *lo util que me parece*, combien il me paraît utile.

C'est ainsi que les Espagnols disent *lo* pour *illud quod* dans *lo mio*, ce qui est mien, ou à moi; *lo de mi padre*, ce qui appartient à mon père; *lo mas chulo*, ce qui est plus drôle; *lo menos caro*, le moins cher; *lo de ayer*, ce dont nous avons parlé hier, l'affaire d'hier; *lo* (quantum) *que es menester*, ce qui est nécessaire, la quantité nécessaire; *lo* (multum) *que te quiero*, *lo* (multum) *hermosa que és*, combien je t'aime, combien elle est belle; *lo cual* (negotium) *me obliga á callar*, laquelle chose m'oblige à me taire.

Lorsqu'une partie du discours, autre que l'adjectif et le participe pris dans un sens abstrait et collectif, prennent la forme d'un substantif, ces parties du discours ne sont jamais neutres.

Les lettres sont du genre féminin, et tous les autres élémens grammaticaux sont masculins, ainsi que les dictions ou phrases (1).

L'on dira, par conséquent, *una a*, *una b*, etc., un a, un b, etc. *El si*, *el nó*, *el pro*, *el contra*, *el como*, *el cuando*, *el visto bueno* (le visa), *el poco hablar*, *el demasiado beber*, *el reir*, etc.; le peu parler, le trop boire, le rire, etc. Ex.: *Del mucho comer nacen indigestiones;* du trop manger, naissent les indigestions; *al salir, cerré la puerta;* au sortir (sur le point de sortir), je fermai la porte.

Tous les verbes espagnols peuvent s'employer comme substantifs à l'infinitif, et ils sont tous du genre masculin; mais on dira *lo visto*,

(1) *Los vaivenes*, de *va y ven*, va et vient (vicissitudes); *un hazmereir*, de *haz-me-reir*, fais-moi rire (bouffon); *un si es no es*, un petit peu, un tant soit peu; un *credo*, un *parce-mihi*, d'où est venu le verbe *parcemicar*, chanter le *parce-mihi*. Un *harébueno*, un mandat: mot-à-mot, un je ferai bon.

si ce participe, au lieu de désigner un objet déterminé tel que le visa, signifie vaguement ce qui a été vu : *lo visto, no es para darnos muchas esperanzas* ; ce que nous avons vu n'est pas propre à nous faire concevoir beaucoup d'espoir.

Pour bien distinguer l'adjectif ou le participe masculin du mot qui désigne le neutre, il faut avoir présent à l'esprit que le masculin est un véritable substantif, un être déterminé qui a son pluriel et peut être suivi d'un adjectif, tandis que le neutre a un sens vague qu'il perdrait s'il avait un qualificatif, et il a cela de particulier que son article peut être changé en *lo que es* (ce qui est), sans altérer le sens de son acception.

RÉSUMÉ :

el — *los*
la — *las*
lo — —

CONTRACTION DE L'ARTICLE.

Lorsque les prépositions *de* et *á* précèdent l'article, il se forme, comme en français, un seul mot des deux; mais cette contraction n'a lieu qu'au singulier de l'article *el*.

Singulier { *(de el) del; del hombre, del alma,* de l'homme, de l'âme.
(á el) al; al pan, al asa, au pain, à l'anse.

Pluriel { *de los, de las; de los hombres, de las almas.*
á los, á las; á los panes, á las asas.

A lo, de lo; á lo dicho, à ce qui a été dit; *de lo mio,* de mon bien.

Le neutre n'a jamais de pluriel, comme nous l'avons déjà dit.

Ainsi *los demas*, qui signifie les autres, n'est pas le pluriel de *lo demas*, qui signifie le reste.

Ni *los chulos*, qui signifie les plaisants, ne l'est pas non plus de *lo chulo*, qui veut dire : ce qu'il y a de plaisant.

EXERCICES.

VERSION.

« Va tan despacio la pereza, que la alcanza la pobreza por el camino. »
Va si lentement la paresse rejoint la pauvreté en chemin.
FRANCKLIN.

Las horas tienen alas y á medida que pasan, suben á dar
ont (des) mesure (qu'elles) montent rendre
cuenta al hacedor del tiempo del uso que hicimos de ellas. **Blair.**
compte créateur usage (nous) avons fait en

« La ignorancia es un rocin que tumba á quien le cabalga, y hace
rosse renverse qui monte
ridículo á quien le conduce. » **Proverbe arabe.**
conduit.

« El alma del sabio es siempre la misma; luchando con igual
âme sage toujours même luttant avec (une) égale
serenidad contra la desdicha que humilia, y la prosperidad que aturde.»
malheur qui humilie, éblouit.
Theognis.

El hacer es fácil; no así el deshacer, y cuando *lo* es, no consiste
faire défaire
en nada menos que en destruir *lo* hecho; *el* tiempo empleado en
hacerlo, y la reputacion á menudo del hacedor. G.

Les élèves déclineront les noms suivants :

Substantifs
- *Abarca,* F. chaussure de peau non tannée, en usage dans le haut Aragon.
- *Acacía,* F. acacia.
- *Aceite,* M. huile.
- *Hacha,* F. hache.
- *Ancla,* F. ancre.

Adjectifs
- *Necesario,* nécessaire.
- *útil,* utile.

Participes
- *Occurido,* arrivé.
- *Adelantado,* avancé.

SECTION II.

DE L'ARTICLE INDÉTERMINÉ.

Comme en anglais, l'article un, *uno,* n'a proprement point de pluriel en espagnol : un arbre, *un arbol,* des arbres, *arboles.*

Quelquefois cependant on le rend par *ciertos ;* des hommes, *ciertos hombres;* par *algunos* et même par *unos,* mais alors c'est le pluriel du nom de nombre, et non de l'article.

Uno perd la voyelle au singulier devant un nom masculin quelconque ; une grande erreur, *un grande error ;* un homme de bien, *un hombre honrado.*

DE L'ARTICLE PARTITIF.

Du pain, des cerises, de la viande, se traduisent de deux manières :

pan, cerezas, carne, si l'on parle de ces choses d'une manière générale, n'ayant en vue que l'espèce;

Un pedazo de pan, algunas cerezas, una tajada de carne, si l'on n'en demande qu'*un peu.*

Du, des, de la sont donc à la fois des articles indéterminés et des articles partitifs ; *indéterminés,* ils ne se rendent pas.

Partitifs, on les rend par :

Un poco de
Un tanto de } Un peu de.

Alguno-a, algunos-as, unos, unas, (quelque-es),
Un pedazo de (un morceau de).
Una tajada de (une tranche de).
Una porcion, una cantidad (une partie).
Una presa, un manojo, un puñado (une prise, une poignée).
Un cesto, (un panier), etc., selon le sens du texte à traduire.

On ne rend le du, de la, des, par *del, de la, de los, de las,* que : 1° lorsque le substantif est déterminé par un complément (1) : *del pan de ayer,* du pain d'hier ; *del asado que guisaste anoche,* du rôti que tu as préparé hier au soir; 2° au génitif et à l'ablatif.

EXERCICES.

Estaba cubierta la mesa de dulces y de frutas, y si no había
Etait couverte la table de confitures fruits s'il n' (y) avait pas
lícores, es porqué no lo permitia el clima.
c'est permettait

---

(1) Le complément allongeant trop la phrase, on met *del pan* au lieu de *un pedazo, una porcion del pan.* Ce n'est que dans ce cas que l'on emploie le génitif, sans exprimer le nom qu'il qualifie.

Allí habría v. visto dátiles, naranjas, higos, uvas, bananas,
Là auriez-vous vu dattes, oranges, figues, raisins, bananes,
mas de una piña, cuyo olor y sabor habrian resuscitado á u
plus anauas dont l'odeur saveur auraient
muerto.
mort.

Se me dió un poco de todo, una cucharada de esto, una tajada d
On donna cueillerée ceci tranche
aquello, un cacho de lo uno y un puñado de lo otro; en una palab
celà, quartier une chose poignée mo
de todo gusté y sin contar las macollas que llevaba colgadas
je goûtai sans trochets je portais pendant
la mano; tan llenas tenía las faltriqueras de nueces y melocotones, qu
ma main si pleines j'avais poches noix pêches
de cansancio, pensé no volvería nunca á mi casa.
fatigue, je pensai (que) (je) ne retournerais jamais à la maison.

SECTION III.

EMPLOI DE L'ARTICLE.

Après des adverbes de quantité, on supprime la préposition de l'article *des*.

Peu de personnes, *pocas personas*.
Bien des personnes, *muchas personas*.

Il est parlé plus au long, dans la leçon des prépositions et des adje tifs, de la conversion de ces adverbes en véritables adjectifs, et de suppression de la préposition; cependant, si, après *mas* et *menos*, préposition était suivie d'un nom de nombre pour terme de compar son, on la conserverait:

Mas de uno, plus d'un.
Mas de dos, plus de deux.
Mas de mil, plus de mille.
Menos de tres, moins de trois.

Mas de cuatro, signifie plusieurs; Ex.: *Mas de cuatro piensan q cada lengua tiene sus caprichos*, plusieurs personnes (*ou* bien de gens) pensent que chaque idiome a ses caprices; mais on dira: *ma*

Le titre *don* ne se met jamais devant l'*apellido* (le nom de famille mais devant le nom *de pila* (de baptême) :

El señor don Evaristo san Miguel.
La señora doñá Juana de Espoz y Mina.
Don Pedro, don Carlos, doña Maria.

EXERCICE.

Ya no hay tiempo que perder, ni masrazones que decir; Sus Alte reales los señores principes don Francisco y doña Rosario estan pa llegar. Vamos, pronto; Reúnanse las señoras en casa de la gefa pó tica, y los oficiales en la plaza de don Sancho III; venga el señor zobispo y corramos todos á su encuentro.

Déjà il n'y a plus de temps à perdre, ni d'observations à fair leurs A. R. MM. les princes Don François et Dona Rosario sont le point d'arriver. Allons, vîte; que les dames se réunissent ch l'épouse du Préfet et les officiers sur la place de Don Sancho III; q Mgr l'Archevêque vienne, et courrons tous à leur rencontre.

N. B. Tous les noms espagnols qui terminent par *ez* sont aujou d'hui des noms de famille, et ce *ez* répondait jadis au *bar* hébraïqu au *witz* russe, au *van* hollandais, au *von* allemand; l'*o'* irlandais, *mac* écossais, et le *de* français qui sont devenus depuis des qualifica tions de noblesse. Ex. :

Lopez de *Lope.*
Yañez de *Yan* ou *Juan* Jean.
Gonzalez de *Gonzalo,*
Rodriguez de *Rodrigo*, etc.

CHAPITRE VI.

GENRE DES NOMS.

DU SUBSTANTIF.

1. Il y a trois choses à remarquer dans le substantif : le *genre*, le *nombre* et l'*affixe*.

DU GENRE.

Nous distinguerons le genre des noms simples de celui des noms composés.

DU GENRE DES NOMS SIMPLES.

Les substantifs ne peuvent avoir que deux genres : le masculin et le féminin ; l'*épicène* et le *commun* n'étant que la réunion de ces deux genres, et aucun substantif ne pouvant être neutre.

Lorsque le nom français a des synonymes, le nom espagnol est du genre de celui qui s'approche le plus de son étymologie. Ex. :

Poêle,	étuve,	*estufa,*	FÉM.
Débit,	vente,	*venta,*	FÉM.
Gibier,	chasse,	*caza,*	FÉM.
Débris,	ruines,	*ruinas,*	FÉM.
Gâteau,	tourte,	*torta,*	FÉM.
Union,	entralacement,	*enlace,*	MASC.
Déclin,	décadence,	*decadencia,*	FÉM.
Drapeau,	bannière,	*bandera,*	FÉM.
Robinet,	clef,	*llave,*	FEM., etc.

Lorsque le nom espagnol a deux expressions, le nom français qui s'approche le plus de son étymologie est aussi seul de son genre, les autres suivent les règles que nous trouverons ci-après :

Dégoût,	*desgana,* F.,	*disgusto,* M.
Défiance,	*desconfianza,* F.,	*recelo,* M.
Débat,	*contienda,* F.,	*debate,* M.

Honneur,	*honra*, F.,	*honor*, M.
Don,	*dádiva*, F.,	*dono*, M.
Héroïsme,	*heroicidad*, F.	*heroísmo*, M.
Lis,	*azucena*, F.	*lirio*, M.
Étiquette,	*étiqueta*, F. (de cour.)	*rótulo*, M. (d'un livre)
Lampe,	*lámpara*, F.	*velon*, M.

VERS MNÉMONIQUES.

SON MASCULINOS EN LA LENGUA HISPANA.

1º Todos los **MACHOS**, animales y hombres,
DIAS, VIENTOS, MESES; de los **DIOS** los nombres (1).
Jara exceptuando, *brisa* y *tramontana*,
Persona, *escucha*, *casa* y *caravana*,
Gamuza, *ardilla*, *codorniz*, *perdiz*,
Anade, *águila*, *liebre* con *lombriz*,
Fiera, *escuela*, *academia* y la cuadrilla
De colectivos, aunque su familia
Así que, *junta*, *tropa*, *mesta armada*,
Solo hombres cuente, o conste la manada
Solo de bueyes, chivos y carneros
Cerdos, burros, caballos y corderos.
Y á no ser *punta*, *altura*, *cima* y *sierra*
Toda, **LOMA, MONTAÑA Y CORDILLERA.**

NOM DES ÊTRES ANIMÉS DES DEUX SEXES ET DE LEUR PROGÉNITURE.

	MALE.	FEMELLE.	PROGÉNITURE.
Homme.	Hombre.	Muger.	Hijo-*a*.
Mâle.	Macho.	Hembra.	Hijuelos, prole.
Ane.	Asno.	Burra.	Pollino-*a*.
Bœuf.	Buey.	Vaca.	Becerro-ternero.
Biquet.	Chivo.	Cabra.	Cabrito, chibato.
Canard.	ánsar.	ánade.	Ansarillo-*a*, anade.

(1) La grammaire de l'académie espagnole fait remarquer que si à Valladolid on dit *la Esqueva*, et à Saragosse *la Guerva*, la coutume est le seul *fondament* (motif) qui ait fait donner l'article du féminin à ces deux rivières. On dira donc *el Sena*, *el Mosa*, la Seine, la Meuse, et non pas *la Mosa*, comme le voudrait le dictionnaire de Taboada.

(2) *Cachorro*, ne se dit que des petits des quadrupèdes, et *Hijezno*, des petits des oiseaux.

	MALE.	FEMELLE.	PROGÉNITURE.
Cerf.	Ciervo.	Cierva.	Cervato-*a*.
Chat.	Gato.	Gata.	Gatito-*a*.
Cheval.	Caballo.	Yegua.	Potro-*a*.
Chien.	Perro.	Perra.	Perrito-*a*.
Cochon.	Cerdo.	Puerca.	Lechon-*a*.
Coq.	Gallo.	Gallina.	Pollo-*a*.
Daim.	Gamo.	Gama.	Gamezno.
Dindon.	Pavo.	Pava.	Pavipollo-*a*.
Grenouille.	Rana, F.	Rana.	Renacuajo.
Loup.	Lobo.	Loba.	Lobato, lobezno.
Lion.	Leon.	Leona.	Leoncico-*a*.
Moineau.	Gorrion.	Gorrion.	Gorrionito.
Lièvre.	Liebre.	Liebre.	Lebrato.
Merle.	Mirlo.	Merla.	Merlito.
Mouton.	Carnero.	Obeja.	Cordero-*a* (1).
Mulet.	Macho.	Mula.	Machito muleta.
Oie.	Ganso.	Oca.	Gansaron.
Ours.	Oso.	Osa.	Osezno.
Perdrix.	Perdiz, F.	Perdiz.	Perdigon.
Perroquet.	Loro, papagayo.	Cotorrera, cotorra.	Loritos, cotorritas.
Pigeon.	Palomo.	Paloma.	Palomino-*mita*.
Renard.	Zorro.	Zorra.	Zorillo-*a*.
Rat.	Rata, F.	Rata.	Ratoncica.
Sanglier.	Jabali.	Jabalina.	Jabato.
Souris.	Raton.	Ratona.	Ratoncillo.
Singe.	Mono.	Mona.	Monita.
Tourterelle.	Tortola, F.	Tortola.	Tortolillo-*a*.
Vipère.	Vivora, F.	Vivora.	Vivorezno.

DES ÉPICÈNES.

Les épicènes ne prennent pas le même genre dans les deux langues. On écrit donc : *la liebre*, *el raton*, etc., comme dans le tableau qui suit.

(1) L'*a* italique indique la terminaison de ceux qui ont un féminin. *Cordero*, ainsi que les petits de plusieurs autres animaux, a un grand nombre de modificatifs : *corderuelo*, *corderito*, *corderillo*, *corderico*, *borro*, *borrego*, *borreguillo*, *recental*, *agostizo*, *lechazo*, nuances qui désignent plus particulièrement l'âge, la force, la taille et la santé de l'agneau ; mais nous ne nous étenderons pas davantage sur la connaissance d'une spécialité qui intéresse plus le pâtre que le grammairien.

Féminins.

- *águila,* l'aigle.
- *ánade,* le canard.
- *anta,* / *uagra,* — tapir de l'Amérique.
- *ardilla,* l'écureuil.
- *gamuza,* le chamois.
- *jaca,* / *haca,* — bidet.
- *liebre,* le lièvre.
- *lombriz,* le ver.
- *rata,* rat.

Masculins.

- *el ánsar,* / *el pato,* — l'oie.
- *el jaguar,* l'once de l'Amérique.
- *el raton,* la souris.
- *el bacalao,* la morue.
- *un rocin,* une rosse.

En parlant des viandes prêtes à être mangées, on dit au féminin: *vaca* (vache), du bœuf; *morcilla,* du boudin; *ternera,* génisse, du veau; *manteca,* le beurre, ou la graisse de porc; *olla,* le pot au feu; *pierna de carnero* (jambe de mouton), gigot.

Sont donc masculins :

1° Les noms du mâle dans toute l'espèce vivante, quelle que soit leur terminaison : *antípoda, hombre, jabalí, cuervo, Esau, buey, áspid, esquirol, gorrion, castor, sacabotas, fenix, avestruz;*

2° Le nom des jours;

3° Le nom des mois;

4° Le nom des vents;

5° Le nom spécial des rivières;

6° Le nom spécial des montagnes;

7° Les noms terminés par une voyelle accentuée :

Frenesí	alajú,	albalá,	sofá,	Canadá,	maná,	té,	café,	alelí,
Frénésie,	pain d'épices,	passeport,			manne,			giroflée

alcalí, Perú, etc.

Exception : *fé* et *tribú,* qui sont féminins.

Sont féminins :

1° Les substantifs formés d'un adjectif : *dureza, palidez, realidad, constancia, magia, dulzura.* On excepte les terminés en *or,* qui sont masculins : *el rubor, el blancor, el negror, el verdor,* etc.

2° Les noms propres de royaumes, provinces, villes et lieux, s'ils terminent en *a* brève, et masculins autrement (SALVA, p. 17) (1).

3° Les notes et accidents de la musique, qui marquent le son et ses inflexions, sont du genre masculin : un *do*, un *fa*, un *la*, un *re*, un *si*, un *mi*, un *bemol*, un *sostenido*, un *becuadro* (2).

4° Les notes qui marquent la durée sont du genre féminin :

Una longa, una mínima, una breve, una corchea, una fusa.
Une blanche, une minime, une brève, une croche, une triple croche.

5° Les noms des arts et les sciences, excepté *el grabado*, la gravure, et *el dibujo*, le dessin.

6° Enfin les lettres de l'alphabet.

Les vers suivants embrassent les règles et les exceptions des noms féminins :

Los que terminan con *a*.
Cosa, reino, aldea ó ciudad;
La SEGUR, la SIEN, la HIEL;
MARGEN, MANO, ORDEN y MIEL;
—*As*, la LIS, la TOS, la RES;
CLIN y COL, CAL, SAL y MIES :
CHOZ, TEZ, TROJ, SOBREPELLIZ,
La LOMBRIZ y la NARIZ,
—*I* latina-*is*-*ion* y-*zon*,
A b c por adicion,
De las notas el valor,
—*D*, flor - umbre con labor,
FÉ, TRIBU por excepcion,
Femeninos todos son.

RÈGLES SPÉCIALES POUR SERVIR DE COMPLÉMENT AUX RÈGLES GÉNÉRALES.

1. Les noms espagnols ne peuvent se terminer que par une voyelle, ou une des consonnes suivantes : *d*, *l*, *n*, *r*, *s*, *x* et *z* (3), c'est-à-dire par une linguale, une sifflante ou une gutturale.

---

(1) Si l'on dit *Toledo es Rica*, c'est que l'on sous-entend *la villa de Toledo*. La ville de Toledo.

(2) Au lieu de *sostenido*, on dit aussi *diesi*, féminin, par la règle ci-après des noms en *i*.

(3) Les mots qui s'écartent de cette règle sont étrangers et tous masculins : *Bivac*, *Oreb*, *Moloc*, *Calaf*, *Magog*, *Postdam*, *Stanhop*, *Cook*, *Jáfet*, *Bath*, etc.

A. Les noms terminés en *a*, non compris dans la règle générale précédente, sont féminins. Exemple :

Escarcha, frimas.
Higuera, figuier.
Palma, palmier.
Espinaca, épinard.
Espiga, épi.
Comida, dîner.
Cena, souper.
Cúpula, dôme.
Lástima, dommage.
Sábana, drap de lit.
Muestra, échantillon.
Madeja, écheveau.
Gordura, embonpoint.
Gana, appétit.
Prenda, gage.
Ganancia, gain.
Manopla, gantelet.
Alacena, garde-manger.
Retama, genêt.
Morada, gîte.
Bellota, gland.
Liga, glu et gui.
Almena, créneau.
Niebla, brouillard.
Cuaresma, carême.
Calma, calme.
Encina, chaîne.
Lechuza, chat-huant.
Berza, choux.
Esquina, coin.
Despedida, congé.
Media, bas.

Acacia, acacia.
Argolla, carcan.
Cencerrada, charivari.
Grama, chiendent.
Argamasa, mortier.
Chuchería, colifichet.
Espuela, éperon.
Ira, courroux.
Morcilla, boudin.
Dicha, bonheur.
Rebaja, escompte.
Caoba, acajou.
Toalla, essuie-main.
Manteca, beurre.
Pestaña, cil.
Cifra, chiffre.
Cerca, clos.
Cuenta, compte.
Almohada, coussin.
Cobertera, couvercle.
Cosecha, cru.
Pápera, goître.
Grada, gradin.
Escribanía, greffe, bureau.
Mochila, havresac.
Aldaba, heurtoir.
Aceitera, huilier.
Gerigonza, jargon.
Palma, palmier.
Benda, bandeau.
Yedra, lierre.

Cama, lit.
Araña, lustre.
Capa, manteau.
Tarima, marchepied.
Máscara, masque.
Almáciga, mastic.
Inadvertencia, mégard.
Mezcla, mélange.
Mentira, mensonge.
Barba, menton.
Milla, mille.
Cara, visage.
Pantorilla, mollet.
Palabra, mot.
La nada, le néant.
Cebolla, oignon.
Orquesta, orchestre.
Orchata, orgeat.
Oblea, pain à cacheter.
Herramienta, outil.
Obra, ouvrage.
Falda, giron, le pan d'une robe.
Estera, paillasson.
Chiribia, panais.
Cesta, *Canasta*, } panier.
Mariposa, papillon.
Rúbrica, paraphe.
Mampara, paravent.
Apuesta, pari.
Empanada, pâté.

Pesadilla, cauchemar.
Pepita, pepin.
Estaca, pieu.
Pistola, pistolet.
Armella, piton, bracelet.
Muñeca, poignet.
Pechera, poitrail.
Luna, trumeau.
Pimienta, poivre.
Sidra, cidre.
Huerta, jardin potager.
Seta, potiron.
Medra, progrès.
Armilla, gilet.
Ropilla, pourpoint.
Plática, prône, sermon.
Vuelta, retour.
Valona, rabat.
Cerbatana, *Bocina*, porte-voix.
Primavera, printemps.
Almadia, *Balsa*, radeau.
Rama, rameau.
Navaja, rasoir.

Azucena, lis.
Mirada, regard.
Parada, relais.
Cita, rendez-vous.
Zorra, renard.
Seña, renseignement.
Guarida, repaire.
Redecilla, réseau.
Alberca, réservoir.
La sobra, le reste.
Cortina, rideau.
Alma en pena, revenant.
Novela, roman.
Caña, roseau.
Cinta, ruban.
Firma, seing.
Barba-cabruna, salsifis.
Anda, brancard.
Arena, sable.
Gala, gala,
Uña, ongle.
ópera, opéra.
Quina, quinquina.
Tinta, encre.
úlcera, ulcère.
Víscera, viscère.
Sátira, sarcasme.

Adormidera, pavot.
Silla, siége.
Reja, soc.
Dormida, somme.
Sospecha, soupçon.
Ceja, sourcil.
Almarada, stilet.
Alfombra, tapis.
Tarifa, tarif,
Tilla, tillac.
Tirada, tirage.
Gaveta, tiroir.
Rodilla, genou, torchon.
Huella, vestige.
Rastra, *Narria*, traîneau.
Manada, troupeau.
Ensenada, golfe.
Roya, charbon (maladie du blé).
Noria, moulin à main, puits à godets.
Norma, équerre.
Yesca, amadou.
Esca, appât.
Senda, sentier.
Negativa, refus.
Fonda, hôtel garni.

Tous les noms terminés en *a* seront donc féminins.

On excepte : 1° les noms terminés en *ma* dérivés du grec, et qu'il est facile de connaître par leur signification abstraite, scientifique ou artistique.

2° Les noms composés de deux verbes ou d'un verbe et de son

régime. *Tapaboca* (1), *tiramira*, *pasapasa*, coup sur la bouche, chemin long et étroit, passe-passe; *día*, *mapa*, *planeta* et *cometa*, jour, carte géographique, planète et comète.

On dira donc :

Un *emblema*, un *problema*, un *teorema*.
Un *anagrama*, un *dilema*, un *poema*.
Un *epigrama*, un *drama*, un *programa*, etc.

E. Féminins : 1° La terminaison en *ie* sans exception;

2° Les noms *esdrújulos*, excepté *pésame*, condoléance;

3° Les noms en *ente*, excepté *diente*, *tridente*, *ente*, *ambiente*;

4° Ceux en *ubre* et *umbre*, sans exception;

5° Tous les noms qui le sont en latin :

La pixide, le ciboir; *La sede*, le siège; *Nube*, nuage; *La lite*, le procès; *La suerte*, le sort; *La llave*, le robinet; *La nave*, le navire; *La mente*, l'esprit; *Gente*, gens, etc.

Ainsi que les suivants :

Estambre, chanvre; *La landre*, glande; *La hueste*, armée; *La tilde*, accent; *Corambre*, cuir; *La leche*, lait; *La calle*, rue; *La hojaldre*, pâté feuilleté; *La sangre*, le sang. *La tarde*, soir;

VERS MNÉMONIQUES.

TARDE, TILDE, SANGRE, ESTAMBRE,
LECHE, HOJALDRE, y la CORAMBRE,
Los en - *ie*, - *ubre*, - *ente*, - *umbre* y - *trébede*
HUESTE, CALLE y los LATINOS.
Son con LANDRE femeninos.

Tous les autres sont masculins. Seront donc de ce genre :

El adarme, la sixième partie d'une once.

El aguacate, (fruit des Indes semblable à un poire); le fruit de la Persea, l'émeraude.

El alarde, ostentation.

El bigote, moustache.

El bote, nacelle.

El bramante, ficelle.

El broche, agrafe.

El boche, fossette que les enfants font en terre pour y faire entrer des billes, des noisettes, etc.

El calambre, crampe.

(1) Voyez ci-après le genre des noms composés.

Un ciste, une saillie.
El clarinete, la clarinette.
El cohete, la fusée.
El convite, invitation.
Los deleites, les délices.
Los dengues, les minauderies.
El dique, la digue.
El desquite, la revanche.
El embuste, imposture.
El encaje, dentelle.
El enlace, union.
El estante, tablette.
El gaznate, la gorge.
El informe, information.
El linage, la lignée.
Un mollete, une miche.
Un papirote, une chiquenaude.
El pésame, condoléance.
El ponche, le punch.
El redingote, la redingotte.
El rescate, rançon.
El ribete, garniture, bordure.
El tabique, la cloison.
El talle, la taille.
El valle, la vallée.
El tinte, la teinture, etc.

I. Sont masculins, excepté les noms brefs provenant du grec et du latin, qui n'ont pas l'accent sur la dernière lettre : *diócesi*, *metrópoli*, *paráfrasi*, et *diesi*.

O. Ils sont tous masculins (1), excepté *mano*, *testudo*, *nao*.

---

(1) Cette règle comprend des centaines de mots, tels que les suivants :

Pellizco, pincée.
Bolo, quille.
Odio, haine.
Enredo, intrigue.
Suco, sève.
Topo, taupe.
Remo, rame.
Retiro, retraite.
Atajo, traverse.
Rocio, rosée.
Camino, route.
Madero, poutre.
Moho, mousse.
Moco, morve.
Embocadero, embouchure.
Bosquejo, esquisse.
Cuerno, corne.
Mochuelo, chauve-souris.
Párpado, paupière.
Encargo, commission.
Patio, cour.
Recreo, plaisance, récréation.
Forro, doublure.
Método, méthode.
Idilio, idille.
Epiteto, épithète.
idolo, idole.
Abasto, fourniture.
Malvavisco, guimauve.
Gentio, foule.
Engaño, tromperie, erreur.
Miedo, peur.
Hechizo, sorcellerie.
Aliento, haleine.
Rayo, foudre.
Cántaro, cruche.
Nicho, niche.
Lomo, échine.
Polvo, prise de tabac.
Momo, grimace.
Rizo, boucle.
Yelo, glace.
Odio, haine.
Impulso, impulsion.
Jaboncillo, savonnette.
Terebinto, térébentine.
Descuido, négligence.
Nispero, nèfle.
Orillo, lisière.
Pábilo, mèche.
Periodo, période.
Pensamiento, pensée.
Despróposito, bévue, incartade.
Organo, ogre,
Oido, ouïe.
Permiso, permission.
Principado, principauté.
Sabaco, aiselle.
Trompo, toupie, etc.

U. Ils sont masculins, excepté *la tribú*, qui fait aussi exception aux noms terminés par une voyelle accentuée.

Y. Les mots en *y* sont du même genre que dans la langue dont ils dérivent. *Guiriguay*, baragouin, masculin; *ley*, *grey*, *lex* (loi), *grex* (corporation), féminins.

Les noms adjectifs ou les participes qui remplacent un substantif, en prennent le genre.

La tangente,
La secante, } (la ligne) *linea*.

La corriente,
La crecida,
La creciente,
La menguante, } (l'eau), *agua*. On dit *el vertiente* (le versant); sous-entendant, *lado*, *curso*.

***El** ambiente* (l'air), *el aire*.

***El** corriente* (mois) *mes*.

***El** menguante*
***El** creciente* } (le disque de la lune) *el disco de la luna*.

La breve (nota musical) note de musique.

***El** breve (escrito del papa)* écrit du pape.

***El** cometa* } l'astre chevelu (*el astro.*)
***El** planeta* } l'astre errant

Las adegañas (tierras) terre du pays limitrophe.

Un ave (maria) (salut) *saludo* ou peut-être pour le distinguer d'*ave*, oiseau, qui est féminin.

Una salve (regina) oracion (prière).

Una pastoral
Una decretal
Una patente } une lettre, *carta*.

La moral (science) *ciencia*.

***El** moral* (mûrier) arbre; ou *el valor moral* (le courage).

***El** tenia* (ver) *gusano*.

***El** viva* (cri) *grito*.

***El** vocal, hombre; la vocal, letra.*

D. Tous féminins, excepté *almud*, *alamud*, *ardid*, *áspid*, *ataud*, *césped*, *laud*, *sud* et *talmud*.

VERS MNÉMONIQUES.

Masculinos son talmud
Sud, almud, ardid, laud, (1)
Césped, áspid, ataud (2)
Y á cerrarlos *alamud.*

On dira donc *la pared* (le mur); *la salud* (le salut); *la red* (le filet); *la virtud, la bondad, la merced, la lid, la vid, la sed*, etc.

J. *Carcaj, boj, reloj, almoraduj*, que l'on écrit aussi par un *x* sont masculins, et *trox* et *salsifrax* féminins.

L. Ils sont masculins, excepté *cal, cárcel, col, cordal, hiel, piel, miel, sal y señal.*

VERS MNÉMONIQUES.

CARCEL, HIEL, MIEL Y CORDAL
COL, CAL, PIEL, SAL Y SEÑAL (3).

On dira donc *el corral*, la cour; *el pañal*, la couche; *el manantial*, la source; *el arenal*, la grève; *el carril*, l'ornière; *el dátil*, la datte.

N. Sont masculins : 1° les augmentatifs en *n* : un *abispon* de *abispa* (guêpe); *un abejon* de *abeja* (abeille); *un noticion* de *noticia* (nouvelle); *un cajon* de *caja* (caisse).

Les diminutifs *un corbatin* de *corbata, un callejon* de *calle* (rue); *un escarpin* de l'italien *scarpa* (soulier); *un peluquin de peluca* (perruque).

2° Les noms qui expriment une action brusque et rapide : *un apreton, un arañon, un empujon, un resbalon, un limpion.*

Sont féminins : 1° tous les noms terminés en *zon* et *ion*, et qui signifient l'action simple du verbe dont ils sont l'affixe :

Cargazon, l'action de *cargar*, cargaison.

---

(1) *Archilaud* composé de *laud* l'est aussi.

(2) Salvá et l'Académie y ajoutent *azud*, levée, écluse; mais Taboada et Quintana le font féminin dans leur dictionnaire. Nous donnerons une liste ci-après des noms employés aux deux genres, sans distinction d'acception, soit par le même auteur, soit par des auteurs différents.

(3) *Aguamiel, hidromel* sont aussi féminins.

Palazon, l'action de planter des *palos* (pieux).
Oracion, l'action de prier *(orar)*.
Union, l'action d'unir *(unir)*.

Les autres sont tous masculins, excepté *clin* ou *crin*, *imágen*, *sarten*, *sien*, *sazon*, *razon*.

VERS MNÉMONIQUES.

CLIN, IMAGEN, Y RAZON
Su compuesto SINRAZON ;
SAZON, MARGEN, Y SARTEN
DESAZON ORDEN Y SIEN (1).
Con patillas no se ven.

L'on dira donc *un jergon*, une paillasse; *el parabien*, félicitation; *un pasquin*, une pasquinade; *el zaguan*, l'avant-cour; *el somaten*, canaille armée; *el dictámen*, l'opinion; *un sabañon*, une engelure; *el motin*, l'émeute; *el plan*, *el tren*, *el fin*, *el carbon*, *el atun* (le thon); *orin* (rouille), *hollin* (suie), *vellon* (toison), *tifon* (trombe), *tulipan* (tulipe), etc.

R. Masculins; exceptions : *Zoster*, *flor*, *coliflor*, *labor*, *segur*. Seront donc masculins : *almibar* (confiture), *taller* (boutique), *babador* (bavette), *ardor*, *calor*, *dolor*, *error*, *favor*, *licor*, *manjar* (nourriture), *nácar* (nacre), *pudor*, *rigor*, *sabor*, *tenedor* (fourchette), *valor*, etc.

VERS MNÉMONIQUES.

ZOSTER, FLOR, SEGUR, LABOR
Y el compuesto COLIFLOR.

S. AS. Ceux terminés en *as* sont féminins : *agarras*, *gachas*, *súmulas*, *parillas*, *largas*, *absolvederas*, *patillas*; excepté *zas*, mot qui exprime le bruit produit par un coup, ou le coup lui-même; *paraguas*, parapluie; les noms qui dérivent d'une partie du discours non déclinable, comme *los vivas*, *los afueras*, etc., et les pluriels de noms masculins.

---

(1) *órden* et *márgen* sont aussi masculins dans quelques acceptions, comme on le verra plus bas.

ES. *Arnes*, *viveres*, *herpes* et *azotes* sont masculins ; *res*, *etites* et *mies* féminins (1).

IS. Ceux terminés en *is*, dérivés du latin, en conservent le genre : *bilis*, *énfasis*, *apófisis*, etc., excepté *frontis* (façade), *apocalipsis*, *éstasis*, *génesis*, *iris*, *paréntesis* qui sont masculins ; les autres sont du même genre qu'en français, excepté *macis*, et *lis* (la fleur de lis, qui est du genre féminin). Voyez la page 9 pour la prononciation de ces mots.

OS. Ceux terminés en *os* sont masculins, sans même en excepter les dérivés de *mano*, comme *los besamanos*, ou le pluriel de *pasamano*, *guardamano*, *trasmano* qui sont également masculins aux deux nombres. *Tos* est la seule exception (la toux).

US. *Añus* (agnus) et *idus* (les ides) sont masculins; *venus*, féminin dans toutes les acception s.

X. *Sardonix* est le seul nom féminin (2) terminant par un *x* latin.

Z. *Choz*, *tez*, *lombriz*, *sobrepelliz* et *nariz* sont les seuls de cette
Choc, le teint, ver, surplis, nez.
désinence dont le genre diffère des noms français qui leur correspondent.

Tous ceux qui dénotent l'état ou la qualité d'une chose, sont féminins: *pallidez*, *honradez*, paleur, honnêteté, etc.

Les noms suivants sont féminins comme en français :

La altivez, fierté.	*La cerviz*, nuque.
La niñez, enfance.	*La cicatriz*, cicatrice.
La vejez, vieillesse.	*La codorniz*, caille.
La sencillez, simplicité.	*La faz*, face.
La coz, ruade.	*La hez*, lie.
La luz, lumière.	*La hoz*, faucille.

---

(1) L'Académie dit que le genre des noms qui n'ont que le pluriel est celui qu'ils auraient eu au singulier; mais qu'*efemérides*, *fasces*, *fauces*, *llares*, *preces* et *trébedes* sont féminins. On peut ajouter à ceux-ci *las velambres*, *las velaciones*, *las bachanales (fiestas)*, *las prisiones* (menottes), *las creces*, *las haces*, *las partes* et *las sienes*. Tous les autres noms en *es* qui n'ont que le pluriel sont masculins.

(2) Taboada et Quintana lui donnent ce genre dans leur dictionnaire; Salvá veut aussi qu'*onix* soit féminin, mais l'Académie le fait masculin.

Les suivants sont masculins :

Caparachon, *jaez.*
Crayon, *lapiz.*
Mesure d'arides, *cahiz.*
Manteau à capuchon, *albornoz.*
Autruche, *avestruz.*
Arquebuse, *arcabuz.*
Estimation, *prez.*

Les noms suivants quand ils désignent l'homme sont masculins, et dans les autres cas, féminins.

Père noble, barbe, *barba.*
Régent-ente, *regente.*
Fourberie, babillard, *faramalla.*
Clarinette, l'instrumentiste, *chirimía.*
Souffleur, prières, *consueta.*-AS.
La garde, le garde, *guardia.*
Le fantôme, un fantôme, *fantasma.*
Magistrat, la justice, *justicia.*
Interprète, langue, *lengua.*
La sentinelle et la faction, *centinela.*
Un lévite, une redingote, *levita.*
Tour et garde, *atalaya.*
La vue, douanier, *vista.*
La cornette et l'instrument, *corneta.*
Guérison et curé, *cura.*
Épée et le piqueur, *espada.*
Le courrier et la poste, *posta.*
La voyelle et le membre d'une corporation, *vocal.*
La cravate et le conseiller, *corbata.*
Le trompette et la trompette, *trompeta.*
La poule et le poltron, *gallina.*
Une recrue et le soldat, *recluta.*
Croupe et celui qui l'occupe, *zaga.*

Les suivants changent de genre en changeant de sens.

MASCULINS.		FÉMININS.
Pescado.	*águila.*	Ave.
Morbo.	*Cólera.*	La bilis.
El pro y el contra.	*Contra.*	La contra, proposicion
Arbol.	*Moral.*	Contraria, ciencia.
Un canal de navigation. El conducto por donde salen las cosas.	*Canal.*	Teja y en todas las demas significaciones.
El astro.	*Cometa.*	La armazon de caña y papel, ou *cerf-volant.*
Id.	*Planeta.*	La chasuble.
Cuadrupedo, *le lama.*	*Llama.*	Flamme.

MASCULINS.		FÉMININS.
Al frente de un partido, à la tête.	*Frente.*	Le front matériel de la tête.
Fagot.	*Haz.*	Falange.
Plis.	*Doblez.*	Fausseté.
Un rien.	*Nada.*	La nada (le néant).
Un thème.	*Tema.*	La crainte.
Le courrier porteur d'un rapport; le rapport.	*Parte.*	La partie.
El saludo.	*Ave.*	(Un oiseau) d'*avis*, féminin en latin.
El clavicordio.	*Clave.*	La clef, terme de musique, et la clef d'une voûte. Dans le sens ordinaire, clef se dit *llave* en espagnol.
Verso, vocabulo.	*Consonante.*	Letra, rima.
La coupure, la coupe.	*Corte.*	La cour.
Disco, lunar.	*Menguante.*	Agua, linea.
Algo de ridículo.	*Estravagante.*	Les constitutions papales.
Le bon ordre ou le sacrement.	*Orden.*	La carta o la palabra que emana del que manda y las órdenes monásticas y militares.
Sal amoníaco, tomado del frances, en cuya lengua, sal es masculino.	*Sal.*	La sal.
Au singulier précédé de l'article, *el arte latino*, la grammaire latine.	*Arte.*	Avec l'adjectif, *las bellas artes*.
Le dessert.	*Postre.*	Avec la préposition, *á la postre*, dans l'ancien proverbe; à la fin.

MASCULINS.		FÉMININS.
Il est des deux genres, *el* ou *la* mar, hormis le cas expliqué ci-contre.	*Mar.*	Avec les adjectifs techniques, *la pleamar, la bajamar; la estrellamar* (fleur), lis des vallées.
El pro y el contra.	*Pro.*	On dit également *buena pro* ou *buena pro te haga.*
Il est des deux genres.	*Azúcar.*	Suivi de l'adjectif qui en qualifie l'espèce, *blanca, refinada*, il ne peut être que féminin.
El pescado.	*Pez.*	La poix.
El margen de un libro.	*Márgen.*	Toute autre marge, et même la marge d'un livre lorsqu'il est précédé d'un adjectif: *á media márgen.*
Un par.	*Par.*	Dans la seule diction: *á la par*, également, ensemble. Ir.: *á la par*, faire moitié, société.

Il est aujourd'hui masculin. *Puente.* On ne l'emploie plus au féminin qu'accompagné de quelques adjectifs, et dans quelques acceptions consacrées par l'usage. *Puente levadiza, hacer la puente de plata; por la puente, que esta seco; ní al vado ní á la puente.*

L'habitude de considérer certaines terminaisons comme appartenant particulièrement à un genre, a fait que le peuple, qui ne saurait avoir égard à l'étymologie, a ramené plusieurs noms aux règles générales; aussi trouve-t-on:

Féminins: dans Taboada ou Quintana, *diadema, albalá, anatematisma, emblema, hermafrodita, nema, neuma, reuma, tapaboca,* etc. que l'Académie considérait comme masculins.

Et masculins ailleurs: *Bezar, alache, churre, compage, aguachirle, pringue, hipocístide, urdimbre,* etc., que l'Académie a fait d'un autre genre, et que nous emploierons sans scrupule indifféremment, dans l'un ou dans l'autre.

Les noms composés sont de deux espèces : récens ou naturalisés.

Les récens sont du genre du substantif qui y est sous-entendu.

La botasela (la orden), de même qu'on dit : *la marcha, la carga, la retirada.*

El sacabala, *instrument de chirurgie.*

El pianoforte, El cortaplumas, El sacabalas, El limpiadentes, El botabala, El paraguas, } *El instrumento.*

El deo gratias, El gloria patri, } *El responsorio.*

La palma christi, La gracia dei, La espicanardi, La hierbabuena, } *Flor ó planta.*

El para para, *(el juego)* le tour.

La porta carabina, La porta bandera, } *La correa;* on dit néanmoins *el porta fusil.*

La guardaropa *(la caja).*

El porta cartas *(el saco).*

El tiramira *(el camino, el espacio).*

El tapaboca *(el golpe sobre la boca).*

Les noms composés d'un verbe et de son complément sont donc masculins, excepté : *matalahuga, guardaropa, porta carabina, porta bandera* et *botasela.*

Si le mot composé se termine par un singulier qui ne soit pas un complément, il est naturalisé et suit la règle des noms simples.

Contraluz, F. *contrejour.*

Sinrazon, F. *tort, injustice.*

Contrapunzon, M. *contrepoinçon.*

Matalahuga, *anis.*

Desazon, F. *contrariété, malaise.*

Si le substantif est suivi d'un complément, il garde son genre : *auto-de-fé, auto-de-tunda, higo-de-india, cara-de-rallo.*

CHAPITRE VII.

PLURIEL DES NOMS.

1. Les noms sont de deux espèces quant au pluriel : *simples* et *composés*.

2. Les noms *simples* se composent eux-mêmes de *réguliers* et *irréguliers*.

3. Les règles concernant les noms *simples réguliers* sont les suivantes :

Rosa. *Rosas.* *Café.* *Cafés.* *Rondó, rondós.* *Ambigú-ús.*	1° Ceux qui se terminent par une voyelle autre que l'*á* et l'*í* accentués, n'ajoutent qu'un *s* au pluriel.
Alelí, Alelíes. *Bajá, bajáes.*	2° Ceux qui se terminent par un *á* ou un *í* accentués, ajoutent *es* au pluriel. Sont exceptés *mamá, papá, sofá,* qui ne prennent qu'un *s*, *papás, mamás, sofás; bisturí* qui fait *bisturís*; *zaquizamí*, galetas, qui n'ajoute aussi qu'un *s*; *maravedí* peut faire son pluriel de trois manières : *maravedís, maravedíes* et *maravedises*.
Cortés - corteses. *Diós, dióses.* *País, países.*	3° Ceux qui se terminent par une syllabe longue terminée par un *s*, ajoutent *es*.
Rey, reyes. *Amor, amores.* *Fiel-fieles.*	4° Ceux qui se terminent par un *y* ou une consonne quelconque, hormis les sifflantes, ajoutent *es*.
Alférez. *Alféreces.* *Cruz, cruces.* *Feliz, felices*	5° Les noms communs terminés par un *z*, changent au pluriel ce *z* en *ces*.

Sanchez, *Perez.*	6° Les noms propres terminés en *z* n'ajoutent rien au pluriel.
Córtes. *Lúnes.* *Los mánes.* *Las tiniéblas.* *Las gáchas.* *Los alicátes.*	7° Les noms terminés en *es*, bref au singulier, sont indéclinables.
Almoradux. *Almoradujes.* *Reloj.* *Relojes.*	8° Les noms terminés par un *j* ou l'*x* qui a ce même son, le changent en *jes*.
ónix. *ónices.* *Fénix.* *Fénices.*	9° Ceux qui se terminent par l'*x* latin le changent en *ces*.

LES IRRÉGULIERS.

Sont de quatre espèces :

1° Sans pluriel; 2° sans singulier; 3° changeant de sens avec le nombre; 4° défectueux dans leur désinence.

SANS PLURIEL.

1° Sont sans pluriel, les verbes pris, soit à l'infinitif, soit dans un sens personnel; et les autres parties du discours indéclinables :

El decir, el hablar, un toma, un vaya, un ámen.

On dit *los cantares, los haberes, los seres,* parce que ces infinitifs sont aujourd'hui de véritables substantifs; mais on ne dirait pas *los amar-es, los comer-es;* et si l'on trouve *los dimes y diretes*, et quelques autres modismes semblables, on doit les regarder comme des exceptions à la règle.

2° *La Francia, la Inglaterra, la nobleza, el Océano, la plebe, la juventud, la inocencia, el paganismo, el cristianismo, el pudor, el tacto, la vejez, la adolescencia* et tous les noms des choses qu'on ne peut concevoir multiples, soit par leur nature unique, soit parce qu'elles embrassent l'ensemble de l'espèce qu'elles désignent.

3° Cada,	nadie,	nada,	algo,	alguien,	farrago,	caos, etc.
Chacun,	personne,	rien,	quelque chose,	quelqu'un,	fatras,	cahos.

4° Tout nom de nombre, depuis *dos* jusqu'à *ciento* qui prend le signe du pluriel depuis deux cents *dos-cientos*. Quant à *mil*, *cuento* et *millon,* il faut les considérer comme des substantifs, ainsi que talega, docena, cuarto, ochavo, etc.

que	talega,	docena,	cuarto,	ochavo, etc.
	un sac de 1000 réaux,	douzaine,	quart,	gros.

A propos de cette dernière règle, Salvá fait observer qu'il faut mettre le substantif au pluriel, après *un* précédé d'un autre nombre, *veintiy un reales*, et non *veinte y un real.*

SANS SINGULIERS.

1. Tous ceux qui n'ont que le pluriel en français, tels que Cévennes, décombres, épousailles, fiançailles, heures (prières), ides, kalendes, les bacchanales, les mânes, les pincettes, les ténèbres, les éphémérides, matines, vêpres, complies, faisceaux; *Cevenas, escombros, desposorios, esponsales, horas, idos, calendas, los hijeres, los bacanales, los mánes, tenazas, tinieblas, efemérides, maitines, visperas, completas, fasces.*

A l'exception de :

Hijar, lombes.
Caparra, arrhes.
Archivo, archives.
Red, rets.
Llanto, pleurs.
Maleza, broussailles.
Tijera, ciseaux.
Celada, embûches.
Corambre, cuirs.

} Qui ont les deux nombres en espagnol.

2. Tous les mots qui désignent quelque chose de double, qu'on ne peut dédoubler sans l'endommager, ou dont on est dans l'habitude d'employer les parties ensemble.

Los alicates, pinzas, tenazas, pinces, pincettes.
Andaderas, roulettes d'enfant.
Andas, brancard.
Angarillas, civière.
Antiparras, les lunettes, et aussi *los zaragüelles*.
Asentaderas, posaderas, le dessous de la hanche.
Los atriceses, l'œil de l'étrier.
Bragas, braies.
Cachas, les deux lames de nacre ou d'os qui composent le manche d'un couteau.
Calzoncillos, les caleçons.
Los conyuges, consorts.
Atrasados, arrérages.
Corbas, vanneaux de l'aile du faucon.
Aguaderas, vanneaux, les paniers d'une bête de somme pour tenir les cruches.
Despabiladeras, mouchettes.
Enaguas, jupons de dessous, on les appelle aussi *paños menores*.
Esposas, menottes.
Follados, anciens hauts-de-chausses amples et plissés.
Greguescos, calzones, culottes.
Grillos, chaînes de forçats.
Ñoclos, espèce de macarons, de la grosseur d'une noix.
Las Prisiones, fers que l'on met aux prisonniers.
Alcamonias, diverses espèces de graines que l'on met dans les ragoûts.
Fideos, vermicelle.
Los Manteles, la nappe.
Zaragüelles, espèce de braies que portent les paysans de Valence, extrêmement courtes, que l'on appelle aussi *antiparras*.

2° Tous les noms de choses qui se trouvent ordinairement en assez grand nombre, soit en réalité, comme *livianos, bofes, chofes*, les poumons, ou par leur manière d'être considérés.

Los adentros, l'intérieur.
Los afueras, la banlieue.
Las fauces, le gosier.

Las cepilladuras, les éclats et copeaux de bois que fait le menuisier.

Las trípodes, } le trépied.
Las trébedes,

Las exequias, } les obsèques.
Las obséquias,

Las creces, l'augmentation.

Carnestolendas, le carnaval.

Los quehaceres, les affaires.

Los lares, foyer.

Los llares, crémaillère.

Los algodones, coton que l'on mettait dans les écritoires, fait ordinairement des fils d'un bas détricoté.

Los enseres, effets, marchandises.

Los triones, le septentrion.

largas, délai.

absolvederas, *grandes absolvederas*, la manche large, en parlant d'un confesseur.

Las gachas, } bouillie.
Los puches,

Los dolames, vice caché d'un cheval ou autre animal en vente.

sesos, la cervelle.

Los toletes, échomes.

Ultimas, dernières syllabes d'un mot.

Los modales, manière d'être ou d'agir.

nuégados, nougat.

pedilúvios, bains de pieds.

Las haces, bataillons.

añicos, petits morceaux.

Las velambres ou *las velaciones*, les épousailles.

pertrechos, munitions de chasse ou de guerre.

Súmulas, précis de logique; et bon nombre de termes de marine *Batiportas*, *toletes*, *panetas*, *tripartos*, *penoles*, etc.

Les noms suivants changent de sens par le changement de nombre :

Arma, une armée.	*Armas*, la profession des armes, les armoiries.

Abad, abbé.	*Los abades*, les cantarides.
Arista, barbe de l'épi.	*Aristas* (fort.), droites qui coupent le plan de l'esplanade.
Alma, âme.	*Almas*, les morts.
Celo, du zèle.	*Celos*, jalousie.
Pan, du pain.	*Panes*, moisson, blé sur pied.
Parte, côté.	*Partes*, bonnes qualités.
Sena, du séné ou la Seine.	*Senas*, double six au tric-trac.— Sonnez.
Agua, eau.	*Aguas*, marée : *menores*, ordinaire. *vivas*, haute. *muertas*, basse.
Caldo, bouillon.	*Caldos*, liqueurs.
Miga, de la mie.	*Migas*, ragoût de mie frite, très-agréable aux Espagnols.
Pepita, Joséphine ; pépin, pépie.	*Pepitas*, paillettes d'or que l'on trouve dans certaines mines de l'Amérique.
Azote, fléau.	*Azotes*, des coups de verges.
Parrilla, petite treille.	*Las parrillas*, le gril.
Prez, honneur, estime.	*Preces*, prières.
Armella, piton et bracelet.	*Armellas*, ornements du chapiteau dorique, annelets.
Truco, un coup au jeu de billard.	*Trucos*, le jeu du billard.
Hombrecillo, un petit homme.	*Hombrecillos*, houblon sauvage.
Velacion, l'action de veiller.	*Las velaciones*, les épousailles.

Quoique les suivants aient le singulier, on les emploie plus souvent au pluriel dans le sens que nous allons indiquer :

Ascuas, braise.	*Tripas*, l'intérieur d'un animal
Sesos, la cervelle.	*Cascos*, la tête.
Las sienes, les tempes.	*Témporas*, les quatre temps.
Mocos, la morve.	*Trizas*, petits morceaux.

DÉFECTUEUX DANS LEUR DÉSINENCE.

Par augment *val*, *valles*.
Par ellipse, *lord*, *lores*.
Par exception, *flamen*, fait *flamines*.
Testudo, fait *testudines*.
Virago, fait *viragines*.
Carmesí, est invariable.
Cebtí ne prend qu'une *s*. (Voy. le § 2 du ch. VI.)

NOMBRES DES SUBSTANTIFS COMPOSÉS.

Rico hombre. *Ricos hombres.* *Media caña.* *Medias cañas.*	1° Les noms récens, composés d'un adjectif et d'un substantif, se déclinent comme si les deux mots étaient séparés;
Padre nuestro-s. *Barbacana*-s.	2° Mais si l'adjectif suit le substantif;
Aguardiente-s. *Leopardo*-s. *Rectangulo*-s. *Carricoche*-s. *Gallipavo*-s. *Cariredondo*-s.	3° Si le mot composé de deux mots déclinables n'a éprouvé la moindre contraction ou altération dans le sens de la langue espagnole;
Vizconde-s. *Sinsabor*-ES. *Tapaboca*-s. *Pisaverde*-s. *Parapeto*-s. *Contrascarpa*-s.	4° Si le dernier mot est régime d'un verbe ou d'une préposition;
Gànapierde-s. *Vaiven*-ES. *Aguachirle*-s. *Puntapié*-s. *Forte-piano*-s. *Dulzamara*-s.	5° Si le nom est composé de deux mots de la même espèce, deux verbes, deux substantifs ou deux adjectifs;

Vanagloria-s. — 6° Si le nom ancien est passé tout composé dans l'espagnol, ILS SUIVRONT LA RÈGLE GÉNÉRALE des noms simples ;

7° *Hidalgo*, *Hijodalgo*, — gentilhomme.
Auto-de-fé, — auto-da-fé.
Real de ventaja, — huitième partie de la piastre.
Cabo de año, — fin de l'année.
Maravilla de noche, — belle-de-nuit.
Cabeza de perro, — cynocéphale.
Cabra de monte, — chèvre sauvage.
Gefe de dia, — major de ronde.
Cangrejo de mar, — écrevisse de mer.
Cara de pascua, — visage jovial.
Hombre ó / *Comedia*, — *de capa y espada*.

Quoique les mots composés ne désignent que des êtres simples, comme les noms non-composés, on les décline pourtant comme si le complément qui suit le substantif était libre, et l'on ne met la marque du pluriel qu'au substantif. *Autos-de-fé*, *reales de ventaja*, *cabos-de-año*, *maravillas de noche*, *hijos dalgo*, *cualesquiera*, *quienes-quiera*, etc., etc.

Echacuervos. *Besamanos*. *Pelaruecas*. *Sacamuelas*. *Cortaplumas*. *Majagranzas*. *Los cascanueces*. — 8° Les noms composés, soit récens ou anciens qui se terminent par un pluriel ou par un *s*, n'éprouvent aucun changement au pluriel.

9° Les noms de lieux, composés de noms pluriels sont censés au singulier. *Los Arcos es buena poblacion*. *Los Arcos* est une bonne villo.

Enfin, tant que le mot composé conserve intactes ses parties, s'il forme un sens que l'addition d'un *s* rendrait impropre, on peut ne rien ajouter au pluriel. Ex. : *esos hazme-reir*, *muchos gloria patri*, *las palma-christi*, *unas gracia dei*, *(gratiole)* fleur.

CHAPITRE VIII.

DES AFFIXES DES NOMS.

SECTION PREMIÈRE.

AFFIXES DES SUBSTANTIFS.

Les affixes sont de trois espèces :
Augmentatifs ;
Diminutifs ;
Caractéristiques.

DES AUGMENTATIFS.

Ils sont de deux espèces : simples et doubles.

TERMINAISON QUI EXPRIME LA GRANDEUR ET SOUVENT LE MÉPRIS.

— *Acho* : De *vulgo*, peuple, *vulgacho*, la lie du peuple.
— *Acho* : *Rico*, *ricacho*, un homme très-riche.
— *Ajo* : *Trapo*, drap, *trapajo*, chiffon.
— *Alla* : *Gente*, *gentualla*, canaille.
— *Astro* : *Poetastro*, mauvais poète.
— *Azo* : *De gigante*, *gigantazo*, un énorme géant.
— *Arron* : *De bobo*, niais, *bobarron*, un bêta.
— *Eton* : *De mozo*, *mozeton*, un jeune homme de belle taille e robuste.
— *On* : *De hombre*, *hombron*, un homme corpulent, ou rema quable par son talent. *Hombrazo*, *hombronazo*, expriment l mépris.
— *Ote* : *De libro*, *librote*, mauvaise brochure.

Pour le féminin, on ajoute un *a* à la consonne finale : *ona*, *rona*, *tona* ; ou l'on change en *a* la dernière voyelle : *ara*, *ota*. *Acho* n point de féminin ; on trouve à peine *covacha de cueva*, et *hilacha de hila*, qui semblent plutôt caractéristiques qu'augmentatifs.

Les doubles augmentatifs se forment en ajoutant à *acho* ou à *on*, un autre augmentatif : *hombrachon*, *hombronazo*.

DES DIMINUTIFS SIMPLES.

— *Alvete: mozalvete*, petit jeune homme.
— *Ato: chivato*, de *chivo* (chevreau d'un an ou de six mois à un an.)
— *Ete: vejete*, de *viejo* (vieux) vieillard ridicule.
— *Ejo: animalejo*, d'animal, petit animal.
— *Ico, cico: perrico*, de *perro*, chien, petit chien, *cantarcico*, petit chant, *de cantar*, chant, de *gorrion*, moineau, *gorrioncito*.
— *Illo: cillo*, *librillo*, petit livre, *dolorcillo*, petite douleur.
— *Ino: cebollino*, *palomino*, de *cebolla*, ognon, et *paloma*, colombe.
— *In: peluca*, *peluquin*, petite perruque.
— *Ito, cito: señorito*, de *señor*, *cofrecito* de *cofre*.
— *Uelo, zuelo: cojuelo*, de *cojo*, boîteux, *reyezuelo*, de *rey* (roi) petit roi.
— *Ezno: lobezno*, de *lobo*, loup, louveteau.
— *Il: tambor*, *tamboril*, petit tambour.
— *Ucha: casucha*, *uza*, *canalluza*, la menue canaille.
— *On: escotillon*, d'*escotilla*, petite écoutille, trape de théâtre.

On reconnaît les diminutifs des augmentatifs en *on*, en ce que les diminutifs ne peuvent dériver que d'un substantif féminin.

— *Escalon*, *ollon*, *carreton*, *anadon*, *cajon*, *raton*, *plumon*, *planton*, *cascaron*, *cajon* dérivent de *escala*, *olla*, *carreta*, *ánade*, *caja*, *rata*, *pluma*, *planta*, *cáscara*, etc.

Les diminutifs sont aussi doubles.

De *chico*, petit, on peut faire *chiquito*, *chicuelo*, *chiquillo*, *chiquitico*, *chiquirritin*, *chiquirritico*, *chiquirritíto ;* mais cette richesse de la langue espagnole n'est pas sans inconvénient pour les étrangers qui ne doivent employer ces sortes d'augmentatifs et de diminutifs qu'après s'être assurés par la conversation ou la lecture qu'ils sont autorisés par l'usage, lequel n'accorde pas à tous les noms le même genre d'affixes. Ainsi *novia* veut dire nouvelle mariée, et *novilla*, génisse ;

parras, des treilles, et *parrillas*, le gril; *patas*, des oies, *patillas*, les favoris; *hombre*, homme; *hombrecillos*, houblon sauvage; *armill* signifie un gilet et non pas une petite arme; et d'*armadilla* à *armadillo*, il y a la différence d'une flotille à un tatou (petit quadrupède des Indes).

Les noms simples, qui dans l'avant-dernière voyelle *e* et *o* ont alté l'étymologie latine, y reviennent quand ils prennent un affixe; *pi dra de (petra) pedrezuela; cuesta de (costa) costecilla; tiempo, te porada; bueno, bonisimo; luengo, lunguisimo; ciego de (cæc ceguecillo, ceguezuelo*, etc. (1).

AFFIXES CARACTÉRISTIQUES.

Les affixes *caractéristiques* sont ceux qui ajoutent au radical u qualité autre que l'*augmentation* ou la *diminution*.

1° **LA MESURE**

DU TEMPS : *Una mesada, una temporada*, *mes, tiempo*, pendant un mo pendant un certain temps.

DE L'ESPACE : *Pulgada, cestada, tonelada, jo nada, calderada, bocado, p ñado*, etc.

2° **UNE QUALITÉ**

PASSIVE : *Cansancio, dejadez, parada, r tiquez, enfermedad, paciencia tristeza.*

ACTIVE : *Cabalgada, altercado, casamient armamento, amasijo, tiroti andanza, prontitud, alegria.*

3° **UNE COLLECTION** : *Yeguada, torada, vacada, cañal tablado, arboleda, romeral, nal, pajar, olivar, castañar castañedo, viñedo, colmena poleame, muchedumbre.*

---

(1) Cette règle est générale: *huevo, desovar; siete, septimo; cuenta, contabilidad; diente, tridente; mueble, immóbil; suerte, sortilégio; fiesta, festiv mirlo, merlito; hierro, herradura, fiel, fidelisimo*, etc.

4° UN COUP DE QUELQUE CHOSE : *Estocada*, *puñalada*, *bofetada*, *cuchillada*, *flechazo*, *latigazo*, *balazo*, *aldabada* ou *aldabazo*.

5° EMPLOI OU DIGNITÉ : *Apostolado*, *cardenalato*, *almirantazgo*, *alarifadgo* (profession d'architecte), *albalafro* (celui qui expédie les passavants), *alcalifage* (dignité de l'alcalifa ou califat), *capitanía*, *arzobispado*, etc.

D'autres semblent, au contraire, avoir formé l'adjectif : *cátedra* a fait *catedrático*; *gobierno*, *gobernador*; *coluna*, *coronel*; *reforma*, *reformador*, etc.

Le nombre de ces affixes est si considérable, qu'il embrasse une bonne moitié des substantifs. L'usage ou le Dictionnaire peuvent seuls en donner la liste complète.

SECTION II.

DE L'AFFIXE DES ADJECTIFS.

Il est de trois espèces :

1° *Caractéristique ;*

2° Indiquant la grandeur *absolue ;*

3° Indiquant la grandeur *relative.*

DES AFFIXES CARACTÉRISTIQUES.

Amarillejo, qui tire sur le jaune.
Amarillazo, jaune pâle.
Amarillento, jaunâtre.
Negruzco, noirâtre.
Parducho, grisâtre.
Pajizo, de couleur de paille ou couvert de chaume.
Ratonezco, souriquois.
Varonil, viril.
Bascongado, Basque (le peuple).
Bascuense, basque (la langue).
Vengativo, vindicatif.
Pendenciero, querelleur.
Bondadoso, bon, généreux.
Maquinal, machinal.
Farolero, happelourde.
Maniático, maniaque.

AFFIXES INDIQUANT LA GRANDEUR ABSOLUE.

Ce sont les augmentatifs et les diminutifs : *comilon*, grand mangeur; *lloron*, grand pleureur; *grandote*, *altote*, *longazo*, grandillon; *chiquillo*, *pequeñito*, etc. Nous n'ajouterons rien à ce que nous avons déja dit dans le chapitre VIII, si ce n'est que l'adjectif qui prend un augmentatif ou un diminutif, devient parfois un véritable substantif: *un comilon; un chiquillo*.

DES AFFIXES DE GRANDEUR RELATIVE.

Grande, grand. — *Largo*, long (1).
Mayor, plus grand. — *Mas largo*, plus long.
Muy grande, très-grand. — *Muy largo*, très-long.
El mas grande, le plus grand. — *El mas largo*, le plus long.
Grandisimo, entièrement grand.

Mas, non précédé d'un pronom ou d'un article, indique donc une comparaison faite avec un nombre limité de personnes ou de choses; mais *le plus*, *mon plus*, *el mas*, *mi mas*, ne mettent pas de borne au sujet de comparaison: *mas tonto que tú*, plus sot que toi; *el mas tonto (de todos)*, le plus sot. Cependant, comme l'espagnol ne souffre pas deux articles se rapportant au même nom, si *le plus*, *le moins* sont suivis d'un nom ou d'un participe qui s'accorde avec le substantif déjà exprimé dans la phrase, ils ne prendront pas d'article à moins qu'ils en soient séparés par le verbe exprimé ou sous entendu, comme on le verra plus au long dans les DEGRÉS DE COMPARAISON.

Este es el hombre mas rico; este hombre es el mas rico; el
Celui-ci est l' homme (le) plus riche; cet homme est le plus riche; le
mas rico de los hombres.
plus riche des hommes.

Muy répond donc à *très*, *fort*, *bien*.

Mas à *plus*, et il est indéclinable comme *menos*, moins.

Isimo, *isima*, répondent à *on ne peut plus*. On ajoute simplement cet affixe aux adjectifs qui se terminent par une consonne, et on le suh

---

(1) *Lunga* ne s'emploie que pour exprimer une blanche, durée d'une note de musique, et *luengo* se dit du temps, mais ne se dit pas de l'espace.

titue à la voyelle dans les autres : *debil-isimo*, *hermoso*, *hermosisimo*.

Les adjectifs suivans ont les deux formes indiquées ci-après.

POSITIF.	COMPARATIF.	SUPERLATIF.
Haut, *alto*,	*mas alto* ou *superior*,	*altísimo* ou *supremo*.
Bas, *bajo*,	*mas bajo*, *inferior*,	*bajísimo*, *infimo*.
Grand, *grande*,	*mas grande*, *mayor*,	*grandísimo*, *máximo*.
Petit, *pequeño*,	*mas pequeño*, *menor*,	*pequeñisimo*, *mínimo*.
Bon, *bueno*,	*mas bueno*, *mejor*,	*bonísimo*, *óptimo*.
Mauvais / Méchant } *malo*,	*mas malo*, *peor*,	*malísimo*, *pesimo*.

N. B. *El mayor*, *la mayor*, en parlant des membres d'une famille, signifient l'aîné, l'aînée ; de même que *el menor*, *la menor* signifie le plus ou la plus jeune.

Les modismes *a cual mas*, *a cual menos*, *á cual peor*, *á cual mejor* ont une signification particulière que nous ferons connaître par un exemple.

« Vinieron a visitarme y me dieron, á cual mas toda
« Ils vinrent me visiter et ce fut à qui me donnerait davantage de toute
especie de provisiones. »
espèce de provisions. »

« Estas dos piezas á cual peor no hacen muy sensible la
« Ces deux pièces l'une pire que l'autre ne font pas regretter la
perdida de las demas. »
perte des autres. »

A cual mas répond donc au modisme français : *à l'envie*, *à qui mieux mieux* ;

A cual menos aura le sens opposé, et *á cual mejor* signifiera : l'un meilleur que l'autre.

CHAPITRE IX.

DE L'ADJECTIF.

Les adjectifs sont simples ou composés.

DU GENRE DES ADJECTIFS.

Lorsque les adjectifs expriment à eux seuls le substantif qu qualifient, ils sont du genre neutre.

Lo sublime, le sublime ; sous-entendant un équivalent du *negoti* latin.

Lo tonto,— c'est-à-dire, *lo tonto (ser,* animal), *que eres,* combien es sot.

Lo mucho,— *lo mucho* (bien), *que te quiero ;* combien je t'aime, le b que je te veux.

Lo caro, — *(precio), que me cuesta;* combien me coûte, le prix qu'il me coûte.

Lo bueno,— *lo bueno de un negocio,* la bonté; *lo alto,* la haut *lo profundo,* la profondeur.

N. B. Ces formes ne sont pas tout-à-fait étrangères à la lan française.

Les langues, comme la science des anciens, confondaient beauc de choses que l'on a cru depuis utile de distinguer : Poison et pot raison et ration, savoir et sagesse, cause et chose, pâtre et past envieux et enviable, etc., n'ont qu'un seul mot qui leur corresp en latin; et l'espagnol a distingué en *coro* et *corro, tronco* et *tro* *clave* et *llave,* etc., les mots latins qui correspondent à cœur, t et clef. Mais lorsque les langues n'ont pas pu doubler le substant elles ont substantifié l'adjectif; c'est ainsi que l'on dit en franç il fait *froid* aujoud'hui ; il y a du *naturel* dans son style, etc. Le *froideur* ne saurait remplacer le *froid,* et le *naturel* français pond au substantif espagnol *naturalidad.*

Ce genre qui est toujours représenté par l'article *lo*, comme nous l'avons déjà dit, n'a point de pluriel.

Ce *lo* désigne le même genre dans les pronoms.

Lo que quiero, ce que je veux. } *illud (negotium) quod.*
Lo que digo, ce que je dis.

Lorsque les adjectifs ne désignent point une quantité et qu'ils se rapportent à un substantif féminin, ils prennent la terminaison féminine, mais l'article reste toujours au neutre.

Lo (mucho) gorda que es, combien elle est grasse.
Lo hermosa que me parece, combien elle me paraît belle.
Lo cansada que estaba, combien elle était fatiguée (1).

ACCORD RÉGULIER DE L'ADJECTIF.

1° Les adjectifs terminés en

Ete, *Regordete*,
Ote, *Altote*,
O, *Bueno*,
} changent la dernière voyelle en *a* pour former le féminin.

2° Ceux terminés en OR *bienhechor*-A (2)
en AN *holgazan*-A
et en ON *pregunton*-A
} ajoutent un *a* au féminin.

Alaves-A.
Andaluz-A.
Breton-A.
Español-A.
Frances-A.
Irlandes-A.
Ingles-A.
Milanes-A.
Piamontes-A.
Portugues-A.
} 3° Les adjectifs nationaux prennent aussi un *a* pour la formation de leur féminin, lorsqu'ils se terminent par une consonne.

---

(1) Ce *lo* semble *l'illud quantum* de la basse latinité. Les langues romanes ont choisi tantôt l'un, tantôt l'autre de ces deux mots.

(2) Les comparatifs *inferior*, *mejor*, *menor*, *peor*, *ulterior*, *posterior*, ne changent pas au singulier. *Superiora* ne se dit que pour la supérieure d'un couvent, *mayora* pour la femme d'un major; et l'on dit *la mayor*, *la superior*, dans tous les autres cas.

Tous les autres adjectifs, quelle que soit leur terminaison, servent pour les trois genres, la désinence du masculin et du neutre étant toujours la même quant à l'adjectif et au participe passé.

El deber difícil, lo difícil que es, la obra difícil.
El hombre cruel, lo mas cruel es que, la fiera cruel.
Mi hermano, tu hermano, su hermano.
Un hombre cualquiera, una muger cualquiera.
Mi madre, tu madre, su madre.
El joven ou *la joven, ágil.*
El señor ou *la señora, Cortés.*
El vasallo ou *la esposa, fiel.*
Cada hombre ou *cada muger, grande, feliz, liberal, ruin.*
El tejido o la seda gris, persa, verde, azul, carmesí, etc.

PLURIEL DES ADJECTIFS SIMPLES.

Pour former le pluriel des adjectifs, il faut ajouter une *s* à ceux qui se terminent par une voyelle. *Persa*-s, *dulce*-s, *turqui, turquis, bueno, buenos, su, sus.*

Ceux qui se terminent par une consonne ajoutent *es*. *Habil-es, gloton-es, mejor-es, holgazan-es, ingles-es.*

Ceux terminés en *z* ajoutent aussi *es*, mais ils changent, comme les substantifs, la *z* en *c*.

Capaz — capaces,
Soez— soeces.
Feliz — felices.
Atroz — atroces.
Andaluz — andaluces.

N. B. *Cada* est indéclinable ; *quienquiera* et *cualquiera* font *quienesquiera* et *qualesquiera* au pluriel, et les noms de nombre cardinaux, depuis *dos*, deux, jusqu'à *ciento*, cent, sont tous indéclinables, mais ils demandent le substantif au pluriel ; *veinte y un hombres, treinta y una mugeres,* vingt-un hommes, trente et une femmes.

CONCORDANCE IRRÉGULIÈRE DES ADJECTIFS.

Il y a cinq anomalies dans l'accord des adjectifs ; elles sont produites :

1° Par le genre..........	G	Mot mnémomique *gascuno*.
2° Par l'absence de la dentale...	A	
3° Par le substantif........	S	
4° Par la consonne........	C	
5° Par le mot *uno* et ses composés.	UNO	

PAR LE GENRE.

Bueno, malo, primero, postrero perdent l'o devant tous les substantifs masculins.

Tercer año, troisième année.

Primer hombre, premier homme.

Buen viaje, bon voyage.

Mal hermano, mauvais frère.

Postrer día, dernier jour. (1)

PAR L'ABSENCE DE LA DENTALE.

Santo, devant les noms qui ne commencent pas par *to* ou *do,* perd sa dernière consonne.

San Pedro, San Andrés, San Anton, Santo Tomas, Santo Domingo, Santo Tomé, Santo Torribio, etc.

PAR LA PRÉSENCE DES SUBSTANTIFS.

Ciento, devant un substantif ou un adjectif pris substantivement, perd la dernière syllabe; mais il la conserve au pluriel devant les autres noms de nombres, devant les autres parties du discours et à la fin des phrases.

Cien mil.

Cien millones.

Cien hombres.

Cien almas.

Cien mugeres.

Ciento y cuatro.

Ciento sesenta.

Mas aprecio á un valiente qui á cien cobardes.
Plus j'estime un brave que cent couards.

---

(1) L'Académie est d'avis que l'on peut dire aussi bien *al tércer dia* et *al tercero dia,* au troisième jour; et que devant les noms on peut conserver ou supprimer la dernière voyelle de *cualquiera.*

Tengo mas de ciento, j'en ai plus de cent.

Mil y ciento.

Por cientos los podría v. contar, vous pourriez les compter par centaines.

De ciento á mil van nueve cientos, de cent à mille il en manque neuf cents.

PAR LA CONSONNE.

Grande perd la dernière syllabe au singulier, devant le substantif ou l'adjectif pris substantivement, qui commence par une consonne.

Es un gran santo; grandes santos, au pluriel.

Es una gran loca; grandes locas, etc. (*loco*, fou).

Grande error.

Gran riqueza.

Gran reino.

Grande alma.

AVANT DE PARLER D'*UN* OU *UNO*, IL FAUT APPRENDRE A BIEN DISTINGUER SES ACCEPTIONS.

UN	1° ARTICLE INDÉTERMINÉ :	UN *portero*, UN portier.
	2° ARTICLE DÉTERMINÉ :	Lorsque le nom est déterminé par un complément qui fait disparaître ce qu'il laisse de vague. Ex. :
		UN arco sin flechas no da miedo. L' arc sans flèches ne fait pas peur.
	3° NOM DE NOMBRE :	UN duro no compra lo que (valen) tres. *Une* piastre n' achète pas ce qu' (achè)teraient trois (piastres).
UNO	4° PRONOM INDÉFINI :	Dificilmente se acostumbra uno al hambre. Difficilement s' accoutume -t-on à la faim.
		UNO halla allí lo que quiere, chacun y trouve ce qu'il veut.
	5° PRONOM DÉMONSTRATIF :	UNO pide pan y otro vino. *Celui-ci* demande (du) pain et celui-là (du) vin.

Dans les deux derniers cas, ne pouvant jamais rien retrancher, la règle qui suit ne regarde que les trois cas précédents (1).

1° *Uno* et ses composés *alguno, ninguno,* retranchent l'*o*, non-seulement devant les substantifs, mais aussi devant les adjectifs : *un san andres, ningun buen cristiano, algun gran pájaro, un santo, un ángel.*

2° Il le retranche aussi devant les noms féminins qui commencent par un *a* long, mais non pas devant les autres voyelles : (2)

Un ama; es un ama de leche como hay pocas, c'est une nourrice comme il y en a peu.

Un ave; no tenemos mas que el puchero, y un ave.
(Nous) n' avons que le pot-au-feu volaille.

Un hambre; tengo un hambre que me devora.

Un alma; no habia un alma.

Un ala : tome v. la pierna, y yo tomaré un *ala.*

Mais on dira : *Una olla. Una obra. Una era. Una hembra. Una hija. Una almeja. Una alameda.*

Les adverbes	devant les adjectifs, deviennent	
tanto (tellement)		*tan : tan bueno,* si bon.
mucho (beaucoup)		*muy : muy alto,* très haut
cuanto (combien)		*cuan : cuan hermosa es,* qu'elle est belle.

Si ces adverbes sont suivis de la préposition, on suit la règle donnée dans les degrés de comparaison, et l'on met l'adjectif (s'il n'est pas indéclinable) au genre et au nombre du substantif qu'il qualifie : tant d'années, *tantos años ;* trop de peine, *demasiado trabajo ;* assez de raisons, *bastantes razones.*

(1) Il y a même des cas où l'adjectif, ou le pronom, indiquant déjà assez clairement le nom, on se passe de l'article. Une semblable conduite, une plus grande dose, un grand soin, un autre homme, etc.; *semejante conducta, mayor cantidad, gran cuidado, otro hombre.* (Voy. le chap. des articles.)

(2) Il est de fait que les Espagnols ne disent pas *una alma, una ala,* mais bien *un alma, un ala.* En effet, l'hiatus n'existe pas moins dans *una alma,* qu'il se trouverait dans *uno orbe, uno hombre,* ou à *la alma, la ala*. Les mêmes raisons qui font dire *un orbe, el alma*, doivent faire dire, COMME ON LE DIT, *un alma, un ala ;* et puisqu'on le dit on DOIT l'écrire, car l'écriture n'est rien si elle n'est pas le reflet de la parole. SALVA est de notre avis, p. **127.**

CHAPITRE X.

DES DEGRÉS DE COMPARAISON.

LE COMPARATIF devient un véritable *superlatif*, lorsque sa comparaison sort du particulier pour devenir générale. Ex.:

Il est meilleur que Pierre, c'est un *comparatif*.

Le meilleur de tous, est un *superlatif*.

Le comparatif est d'infériorité, d'égalité ou de supériorité.

INFÉRIORITÉ.

Menos que yo, moins que moi.
El menor de todos, le moindre de tous.
Inferior á todos, inférieur à tous.
Peor, pire et pis.

ÉGALITÉ.

Tan (1), *Tanto*, } *como*, autant que.
Igual al mio, égal au mien.

SUPÉRIORITÉ.

Mas que yo, plus que moi.
El mayor de todos, le plus grand de tous.
Superior á todos, supérieur à tous.
Mejor, mieux et meilleur.

Le *que* qui suit le comparatif d'*égalité*, se rend par *como* devant le nom, et par *como* ou *cuando* devant le verbe, et non par *que*, à moins que le *tan* ou *tanto*, au lieu de répondre à l'*aussi* et à l'*autant* français, ne signifient *si*, *tellement*. Ex. :

Es *tan* bueno *como* su hermano.
Il est *aussi* bon *que* son frère.

(1) L'on suppose ici un adjectif *tan grande como*, aussi *grand* que.

Me quiere *tanto como* á su madre
Me quiere *tanto cuanto* á su madre.
Il m'aime *autant qu'il* aime sa mère.
Es *tan* grande *que* llega á tocar la boveda.
Il est *si* grand *qu'il* touche la voûte.
Me quiere *tanto que* daría su vida por la mia.
Il m'aime *tant qu'il* donnerait sa vie pour la mienne.

Si le comparatif d'égalité est exprimé par une périphrase, le *que* qui lui répond se rend comme en français.

Del mismo modo que.
De la même manière que.

Autant de... que dans le sens de tous ceux que... tous ceux qui..., se rendent par *cuanto-a, os, as,* en espagnol.

« Abrasó el ama *cuantos* libros habia en el corral. »
Autant de livres *qu'il* y avait dans la cour, la gouvernante les mit au feu.
« *Cuantos* presentes estaban le acompañaron en sus lágrimas »
Tous ceux qui y étaient pleurèrent avec lui.

Pidió á *cuantos* encontró.
Il demanda à *tous ceux* qu'il rencontra.

Les adverbes de quantité, suivis de la préposition *de,* se rendent en espagnol comme en latin.

Peu-de, *poco-a-os-as.*
Assez-de, *bastante-es; harto-a-os-as,* ou *asaz,* qui est indéclinable.
Trop-de, *sobrado-a-os-as* ou *demasiado-a-os-as.*
Autant-de, *tanto-a-os-as.*
Beaucoup-de, *mucho-a-os-as.*
Combien de, *cuanto-a-os-as.*
Plus-de, *mas,* } indéclinables.
Moins-de, *menos,* }

Pocos hombres tienen bastante carácter para mirar los ceños
Peu (d') ont pour voir le courroux
de la fortuna, con *tanta* calma *como* á su sonrisa.
du sort, avec autant de calme que son sourire.

Le superlatif.— Il est comparatif ou absolu.

Le superlatif comparatif est celui qui est précédé d'un article en français ; le meilleur, le pire, le plus bas, le plus grand.

Comme nous l'avons dit, cet article ne se répète pas devant le superlatif comparatif qui suit *immédiatement* le substantif, et l'on dit

Las razones mas patentes.

Las instancias mas urgentes.

Los sitios mas escondidos.

La moral mas sublime.

La mayor dificultad.

Mais si le sujet est séparé (ou censé l'être) par un verbe, alors on peut le répéter. Ex.: las pasiones, *aun* las mas groseras, c'est-à-
les passions même les plus grossières.
dire *aun cuando* fuesen *las mas groseras.*

« Siendo el imperio romano el mayor de todos los precedentes c'est-à-dire: el imperio romano, *siendo* el mayor de todos los precedentes. »

Les expressions— plus ... plus,
moins ... moins,
Se rendent par *cuanto mas ... tanto mas.*
cuanto menos ... tanto menos.
plus ... moins,
moins ... plus,
cuanto mas ... tanto menos.
cuanto menos ... tanto mas.

Ayant soin de faire précéder toujours le *cuanto* au *tanto.*

Cuanto menos estudio *tanto mas* me cuesta el estudiar.

Cuanto mas ejerzo mi memoria en *tanto menos* tiempo doy la leccion.

Ce *cuanto* et *tanto* s'accordent, comme les autres adjectifs, en genre et en nombre avec le substantif qui les suit.

CHAPITRE XI.

DES NOMS DE NOMBRE.

NOMBRES CARDINAUX.

1. Uno, una.
2. Dos.
3. Tres.
4. Cuatro.
5. Cinco.
6. Seis.
7. Siete.
8. Ocho.
9. Nueve.
10. Diez.
11. Once.
12. Doce.
13. Trece.
14. Catorce.
15. Quince.
16. Diez y seis.
17. Diez y siete.
18. Diez y ocho.
19. Diez y nueve.
21. Veinte y uno.
22. Veinte y dos.
23. Veinte y tres.
24. Veinte y cuatro.
25. Veinte y cinco.
26. Veinte y seis.
27. Veinte y siete.
28. Veinte y ocho.
29. Veinte y nueve.
30. Treinta.
31. Treinta y uno.
32. Treinta y dos.
33. Treinta y tres, etc.
40. Cuarenta.
50. Cincuenta.
60. Sesenta.
70. Setenta.
80. Ochenta.
90. Noventa.
100. Ciento et cien.
101. Ciento y uno.
102. Ciento y dos.
103. Ciento y tres.
200. Doscientos-as.
300. Trescientos-as.
400. Cuatro cientos-as.
500. Quinientos.
600. Seiscientos.
700. Sietecientos.
800. Ochocientos.
900. Novecientos.
1,000. Mil.
1,001. Mil y uno.
1,100. Mil y ciento.
1,200. Mil y doscientos.
2,000. Dos mil.
100,000. Cien mil.
200,000. Dos cientos mil.
1,000,000. Un millon.
2,000,000. Dos millones.
1,000,000,000. Mil millones.

Un million se dit aussi *un cuento*.

NOMBRES ORDINAUX.

1er. Primero, a.
2d. Segundo, a.
3e. Tercero, a.
4e. Cuarto, a.
5e. Quinto, a
6e. Sexto, a.

7e. Séptimo, a.
7e. Seteno.
8e. Octavo.
9e. Nono ou noveno.
10e. Décimo-a, *ou*
10e. Deceno, a.
11e. Undécimo.
12e. Duodécimo.
13e. Décimo-a tercio-a
14e. Décimo cuarto.
15e. Décimo quinto.
16e. Décimo sexto.
17e. Décimo séptimo.
18e. Décimo octavo.
19e. Décimo nono.
20e. Vigésimo, a.
22e. Vigésimo-a segundo-a.
23e. Vigésimo tercio.
30e. Trigésimo, a.
31e. Trigésimo primo.
32e. Trigesimo segundo.
40e. Cuadrágesimo.
50e. Quinquágésimo.
60e. Sexagésimo.
70e. Septuagésimo.
80e. Octogésimo.
90e. Nonagésimo, a.
100e. Centésimo.
101e. Centésimo primo.
200e. Ducentésimo, ma
300e. Trecentésimo.
400e. Cuadragentésimo
500e. Quingentésimo.
600e. Sexcentésimo.
700e. Septingentésimo.
800e. Octogentésimo.
900e. Nonagentésimo.
$1,000^{e}$. Milésimo.
Dernier. Ultimo *ou* postrero.
Avant-dernier. Pénúltimo.
Antépénultième, antepenúltimo.
El zaga, signifie le dernier à jouer; *en zaga*, en croupe; et *ir en zaga*, aller derrière les autres.
Les nombres ordinaux sont tous déclinables.

Outre les significations ordinaires que les noms de nombre ont comme en français : *la unidad*, l'unité; *el doble*, le double; *la octava, la novena, la docena*, etc., il est bon de connaître la signification des mots suivants.

El cuarto delantero ou *trasero* d'un cheval, signifie la partie antérieure ou postérieure de son corps, ses quartiers; *cuartago*, cheval mal proportionné; *los tercios*, les anciens régiments d'infanterie; *tricenal*, qui dure trente ans.

Buenos tercios, des membres robustes.

El cuarto, l'appartement, la chambre ou l'étage.

Un cuarto est aussi une petite monnaie de cuivre dont 34 font la *peseta ;* cinq pesetas font le *peso duro* ou la piastre forte.

Cuarta, nombre des messes appartenant de droit à la paroisse où un défunt est inhumé. La quatrième partie d'une once ou d'une aune. Une quatrième au piquet, etc.

Cuarteron, l'enfant d'un Métis et d'une Européenne, ou réciproquement. Le haut d'une fenêtre dont les carreaux, *vidrios*, ou les volets, *cuarterones*, s'ouvrent indépendamment de la partie basse.

Cuatro, se prend pour *algunos* : « *No sirven sino para cuatro discretos*, » ils ne servent que pour un petit nombre de gens éclairés.

Cuadrilla, troupe de gens assemblés dans un but d'action.

Cuadra, salle, écurie; *cuadros*, tableaux.

Cuarteta, quatrin libre. — *Cuartete*, quatrin d'un sonnet.

Cuartilla, le quart d'une *arroba*, qui est le poid de 25 livres, ou d'une *fanega*, qui est le boisseau des Castilles ou la terre que l'on peut ensemencer avec son contenu de blé.

Cuartilla, quart d'un *azumbre*; 70 *azumbres* font 161 litres.

La cinquena, troupeau conduit par un berger payé par la commune, dans lequel chaque particulier a le droit d'envoyer paître jusqu'à cinq bêtes à laine à lui appartenant.

La quinta, la conscription ; *una quinta* est aussi une maison de campagne.

La siesta, la sieste, le repos que les gens du Midi prennent en été pendant les heures les plus ardentes du jour.

La sesma, la sixième partie d'un tout, portion d'une terre administrée par un *sesmero*.

Setenton, septuagénaire ; *sétima*, sept cartes qui se suivent.

Ochavo, monnaie qui vaut la moitié d'un cuarto ou deux maravédis. — *Ochenton*, *ochental*, un octogénaire.

Octavo ; *octavon*, qui provient de blanc et de quarteron.

El noveno, une partie du *diezmo* dont il y a de trois espèces : le décime payé au roi, la dime payée à l'église, et un impôt prélevé sur les biens ecclésiastiques. *Diezma* ou *diezmo* signifie aussi l'action de décimer les soldats.

Una talega, un sac contenant 20,000 réaux ou mille piastres fortes.

Primo, cousin germain.

Segundo, une seconde; et, adjectif, *favorable*.

Tercio, ballot, régiment d'infanterie; membre robuste.

Cuarto, monnaie; logement.

Quinto, conscrit.

Sexto, recueil des décrétales et constitutions du pape

Sétimo, la septième partie d'un tout.

Ochavo, monnaie.

Noval, terre nouvellement défrichée.

Novio, nouveau marié; *novillo*, jeune bœuf; *diezmo*, la dîme.

CHAPITRE XII.

DES PRONOMS.

Les pronoms se divisent en cinq espèces : *Démonstratifs; Possessifs; Personnels; Relatifs* et *Indéfinis*.

§ I.

DÉMONSTRATIFS.

Comme l'Italien et l'Arménien, l'Espagnol a un pronom démonstratif pour chaque personne.

Nous diviserons les personnes ainsi : *la parlante, l'écoutante, distante.*

La première dira : *este,* celui-ci, en parlant d'un objet près de

La seconde : *ese,* quand l'objet est plus près de l'*écoutante.*

La troisième : *aquel,*quand l'objet est éloigné de temps ou de lieu des deux premières personnes.

Pluriel : { Estos asuntos mios.
Esos hijos vuestros.
Aquellos proyectos suyos.

Féminin, *esta, esa, aquella,* pluriel, *estas, esas, aquellas.*

Neutre, *esto, eso, aquello.* Ceci, cela.

Toutes les fois qu'il est question d'une proposition générale, *ce qui, ce que,* se rendent par *lo que :* ce qui sert à l'individu n'est pas toujours utile à la société; *no siempre sirve á la sociedad* lo que *conviene al individuo*, lo que me aturde : *ce qui* m'étonne.

Le pronom *ce,* suivi d'un complément qui le détermine, ne se rend jamais par *eso* ou *esto.* Ce que j'aime davantage, *lo que*, ou *aquello que mas me gusta.* La raison est évidente. Toutes les fois que la chose que l'on indique a encore besoin d'un complément qui la fasse connaître, cette chose ne doit être ni sous les yeux de la personne qui *parle,* ni sous ceux de celle qui *écoute;* et le pronom des choses *distantes* est celui de la *troisième* personne. L'on dira cependant *cosas que te digo; ese hombre que ves;* car ici le verbe lève tout doute, quant à la présence ou l'absence des choses indiquées.

Quand il y a plusieurs objets à indiquer, on traduit le *cet autre* français par *estotro, esotro*, ou *aquel otro, estotra, esotra, aquella otra*, au féminin; au pluriel, *aquel* fait *aquellos*, et tous les autres n'ont qu'à ajouter un *s* au singulier; maïs, *aquello*, comme tous les neutres, n'aura point de pluriel.

Les pronoms *aqueste, aquesto*, pour *este, esto*, ne sont plus guère en usage qu'en poésie. *Ello* répond à l'*hoc* latin : cela.

Lo de signifie ce qui appartient ou ce dont on parle : *lo de mi hermano no es mio*, ce qui est à mon frère n'est pas à moi; *lo de ayer*, ce dont nous avons parlé hier.

Il en est de même de *el de, la de, los* et *las de*, qui signifient *celui de, celle de, ceux* ou *celles de*.

§ II.

POSSESSIFS.

Nous diviserons les pronoms possessifs en *adjectifs* lorsqu'ils précèdent le substantif, et en possessifs relatifs lorsqu'ils sont seuls.

ADJECTIFS POSSESSIFS.

Mi, mon et ma ; *mis*, mes.
Tu, ton et ta ; *tus*, tes.
Su, son et sa ; *sus*, ses.
Nuestro-A, notre ; *nuestros*-AS, nos.
Vuestro-A, votre ; *vuestros*-AS, vos.
Su, leur ; *sus*, ses et leurs.

POSSESSIFS RELATIFS.

El mio, la mia, le mien, la mienne, *los mios, las mias*, les miens, etc.
El tuyo, la tuya, le tien, la tienne, *los tuyos, las tuyas*.
El suyo, la suya, le sien, la sienne, *los suyos, las suyas*.

Lo devant *mio, tuyo, suyo*, signifie ce qui appartient à la personne indiquée par le possessif: *lo suyo*, son bien; *lo mio*, ce qui est à moi, etc.

El nuestro, la nuestra, le ou la nôtre; *los nuestros, las nuestras*.
El vuestro, la vuestra, le ou la vôtre ; *los vuestros, las vuestras*.

El suyo, *la suya*, le ou la leur; pl. *los suyos*. — *las suyas*.

Aujourd'hui, les *adjectifs possessifs* ne prennent plus d'article.

Après le substantif, on se sert de la forme du *possessif relatif*: *la indignacion* MIA; *el rigor* TUYO; *este libro es* SUYO, etc.

De même que le *vous* employé, quand on s'adresse à une seule personne, se change par politesse en *usted*, le vôtre se traduit par *de usted*, au singulier, *de ustedes*, au pluriel. L'usage seul peut accoutumer l'oreille à juger quand il est préférable d'y ajouter le possessif: *El sombrero* DE USTED, *su padre* DE USTED, votre chapeau, votre père.

Dont, quand il marque la possession, se rend par *cuyo*, l'homme dont le cheval, dont la femme, dont les enfants ont péri dans le fleuve: *El hombre* CUYO *caballo*, CUYA *muger*, CUYOS *hijos han perecido en el rio*.

Cuyo signifie encore lequel: *por* CUYA *razon*, *por* CUYO *motivo salí de la ciudad*, motif pour lequel je sortis de la ville.

On disait aussi *cuyos* interrogativement: ¿CUYOS *son estos libros? ¿cuya es esta casa?* mais ces manières ont vieilli, et on dira mieux: ¿DE QUIEN *son estos libros*, DE QUIEN *es esta casa*, à qui sont ces livres, à qui est cette maison.

Toutes les fois que l'article suffit pour désigner la propriété, on le substitue au pronom.

Vamos á *la* quinta; perdió *los* guantes; quitate *el* sombrero, pour à su quinta de Vd. — *sus* — *tu* —

Mio, tuyo, suyo, nuestro, vuestro, suyo sont aussi la traduction de *à moi*, *à toi*, etc., lorsqu'ils désignent la possession. Ce livre est à moi, *este libro es mio*.

Au vocatif, le *possessif* suit ordinairement le substantif: *Dios! madre mia*.

Le mien, dans le sens de *mon bien*, se rend par *lo mio*; et comme le neutre n'a point de pluriel en espagnol, *los mios*, sans antécédent exprimé, signifiera *les miens*, mes parens, les gens de mon parti; des personnes et jamais des choses.

La suya se prend aussi substantivement dans les phrases: *llevar la suya adelante*, *salir con la suya*. C'est le substantif *voluntad* qu'il faut sous-entendre.

§ III.

TABLEAU SYNOPTIQUE DES PRONOMS PERSONNELS,

D'après leur fonction dans la phrase.

	SUJET.	RÉGIME DE LA PRÉPOSITION.		RÉGIME DU VERBE. DIRECT.	RÉGIME DU VERBE. INDIRECT.	
	yo (je).	(A) *mi* (moi).	Désinence en e comme en franç.		*me.*	Désinence en e comme en franç.
	(B) *tú* (tu).	*ti* (toi).			*te.*	
3ᵉ personne.	*él* (il). *ella* (elle). (C) *ello* (il, ce)	réfléchi. *si* (soi).			*se.*	
3ᵉ personne.		*él* non réfléchi.	(lui).	*le*	(le et lui).	
3ᵉ personne.		*ella* (elle).		*la* (la).	(D) *le* (lui).	
3ᵉ personne.		*ello* (cela).		(E) *lo* (le).	*le* (lui).	
Pluriel.		(F) *nosotros-as* (nous).			*nos* (nous).	
Pluriel.		*vosotros-as* (vous).			*vos* (vous).	
Pluriel.		*ellos-as* (ils, eux, elles).		*los, las* (les).	*les* (leur).	
1ʳᵉ personne.	(G) *nos* (nous).	*nos.*		*nos.*	*nos.*	
1ʳᵉ personne.	(H) *vos* (vous.	*vos.*		*os.*	*os.*	
1ʳᵉ personne.		(I) *usted*, m. sing. *usted*, f. sing.		*le...a usted.*	*le...á usted.*	
1ʳᵉ personne.		*ustedes*, m. pluriel.		*los...á ustedes.*	*les...á ustedes.*	
1ʳᵉ personne.		*ustedes*, f. pluriel.		*las...á ustedes.*	*les...á ustedes.*	

OBSERVATIONS.

(A) *Mi, ti, si,* deviennent *migo, tigo, sigo,* après la préposition *con,* avec (*voyez nos*).

(B) Lorsqu'on veut marquer du respect à la personne à qui l'on parle, outre les titres de *Majestad, Santidad, Alteza, Eminencia,* etc., on emploie V. E. *(vuecencia)*, pour les généraux (Votre Excellence); V. S. *(usia)*, titres des colonels (votre seigneurie), et *vos, usted* et *ustedes,* dans le sens expliqué plus bas après le prenom *nos.*

(C) *Lo que éllo dará de si* (ce que cela donnera de soi), ce qu'il en résultera. *Ello es asi,* c'est ainsi.

Le digo,	le quiero,	lo digo,	lo quiero.
(Je) lui dis,	(je) l' aime,	(je) le dis,	(je) le veux.

(D) On trouve aussi *la* au régime indirect, dans Cervantes et autres auteurs, mais ce serait aujourd'hui une faute de l'employer.

(E) Après *todo*, LO est redondante : *Todo* LO *quiere*, il veut tout.

(F) *Nosotros* est littéralement *nous autres (nosotras* au fémini pour garder quelque chose du génie de la langue arabe, dont les ve bes ont les deux genres.

(G) Ce *nos* est le *titre* des autorités : Devant nous, maire de l commune de, etc., *ante nos el alcalde de la ciudad, villa, ou lugar de*

(H) *Vos* s'emploie en parlant à Dieu et aux princes ; et c'est le tit que le souverain donne aux capitaines et aux chefs jusqu'au lie tenant-colonel, qui a déjà le titre de *usía* ou *vuestra señoria.*

(I) *Usted* est une contraction de *Vuestra Merced*, Votre Grâce, ti que par bienséance on donne aux personnes qui n'en ont aucun. Da l'écriture courante, on représente ce mot de *Usted* par un V, et p deux au pluriel ; et dans l'imprimé, il est tantôt exprimé par U tantôt par *V*d. ; excepté *vos*, tous les titres qui indiquent la sec personne demandent le verbe à la troisième.

§ IV.

RELATIFS.

Les articles suivis de *que*, tiennent souvent à eux seuls la place substantif qui était censé les suivre, le représentant cependant d'u manière un peu plus vague : EL QUE *cree* pour *el hombre que cree;* L QUE *me oyen : (los hombres) que me oyen :* LA QUE *se imagina, (la* *ger) que se imagina.*

LO QUE *me importa*, pour *el negocio que me importa.* Comme articles remplacent ici le nom, ils sont de véritables pronoms, et les traduit comme tels en français :

EL QUE *me quiere*, celui qui m'aime, pour *aquel que.*

LA QUE *me llama*, celle qui m'appelle, pour *aquella que.*

LOS QUE *dicen*, ceux qui disent, pour *aquellos que.*

LAS QUE *cantan*, celles qui chantent, pour *aquellas que.*

LO QUE *cuentas*, ce que tu me racontes, pour *aquello que*

SE, *Se* répond tantôt à *on;—on* dit, *se dice: on* nous assure; se *asegura;*—tantôt à *celà* ou *il : nada* SE *me da;* ESO *no me dá nada,* ne me fait (donne) rien; SE *me parece, il* me ressemble, et tantôt au réfléchi, *(ipse)* soi-même. Ex. : SE *cree*, il *se* croit; SE *me va* *cabeza, (la cabeza se va de mi)* la tête s'(en) va (loin) de moi; c'e à-dire mon esprit se trouble, je perds la tête.

PRONOMS RELATIFS.

	NOMINATIF.	GÉNITIF.	DATIF.	ACCUSATIF.
DE PERSONNES : *Qui, que, lequel, dont.*	El cual, que, quien. La cual. Los cuales, quienes. Las cuales.	Del cual, de quien. De la cual. De los cuales, de quien. De las cuales. Cuyo, a, os, as (2).	Al cual. A la cual. A los cuales. A las cuales.	A quien. » A quienes. »
DE CHOSES : *Qui, que, lequel, dont, quoi, de quoi.*	Que, el cual, lo cual (1). La cual. Los cuales. Las cuales.	De que, del cual. De lo cual. Cuyo, a, os, as. Possessifs.	A que, al cual. A lo cual.	Que, al cual. Lo cual.

Nous verrons aux CONJONCTIONS de combien de manières on peut traduire le *que* français en espagnol.

§ V.

INDÉFINIS.

RELATIFS INDÉFINIS.

On peut se rendre de dix manières en espagnol.

Par
- 1° *Uno :* quand on a du bonheur, *cuando* UNO *es dichoso.*
- 2° *Alguno :* on croit, ALGUNO *piensa.*
- 3° *Se :* on raconte, SE *cuenta.*
- 4° La première personne du pluriel : on se tue parfois pour rien, NOS CANSAMOS *á veces para nada.*

---

(1) Les possessifs *cuyo, cuya,* etc., concordent toujours avec la personne ou la chose possédée, et jamais avec le possesseur ; ce pronom possessif ne rend jamais que le pronom latin dont il est dérivé. Le *dont* et le *duquel* français ne peuvent donc se traduire par *cuyo, cuya,* que lorsqu'ils indiquent la propriété. On dira donc: *el señor de quien os hablo, y cuya casa hace esquina*, le Monsieur dont je vous parle et dont la maison fait le coin, et non *cuyo hablo.* Le livre dont les feuilles sont déchirées est celui dont j'ai copié ce morceau, *el libro cuyas hojas se hallan desgarradas, es el mismo del cual he copiado este rasgo.*

(2) Le neutre n'a point de pluriel.

Par :

5° La troisième personne du pluriel : on n'acceptera pas ces conditions ; *no aceptarán tales condiciones.*

6° *El mundo, la gente, el pueblo.* On court, on crie, on est fou. TODO EL MUNDO *corre*, EL PUEBLO *grita*, LA GENTE *es loca*.

7° Le verbe à la voix passive, *on* l'estime, ES APRECIADO.

8° *Cualquiera :* on dirait qu'il a les trésors de Crésus. CUALQUIERA *diría que tiene las riquezas de Creso.*

9° La première personne du singulier exprimée ou sous-entendue.

On vous prie de vous taire, « *Le* RUEGO *(yo) á v. I. sirva hacer silencio;* ou *calle v. la boca.*

10° *Cada uno.* On trouve tout ce que l'on veut dans cet hôtel. CADA UNO *halla en esa fonda todo lo que pueda desear.*

Le moyen le plus sûr d'employer avec choix ces diverses formes est de traduire la pensée avant de traduire les mots.

Rien *nada;* rien ne peut lui convenir, *nada puede contentarle.*

Aucun, nul, personne ; *nadie, ninguno.*

Autrui : pour à autrui, *á los demas, á los otros;* possessif, il se rend par *ageno*, l'*alienus* latin.

Chaque, *cada*, indéclinable ; chacun, *cada uno*, chacune, *cada una*.

Fulano, un tel; *Fulano ha dicho*, un tel a dit; *Fulano, Zutano, etc.* celui-ci, celui-là, etc.

Maint-e ; plusieurs, *muchos*.

Même, *mismo, a, os, as.*

Nul, nulle; *ninguno, ningun-a-os-as.* Nul, adjectif : d'aucune valeur, *nulo-a-os-as;* pas un, *ni uno*, quand ils ne répondent pas à une interrogation.

Ni l'un ni l'autre,	perdent souvent l'article en espagnol.	*ni uno ni otro,*
Les uns et les autres,		*unos y otros,*
L'un et l'autre,		*uno y otro.*

Lo, esto, eso, aquello, ello, peuvent aussi être considérés comme des pronoms indéfinis. *Lo que digo,* ce que je dis ; *esto es,* c'est cela.

Plusieurs, *muchos, varios.*

Quelques, *unos-as, algunos-as.*

Quelqu'un, *alguno.*

Quelque chose, *algo.*

Quelque (chose ou personne) que
Quoi que
Qui que } ce soit : *cualquiera (cosa o persona) que sea. Cualquiera* demande le subjonctif et fait *cualesquiera* au pluriel.

Quiconque
Quelconque } *Quienquiera, cualquiera.*

Lorsque, quelque chose que
quoique
quelque } signifient l'inutilité ou le triomphe de nos efforts, on les rend par } *por mas que.*

Quelque chose que vous me disiez
Quoi que vous me disiez } Je pars ; *por mas que v. me diga saldré.*

Quelle que soit votre constance, vous n'y parviendrez jamais.

Por mas que v. se empeñe no lo conseguirá v. nunca.

Lorsque ces pronoms sont suivis d'un adjectif, cet adjectif s'exprime en espagnol.

Quelque grand, riche, fort, puissant qu'il soit ; *por mas grande, rico, fuerte poderoso que sea.*

Sendos, un, une : chacun-e, chacun en particulier.

Todos, tout le monde.

Uno, quelqu'un.

Varios, plusieurs.

Zutano, Mr N. : *Zutano dice,* Mr N. dit. Voy. ci-haut le mot *Fulano.*

¿ Quien ? qui ?

¿ Que ? quoi ?

¿ Cual ? lequel ? laquelle ? *¿ cuales ?* lesquels ? lesquelles ?

Lequel ? tous les deux ; ni l'un ni l'autre. *¿ Cual ? ambos ; ninguno de los dos.*

CHAPITRE XIII.

DES VERBES.

CONJUGAISON DES VERBES AUXILIAIRES *haber* ET *tener* — Avoi

INFINITIF.

PRÉSENT.		PARTICIPE PRÉSENT.	
Haber, Tener,	*Avoir.*	Habiendo, Teniendo,	*Ayant.*

PARTICIPE PASSÉ.

Habido, Tenido,	*Eu, eue.*

INDICATIF.

PRÉSENT.		IMPARFAIT.	
Yo he, (1) tengo,	*J'ai.*	Yo había, tenía,	*J'avais.*
Tu has, tienes,	*Tu as.*	Tu habías, tenías,	*Tu avais.*
El ha, tiene,	*Il a.*	El había, tenía,	*Il avait.*
Nosotros hemos, tenemos,	*Nous avons.*	Nosotros habíamos, teníamos,	*Nous avions.*
Vosotros habeis, teneis,	*Vous avez.*	Vosotros habíais, teníais,	*Vous aviez.*
Ellos han, tienen,	*Ils ont.*	Ellos habían, tenían,	*Ils avaient.*

(1) Quoique les verbes *haber* et *tener* ne puissent se traduire en français par le verbe *avoir*, leur emploi, loin d'être indifférent, constitue une des di cultés de la langue, que nous apprendrons à surmonter après LA FORMATION TEMPS.

PRÉTÉRIT DÉFINI.		FUTUR ABSOLU.	
Yo hube, tuve,	*J'eus.*	Yo habré, tendré,	*J'aurai.*
Tu hubiste, tuviste,	*Tu eus.*	Tu habrás, tendrás,	*Tu auras.*
Él hubo, tuvo,	*Il eut.*	Él habrá, tendrá,	*Il aura.*
Nosotros hubimos, tuvimos,	*Nous eûmes.*	Nosotros habremos, tendremos,	*Nous aurons.*
Vosotros hubísteis, tuvísteis,	*Vous eûtes.*	Vosotros habreis, tendreis,	*Vous aurez.*
Ellos hubieron, tuvieron,	*Ils eurent.*	Ellos habrán, tendrán,	*Ils auront.*

CONDITIONNEL.

Yo habría, tendría,	*J'aurais.*	Nosotros habríamos, tendríamos,	*Nous aurions,*
Tu habrías, tendrías,	*Tu aurais.*	Vosotros habríais, tendríais,	*Vous auriez.*
Él habría, tendría,	*Il aurait.*	Ellos habrían, tendrían,	*Ils auraient.*

IMPÉRATIF.

Hé (1), Ten,	*Aie.*	Habed, Tened,	*Ayez.*
Haya, Tenga,	*Qu'il ait.*	Hayan, Tengan,	*Qu'ils aient.*
Hayamos, Tengamos,	*Ayons.*		

SUBJONCTIF.

PRÉSENT.

Que yo haya, tenga,	*Que j'aie.*	Nosotros hayamos, tengamos,	*Que nous ayons.*
Que tu hayas, tengas,	*Que tu aies.*	Vosotros hayais, tengais,	*Que vous ayez.*
Que él haya. tenga,	*Qu'il ait.*	Ellos hayan, tengan,	*Qu'ils aient.*

(1) Le verbe *haber*, comme auxiliaire, n'a point d'impératif, et *hé*, dans le sens de *vé* (vois), ne s'emploie que devant les adverbes de lieu, soit seul: *hé aqui, h ahi, hé alli;* soit accompagné du pronom personnel: *héme aqui, héte ahi, héla allí*, etc. Me vois-ci, te vois-là, le vois-là.

IMPARFAIT.		INDÉFINI.	
Que yo hubiera, tuviera.	*Que j'eusse.*	Que yo hubiese, tuviese,	*Que j'aie.*
Que tu hubieras. tuvieras,	*Que tu eusses.*	Que tu hubieses, tuvieses,	*Que tu aies.*
Que él hubiera, tuviera,	*Qu'il eût.*	Que él hubiese. tuviese,	*Qu'il ait.*
Nosotr. hubiéramos, tuviéramos,	*Que nous eussions.*	Nosotr. hubiésemos, tuviésemos,	*Que nous ayons*
Vosotros hubiéreis, tuviéreis,	*Que vous eussiez.*	Vosotros hubiéseis, tuviéseis,	*Que vous ayez*
Ellos hubieran, tuvieran,	*Qu'ils eussent.*	Éllos hubiesen, tuviesen,	*Qu'ils aient.*

FUTUR CONDITIONNEL.

Cuando yo hubiere, tuviere,	*quand j'aurai.*	Cuando n. hubiéremos tuviéremos	*nous aurons*
hubieres, tuvieres,	*tu auras.*	hubiéreis, tuviereis,	*vous aurez.*
hubiere, tuviere,	*il aura.*	habieren, tuvieren.	*ils auront.*

CONJUGAISON DES VERBES *Ser* ET *Estar*.— Être.

INFINITIF.

PRÉSENT.		PARTICIPE PRÉSENT.	
Ser, Estar	*Être.*	Siendo, Estando,	*Étant.*

PARTICIPE PASSÉ.

Sido, Estado, } *Été.*

PRÉSENT.		IMPARFAIT.	
Yo soy, estoy,	*Je suis.*	Yo era, estaba,	*J'étais.*
Tu éres, estás,	*Tu es.*	Tú eras, estabas,	*Tu étais.*
Él es, está,	*Il est.*	Él era, estaba,	*Il était.*
Nosotros somos, estamos,	*Nous sommes.*	Nosotros éramos, estábamos,	*Nous étions.*
Vosotros sois, estais,	*Vous êtes.*	Vosotros érais, estábais,	*Vous étiez.*
Ellos son, están,	*Ils sont.*	Ellos eran, estaban,	*Ils étaient.*

PRÉTÉRIT DÉFINI.		FUTUR ABSOLU.	
Yo fuí, estuve,	*Je fus.*	Yo seré, estaré,	*Je serai.*
Tú fuiste, estuviste,	*Tu fus.*	Tu serás, estarás,	*Tu seras.*
Él fué, estuvo,	*Il fut.*	El será, estará,	*Il sera.*
Nosotros fuimos, estuvimos,	*Nous fûmes.*	Nosotros seremos, estaremos,	*Nous serons.*
Vosotros fuísteis, estuvísteis	*Vous fûtes.*	Vosotros sereis, estareis,	*Vous serez.*
Ellos fueron, estuvieron,	*Ils furent.*	Ellos serán, estarán,	*Ils seront.*

CONDITIONNEL.

Yo sería, estaría,	*Je serais.*	Nosotros seríamos, estaríamos	*Nous serions.*
Tu serías, estarías,	*Tu serais.*	Vosotros seríais, estaríais,	*Vous seriez.*
Él sería, estaría,	*Il serait.*	Ellos serían, estarian,	*Ils seraient.*

IMPÉRATIF.

Sé, tu, Está,	*Sois.*	Sed, Estad,	*Soyez.*
Sea el, Esté,	*Qu'il soit.*	Sean, Estén,	*Qu'ils soient.*
Seamos, Estemos,	*Soyons.*		

SUBJONCTIF.

PRÉSENT.

Que yo sea, esté,	*Que je sois.*	Que nos. seamos, estemos,	*Que n. soyons.*
tu seas, estés,	*Que tu sois.*	vos. seais, esteis,	*Que vous soyez.*
él sea, esté,	*Qu'il soit.*	ellos sean, esten,	*Qu'ils soient.*

IMPARFAIT.	INDÉFINI.		FUTUR.
Que yo fuera. estuviera.	Que yo fuese, estuviese,	*Que je fusse.*	Cuando yo fuere, estuviere.
tu fueras. estuvieras.	tu fueses, estuvieses,	*Que tu fusses.*	tu fueres. estuvieres.
el fuera. estuviera.	él fuese, estuviese.	*Qu'il fût.*	el fuere. estuviere.
n. fuéramos. estuviéramos	nos. fuésemos. estuviésemos	*Que n. fussions*	n. fuéremos. estuviéremos.
v. fuérais. estuviérais.	vos. fuéseis, estuviéseis.	*Que v. fussiez.*	v. fuéreis. estuviéreis.
ellos fueran. estuvieran	ellos fuesen. estuviesen.	*Qu'ils fussent.*	ellos fueren. estuvieren.

CONJUGAISON DES VERBES RÉGULIERS.

DE L'INFINITIF.

TERMINAISONS DE L'INFINITIF : *AR*, *ER*, *IR*.

INFINITIF PRÉSENT.

Cantar, chanter; *Temer*, craindre; *Subir*, monter.

PARTICIPE PRÉSENT.

Cantando, temiendo, subiendo.

PARTICIPE PASSÉ.

Cantado, temido, subido.

INDICATIF PRÉSENT.

Canto.	Temo.	Subo.
Cantas.	Temes.	Subes.
Canta.	Teme.	Sube.
Cantamos.	Tememos.	Subimos.
Cantais.	Temeis.	Subis.
Cantan.	Temen.	Suben.

IMPARFAIT.

Yo cantaba.	Temía.	Subía.
Cantabas.	Temías.	Subías.
Él cantaba.	Temía.	Subía.
Cantábamos.	Temíamos.	Subíamos.
Cantábais.	Temíais.	Subiais.
Cantaban.	Temían.	Subían.

PARFAIT DÉFINI.

Canté.	Temí.	Subí.
Cantaste.	Temiste.	Subiste.
Cantó.	Temió.	Subió.
Cantamos.	Temimos.	Subimos.
Cantásteis.	Temísteis.	Subísteis.
Cantaron.	Temieron.	Subieron.

FUTUR.			CONDITIONNEL.		
Cantaré.	Temeré.	Subiré.	Cantaria.	Temeria.	Subiria.
Cantarás.	Temerás.	Subirás.	Cantarias.	Temerias.	Subirias.
Cantará.	Temerá.	Subirá.	Cantaria.	Temeria.	Subiria.
Cantaremos.	Temeremos.	Subiremos.	Cantaríamos.	Temeríamos.	Subiríamos.
Cantareis.	Temereis.	Subireis.	Cantaríais.	Temeríais.	Subiríais.
Cantarán.	Temerán.	Subirán.	Cantarian.	Temerian.	Subirian.

IMPÉRATIF.

Canta.	Teme.	Sube.
Cante.	Tema.	Suba.
Cantemos.	Temamos.	Subamos.
Cantad.	Temed.	Subid.
Canten.	Teman.	Suban.

SUBJONCTIF.

PRÉSENT.

Que yo cante.	Que yo tema.	Que yo suba.
Que tu cantes.	Que tu temas.	Que tu subas.
Que el cante.	Que el tema.	Que él suba.
Que nosotros cantemos.	Que nosotros temamos.	Que nosotros subamos.
Que vosótros canteis.	Que vosotros temais.	Que vosotros subais.
Que ellos canten.	Que ellos teman.	Que ellos suban.

IMPARFAIT.	INDÉFINI.	FUTUR.
Yo cantara.	Que yo cantase.	Que yo cantare.
Tu cantaras.	Que tu cantases.	Que tu cantares.
Él cantara.	Que él cantase.	Que él cantare.
Nosotros cantáramos.	Que nosotros cantásemos.	Que nosotros cantáremos.
Vosotros cantárais.	Que vosotros cantáseis.	Que vosotros cantáreis.
Ellos cantaran.	Que ellos cantasen.	Que ellos cantaren.

Infinitifs des Trois Conjugaisons.

1re *AR.* — 2me *ER.* — 3me *IR.*

	1re conjugaison.	2e et 3e.
Participe présent ou gérondif.............	**ANDO.**	*iendo.*
Participe passé..................................	**ADO.**	*ido.*

N. B. Les désinences marquées avec des lettres majuscules appartiennent uniquement à la première conjugaison.

TEMPS PERSONNELS.

INDICATIF.

PERSONNES.	Présent.			Imparfait.			Parfait.		Futur.			Conditionnel.
3.me	A	e		ABA	ia		ó	ió		ra	(ha)	ria
2.de		s			s		ASTE	iste		s	(has)	s
1.re		o		»	»		É	i		ré	(hé)	»
1.re	amos	emos	imos		mos		AMOS	imos		remos	hemos	mos
2.de	ais	eis	is		is		ASTEIS	isteis		reis	habeis	is
3.me	AN	en			n		ARON	iéron		ran	(han)	n

SUBJONCTIF.

PERSONNES.	Impératif.		Présent.		Imparfait.		Indéfini.		Futur.	
3.me	E	a	E	a	ARA	iera	ASE	iese	ARE	ieré
2.de	A	e		s		s		s		s
1.re	Point.		»	»		»		»		»
1.re	mos			mos		mos		mos		mos
2.de	d			is		is		is		is
3.me	n			n		n		n		n

I. La troisième personne du singulier est la règle des autres; elle est égale à la première dans les temps *réguliers* et en ajoutant *s*, *mos*, *is* et *n*, l'on a la seconde du singulier et les trois personnes du pluriel. *L'imparfait de l'indicatif* et *tout le subjonctif* sont réguliers.

II. La deuxième et troisième conjugaisons n'ont qu'une seule et même *flexion*, ou désinence dans tous les temps du subjonctif, dans le singulier de l'indicatif présent, tout l'imparfait, tout le passé défini, et dans quatre personnes de l'impératif.

III. Dans les temps où les deux dernières conjugaisons n'ont qu'une terminaison, la *seconde* en *er* prête son *e* au singulier de l'indicatif présent; la *troisième* en *ir* donne ailleurs son *i*, qui est suivi de l'*e* à la troisième personne plurielle du passé défini dont sont formés les trois derniers temps du subjonctif en changeant *ron* en *ra*, *se*, *re*.

IV. L'impératif *négatif* emprunte toutes ses personnes du subjonctif; et le *positif* aussi, moins les secondes personnes qui sont ainsi formées. Celle du singulier comme la troisième de l'indicatif présent. Celle du pluriel en changeant l'*r* de l'infinitif en *d*.

V. La troisième personne singulière des présents n'ayant que deux flexions, ne peut se terminer que par les deux voyelles *a* ou *e*, qui changent selon le mode et la conjugaison.

Indicatif présent *a—e—ama, teme, parte*.

Subjonctif présent *e—a—ame, tema, parta*.

VI. Les gérondifs en *ando, iendo*, sont indéclinables en espagnol.

VII. Les participes passés du verbe être, *sido*, *estado*, sont indéclinables.

VIII. Le participe passé du verbe neutre est aussi indéclinable quand il est précédé de l'auxiliaire *haber*, mais il concorde en genre et en nombre avec l'entité affectée par le verbe lorsqu'il a la forme d'un ablatif absolu, *habiendo* DICHO *estas razones;* DICHAS *estas cosas*.

IX. Les participes présents en *nte* servent pour les deux genres au singulier, et au pluriel en y ajoutant un *s*.

Il ne faut pas les confondre avec les *adjectifs* ayant force de *substantifs* dont nous allons donner ici les règles comme complément à la page 61 DU GENRE DES ADJECTIFS.

1° Ceux qui se terminent en *o* au masculin, le changent en *a* : Maître, maîtresse, *maestro, maestra*.

Borgne, borgnesse, *tuerto, tuerta.*

Préfet, *gefe politico, gefa politica.*

Devin, devineresse; *adivino, adivina.*

Excepté *canónigo,* chanoine, qui fait *canonesa,* et *diacono,* diacre, *diaconisa.*

2° Ceux qui terminent en *e* servent pour les deux genres :

Un pauvre, une pauvresse, *un pobre, una pobre.*

Excepté : *principe, conde, alcade,* prince, comte, maire, qui font *princesa, condesa, alcadesa ;*

Comediante qui fait *comedianta,* comedien, comedienne ;

Monje qui fait *monja,* moine, none ;

Et *pariente,* parent, qui fait *pariente* et *parienta* au féminin.

Dans quelques provinces, *la parienta* signifie *ma femme.*

3° Ceux qui terminent en *a* le conservent aussi au féminin :

Persa, escita, sicofanta, etc., Perse (ou persan), scythe, sicophante.

Excepté *poeta* et *profeta,* qui font *poetisa, profetisa* (poète, prophète).

4° Ceux qui se terminent par une consonne ajoutent un *a :*

Berger, *zagal*-a.

Voleur. *ladron*-a.

Pécheur, *pecador*-a.

Hôte, *huesped*-a.

Dieu, *Dios*-a

Excepté : *Emperador,* empereur, qui fait *emperatriz ;*

Baron, baron, qui fait *baronesa;*

Abad, abbé, qui fait *abadesa ;*

Enfin *rey* fait *reyna.*

Nous rappelons ici que quelle que soit la désinence d'un nom, il est masculin s'il se rapporte à l'homme, et féminin, s'il se rapporte à la femme : *el poeta, el adalid,* le poète, le champion; *la mamá, la joven Remedio, la dulce Leonor,* la maman, la jeune Remedio, la douce Léonore, Voyez pages 30 et 42.

DES VERBES IRRÉGULIERS.

DIVISION RAISONNÉE DES VERBES IRRÉGULIERS.

Les altérations qu'éprouvent les verbes peuvent se réduire à huit espèces :

1° Altération conservatrice.
2° Id. distinctive.
3° Id. euphonique.
4° Id. nasale.
5° Id. vicieuse.
6° Id. étymologique.
7° Id. elliptique ou inévitable.
8° Id. gérondive.

§ I.

DES ALTÉRATIONS CONSERVATRICES.

L'écriture phonétique (1) ayant été inventée pour reproduire la langue parlée, il est de toute nécessité que l'orthographe se plie de manière à en conserver les sons.

Le son de l'infinitif, qui est le type du verbe, doit donc être conservé, en remplaçant par d'autres signes ceux qui pourraient l'altérer : *sacar* (tirer) fera donc *saque* au subjonctif, parce que *sace* ne rendrait plus le son dur de l'infinitif, et *delinquir* (pécher), *delinco*, *delinca* parce que le *qu* n'est plus nécessaire. *Entregar* (livrer), *entregue*, *coger*, *cojo*, *coja; fraguar*, *fragüe ; punzar*, *punce ; ejercer*, *ejerzo; vencer*, *venzo* ainsi que son composé *convencer*, *convenzo*. Cependant les autres verbes terminés en *cer* (excepté ceux qui ont d'autres

(1) On appelle phonétique les langues alphabétiques et les syllabiques, pour les distinguer des idéographiques, des symboliques et des figuratives composées de signes qui, au lieu de représenter le nom des entités, en représentent la forme ou l'idée, comme les caractères chinois, les japonais et les hyérogliphes égyptiens.

irrégularités, comme *cocer*, *hacer* et *torcer*) dans le but de conserver non seulement le son de l'infinitif, mais la lettre elle-même, au lieu de substituer le *z* au *c* ils adoptent les deux lettres, *conocer*, *conozco; crecer*, *crezco; lucir*, *luzco; conducir*, *couduzco*. Il est bon de remarquer que ces derniers ont une voyelle avant le *c* de l'infinitif, tandis que les autres ayant déjà une consonne, l'addition d'une troisième consonne aurait rendu le son par trop dur. *Decir* et ses composés sont une exception à cette règle, et nous en traiterons dans les irrégularités de la troisième conjugaison.

§ II.

DES ALTÉRATIONS DISTINCTIVES.

Le désir d'éviter l'*homologie*, soit dans les mots de sa langue ou de celle de ses voisins (1), a produit plus d'une irrégularité.

Nous avons vu plus haut qu'à l'indicatif présent des verbes réguliers, la première personne du singulier se termine en *o* dans les trois conjugaisons (2), et que dans ce présent comme dans celui du subjonctif, il n'y a que deux désinences pour la troisième personne du

(1) Pourquoi la première conjugaison en *ar* se termine-t-elle en *ó* au prétérit, au lieu de se terminer en *á*? *Parló* au lieu de *parlá*? Pourquoi *durmiendo* au lieu de *dormendo* au gérondif du verbe dormir? C'est que *parlá* serait français et *dormendo* italien. Pourquoi l'italien dit-il *do* et *vo* (je donne, je vais), et l'espagnol *doy* et *voy*? Pourquoi changer l'*a* en *e* dans les futurs de la première conjugaison, et dire *amerá* au lieu d'*amará* comme l'espagnol? Pourquoi la préposition *á* qui a un accent aigu en espagnol, en a-t-elle un grave en français, et point en italien ni en portugais? Les réponses à tous ces *pourquoi* peuvent se réduire à un seul *parce que*: c'est que *les langues sont les fastes des nations*, l'histoire de leurs alliances et celle de leurs haines passées, comme elles le sont de leurs mœurs et de leurs préjugés.

(2) Les verbes irréguliers qui font exception à cette règle sont en petit nombre : *hé* de *haber*, *sé* de *saber*, *soy* de *ser*, *doy* de *dar*, *voy* de *ir*, et *estoy* d'*estar*.

VERS MNÉMONIQUES.

Os *hé* dicho adonde *voy*;
Lo que *soy*, en donde *estoy*;
Sé que mas señas no *doy*.

même nombre. Toutes les fois donc qu'il se trouvera des verbes ayant le même radical, il y aura tendance à l'obscurité, à l'équivoque, là où l'identité de la terminaison sera impuissante pour faire connaître le mode et la signification du verbe. Donnons un exemple : si à l'indicatif ou au subjonctif les verbes *asar* (rôtir) et *asir* (saisir), faisaient tous les deux *aso*, *ase*, *asa*; *salar* (saler), et *salir* (partir), *salo*, *sale*, *sala*; *podar*, couper la vigne, et *poder* (pouvoir), *podo*, *pode*, *poda*, etc. Il est clair que dans une phrase isolée et même en d'autres cas, on s'exposerait à être mal compris, ou à ne pas l'être du tout. Dès-lors, les *législateurs* de la langue espagnole laissèrent la terminaison régulière à la première conjugaison, comme droit de *premier occupant*, et modifièrent celle des autres, toutes les fois qu'en les privant de la flexion de l'infinitif, les lettres du radical demeuraient les mêmes.

Les modifications qu'éprouve cette espèce de verbes irréguliers sont de deux espèces : on ajoute une consonne, ou l'on altère la voyelle.

Ici, comme partout, la grammaire espagnole procède avec la plus grande logique. Quelle est la consonne que l'on pouvait employer comme additionnelle d'après le génie de la langue? le *b*?— Il marque déjà l'imparfait de la première conjugaison.

Le *c*?— Les mots *aguja*, *lago*, *lugar*, *digo*, *fuego*, *higo*, *musgo*, *domingo*, *segundo*, etc., qui dérivent d'*acus*, *lacus*, *locus*, *dico*, *focus*, *ficus*, *muscus*, *dominica (dies)*, *secundus*, etc., prouvent assez que le *c* ne pouvait convenir à l'euphonie idéale de la langue espagnole.

Le *d*?— Il est le signe des deux participes.

L'*f*?— Mais *horno*, *hongo*, *hago*, *hoja*, *llama*, *hilo*, *hierro*, *haz*, *hoz*, *haba*, *hambre*, *hembra*, etc., qui répondent à *furnus*, *fucus*, *facio*, *folium*, *filum*, *ferrum*, *fax*, *falx*, *faba*, *famis*, *femina* font également voir que cette lettre n'est pas plus convenable que le *c*, aussi a-t-on choisi le *g*. *Salir* et *asir* font donc *salgo*, *asgo*, *salga*, *asga*.

Quant aux voyelles, l'*a* se change en *e*, l'*e* en *ie*, l'*o* médial en *ue*, et à l'*o* final on ajoute un *y*. Ex. :

Caber, *quepo*, pour le distinguer de *cavo*, je pioche, ou de *cabo*, caporal, chef, promontoire. Quant au prétérit, il fallait éviter de le confondre avec *cebo* appât, *copo* flocon, et avec *que va*, *que vas*, ou bien *cueva, cuevas*, que l'on a écrit *queva, quevas* (caverne, cavernes); *poder*, fait *puedo;* et *morir*, *muero*, pour le distinguer de *morar*, demeurer, qui fait *moro*.

Si le verbe *oler* était régulier, il ferait *olo ;* et comme la première personne de l'indicatif est la règle du subjonctif, nous aurions dans ce mode *ola , olas , ola ;* mais *ola* signifie déjà *vague* en espagnol ; donc *oler* fera *huelo* avec un *h* pour ne pas le confondre avec *vuelo* (essort) (1).

D'après la règle des verbes en *cer*, *hacer* devrait faire *hazco*, mais pour les provinces qui, comme la Catalogne, n'ont point de *ceceo*, *hazco* aurait été prononcé *asco*, mot qui signifie en espagnol, dégoût, mal au cœur ; il ne peut pas faire non plus *haco*, parce qu'au subjonctif il ferait alors *haca* qui, en espagnol, est un petit cheval, une haquenée.

Ver. Si ce verbe suivait la règle générale et changeait la terminaison de l'infinitif en *o* pour former l'indicatif présent, *ver* ferait *vo*, imparfait, *via*, subjonctif, *va*, ce qui amènerait bien des homonymies. *Vo* est le verbe italien ; *via*, le chemin, en italien et en espagnol, et *va*, la troisième personne de l'indicatif du verbe *ir*, *voy*, *vas*, *va;* en ajoutant un *a* on aurait fait *vao;* mais c'est le son de *vado* (gué) dans la conversation familière où le *d* de tous les participes passés de la première conjugaison est muet, *hablao, pensao, cerrao,* pour *hablado pensado, cerrado*. Après l'*a* venait l'*e*, et c'est la voyelle que l'on a adoptée à la première personne de l'indicatif, laquelle se conservera dans toutes celles du subjonctif : *vea , veas , vea , veamos , veais, vean;* et à l'imparfait *veía, veías* , etc.

Quant aux quatre verbes qui ajoutent un *y* à l'*o* de l'indicatif :

---

(1) La distinction de l'*u* et du *v* est toute récente. On écrivait indifféremment *tuue* pour *tuve* et *vno* pour *uno*. La traduction de Plutarque, de Castro de Salinas, antérieure à celle d'Amyot, et les premières éditions des classiques espagnols étaient imprimées de cette manière. Il y a encore un autre motif pour l'addition de cet *h*, et c'est que l'*ié* et l'*ue*, altérations vicieuses d'*e* et d'*o*, ne commencent jamais un mot espagnol, l'*ie* se change en *ye* et l'*ue* en *hue*, *huerfano*, orphelin, *huevo*, œuf, *hueso*, os, *yegua* d'*equa* latin, jument, *yerro* erreur, *yesca (esca)* amadou, etc.

Dar fait *doy*, soit pour le distinguer de l'italien qui fait *do*, soit parce que *do* est à la fois la note musicale *ut* et l'adverbe de lieu *donde* dans l'ancienne langue et en poésie : *do quieras*, où tu voudras.

Estar fait *estoy* pour le distinguer d'*esto*, pronom démonstratif.

Ser fait *soy* pour le distinguer du cri des muletiers *so*, ou du verbe catalan *so*, je suis.

Enfin *ir* fait *voy* par des raisons d'euphonie que nous connaîtrons dans le paragraphe suivant.

Dans le tableau général des verbes irréguliers, nous avons placé tous les verbes qui appartiennent à cette espèce d'irrégularité. Nous n'ajouterons ici qu'une chose et c'est : que les modifications éprouvées par les verbes irréguliers à la première personne de l'indicatif présent, se conservent dans toutes les personnes du subjonctif toutes les fois qu'elles portent sur une consonne. *Valgo* de *valer*, valoir (pour le distinguer de *balar* ou *valar*, bêler) fera donc *valga, valgas, valga, valgamos, valgais, valgan*. *Hacer* (faire) fera *hago, haga, hagas*, etc., (pour le faire distinguer de *haca*, bidet, et de *hacas*, pluriel d'*haca*); *oigo* de *oir* entendre, *oiga, oigas*, etc., pour ne pas le confondre avec *hoyo, hoya, hoyas;* trou, fossé, fosses.

§ III.

DE L'ALTÉRATION EUPHONIQUE.

Les verbes qui indiquent le transport, le passage d'un lieu à un autre, demandent la préposition *á* en espagnol (l'*ad* des latins). D'après cette loi, qu'arriverait-il aux verbes *traer*, *caer* et *ir* au subjonctif, s'ils étaient réguliers? *Traer* ferait *trao* à l'indicatif, et conséquemment *traa* au subjonctif; si l'on ajoute l'*á* préposition à ces deux *a* finals, nous aurions trois *a*, et un quatrième si le lieu où l'on tend commence par un *a*, tels qu'*Africa, Asia, America, Albacete, Alcañiz, Alcalá*, etc.

Pour éviter ce baillement désagréable, on aura d'abord essayé de séparer les deux voyelles finales par un *g*, qui est, comme nous l'avons vu, la consonne euphonique, et *trao* devenait alors *trago;* mais ici on tombait dans un autre inconvénient, car *trago* était déjà l'indicatif présent du verbe TRAGAR (avaler), et dès-lors on a dit TRAIGO.

De pareilles raisons ont fait faire CAIGO à *caer*, et HUYO à *huir*, auquel on aura donné un *y* de préférence à un *g*, pour ne pas le confondre avec *Hugo*, nom propre.

Quant au verbe *ir*, comme il fait déjà *va* à la troisième personne de l'indicatif, il aurait fallu dire *vaa* au subjonctif, et les mêmes raisons qui ont fait séparer les voyelles par un *g* dans *caer* et *traer*, ont introduit ici l'*y* dans *vaya*. Il est évident qu'on ne pouvait y mettre le *g* sans le confondre avec *vaga* qui dérive de *vagar*, errer.

§ IV.

DE L'ALTÉRATION NASALE.

Cette altération n'embrasse que les verbes dont le radical se termine par une nasale, *ven*, *pon*, *ten*, des verbes *venir*, *poner*, *tener* et leurs composés.

L'*n* non suivi d'une gutturale étant toujours liquide en espagnol, comme dans e*nn*emi, pour rendre le son nasal il fallait le faire suivre d'une gutturale ; c'est ainsi que les écrivains du midi, tels que Montaigne, écrivaient *soing*, *témoing*, *besoing*, et que l'on a dit *ong* pour *on*.

Il est inutile d'avertir que tout verbe qui *ajoute* une consonne à la première personne de l'indicatif présent, la conserve dans toutes les personnes du subjonctif; mais il est bon d'ajouter que le *g additionnel* de l'indicatif devient un *d* au futur et au conditionnel, où il remplace la dernière voyelle de l'infinitif.

Venir,	venir,	*vendré*,	*vendría*	de *vengo*,
Poner,	mettre,	*pondré*,	*pondría*	*pongo*,
Tener,	avoir,	*tendré*,	*tendría*	*tengo*.
Salir,	sortir,	*saldré*,	*saldría*	*salgo*.
Valer,	valoir,	*valdré*,	*valdría*	*valgo*.

§ V.

DES ALTÉRATIONS VICIEUSES.

Il y en a de deux espèces.

PREMIÈRE ESPÈCE.

En poésie, les Grecs mettaient souvent *ei* au lieu d'*e* et les mots *ides*, *idée*, *ilote*, etc., dérivent des mots grecs *eidoi*, *eidos*, *eilotes*.

Les anciens latins écrivaient *sei* pour si, *quei* pour qui, *puerei* au lieu de *pueri*, *miseit* pour *misit*. Les Français ont ajouté un *i* à *pied*, *fiel*, *lièvre*, *pierre*, *miel*, *ciel*, etc. Les Italiens à *fiera*, *fieno*, *bieta*, etc.; les Portugais, dans toutes les désinences qui terminent en *ero* en espagnol : *primeiro*, *obreiro*, *jornaleiro*.

Soit que les sons de l'*e* et de l'*i* ne fussent pas bien arrêtés ou pour tout autre motif, la confusion de ces deux voyelles semble avoir été générale dans les langues de l'Europe.

Mais la langue espagnole est peut-être celle où ce vice est le plus fréquent. Il n'est pas le seul; l'Espagnol change aussi avec fréquence l'*o* en *ue*; voici quelques mots de ces deux espèces :

E CHANGÉ EN *IE*.	*O* CHANGÉ EN *UE*.
Vent, *viento*.	*Buey* de *bovis*, bœuf.
Terre, *tierra*.	*Cuello* de *collum*, le cou.
Hiver, *invierno*.	*Cuerpo*, de corps.
Mercredi, *miercoles*.	*Fuente*, la fontaine.
Vendredi, *viernes*.	*Huesped*, de *hospes*.
Sept, *siete*.	*Luengo*, long.
Dix, *Diez*.	*Nuevo*, de *novus*.
Vingt, *veinte*.	*Puerta*, la porte.
Trente, *treinta*.	*Suerte*, de *sort*.
Cent, *ciento*.	*Rueda*, de *rota*.
Fête, *fiesta*.	*Sueño*, songe.
Gelée, *hielo*.	*Suelo*, le sol.
Et *miedo*, *niebla*, *nieve*, etc., dérivent de *metus*, *nebula*, *nix*, etc.	*Vuelo*, le vol.
	Fuego, de *focus*.
	El muelle, le môle, etc.

Ce vice, que l'on ne trouve jamais dans l'infinitif des verbes, est très commun dans le premier temps des modes indicatifs et subjonctifs, lorsque l'avant-dernière voyelle du verbe est un *e* ou un *o*.

Il n'a cependant lieu qu'au singulier et à la troisième personne du pluriel.

Nous pourrions y ajouter trois personnes de l'impératif, mais nous avons indiqué plus haut ses rapports avec le subjonctif.

La liste des verbes qui souffrent l'altération de l'*e* en *ie* est très-grande, mais comme celle des exceptions est plus considérable (1), nous résumerons la première par une règle sans exception.

Tout NOM qui a un de ces deux vices dans l'avant-dernière syllabe, le transmet au verbe qui en est dérivé.

LISTE DES VERBES EN *AR*, QUI CHANGENT L'*E* EN *IE*.

NOMS.	VERBES.
Acierto, succès.	*Acertar*-IERTO, avoir du succès.
Aliento, haleine.	*Alentar*-IENTO, encourager.
Aprieto, difficulté.	*Apretar*-IETO, presser.
Ciego, aveugle.	*Cegar*-IEGO, aveugler.
Cierna, fleur du blé.	*Cerner*-IERNO, être en fleur; bluter.
Cierro, action de fermer.	*Cerrar*-IERRO, fermer.
Comienzo (vieux), commencement.	*Comenzar*-IENZO, commencer.
Confiesa (vieux), confession.	*Confesar*-IESO, confesser.
Creciente, la crue de l'eau.	*Acrecentar*-IENTO, augmenter.
Cubierta, couverture.	*Encubertar*-IERTO, couvrir; et tous ceux qui se terminent en *entar*, *erdar*, *ender* et *erter*.
Destierro, exil.	*Desterrar*-IERRO, exiler.
Diestra, la main droite.	*Adestrar*-IESTRO, enseigner.
El diezmo, la dîme.	*Diezmar*-IEZMO, décimer.
Empiezo (vieux), commencement.	*Empezar*-IEZO, commencer.
Escarmiento, exemple propre à intimider.	*Escarmentar*-IENTO, donner ou recevoir une sévère leçon.
Fierros (vieux), les fers; *fierro*, minerai de fer.	*Desferrar*-IERRO, rompre les chaînes, décrocher.
Friega, friction.	*Fregar*-IEGO, frictionner.
Gobierno, gouvernement.	*Governar*-IERNO, gouverner.
Hacienda, fonds.	*Hacendar*-IENDO, donner une terre, un fonds.
Hielo, gelée, glace.	*Helar*-HIELO, geler.

(1) *Fregar, plegar* et *verter* sont les seuls verbes qui partagent ce vice parmi ceux qui commencent par une labiale ; l'initiale *o* n'en a pas un seul, et on n'en trouve pas non plus dans les verbes dont le radical a pour dernière lettre un *c*, un *ch*, un *d*, un *ll*, un *m*, un *ñ* ou une voyelle.

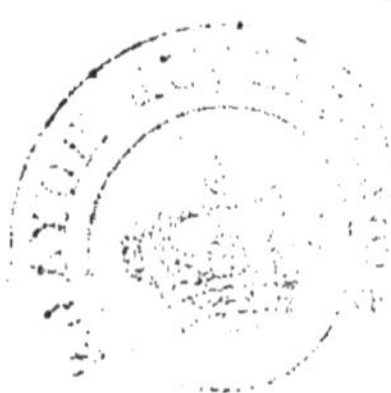

5. IMPÉRATIF.— Les irréguliers sont compris dans ce vers :

Haz, val, vé, ven, di, sé, sal, pon, hé, ten.

On n'emploie *hé* pour *ten*, qu'avant *allí*, *aquí*, *me*, *te*, *le*, *la*, *lo*, *los*, et *las* (voyez p. 81 et SALVA, 77). (1)

SUBJONCTIF PRÉSENT.— Les irréguliers sont compris dans ce vers :

Vaya, haya, dé, con, *sepa, vea, sea, esté.*

Parmi les verbes unipersonnels, *placer* fait *plegue*. L'indicatif des autres est compris dans les trois vers qui suivent ci-après au § VII.

Pour la formation de la première et seconde personnes du pluriel, les verbes réguliers les forment, comme tous les temps réguliers, de la troisième du singulier, en ajoutant *mos-is*.

ame,	*tema,*	*parta,*
-mos,	*-mos,*	*-mos,*
-is.	*-is.*	*-is.*

Mais sont exceptés de cette règle : 1° toutes les irrégularités gérondives (moins les verbes en *eer)*, dans lesquelles ces deux personnes sont formées par les gérondifs.

Pedir, pidiendo, pidamos, pidais.
Dormir, durmiendo, durmamos, durmais.
Sentir, sintiendo, sintamos, sintais.
Adquerir, adquiriendo, adquiramos, adquirais.

2° Les verbes dont la première personne de l'indicatif a reçu l'addition d'une consonne, lesquels la conservent, comme nous l'avons déjà dit, dans toutes les personnes du subjonctif.

3° Enfin *Ir* qui fait *vayamos*, *vayais; Ver* qui fait *veamos*, *veais; Haber* qui fait *hayamos*, *hayais; Ser* qui fait *seamos*, *seais*.

§ VII.

VERBES DÉFECTUEUX.

Place, llovizna, llueve y *anochece,*
Graniza, truena y *relampaguea,*
Escarcha, hiela, nieva y *amanece.*

Placer fait *plugo* au prétérit, et par conséquent *pluguiera, plu-*

(1) On trouve *felos* pour *helos* dans le POEMA DEL CID, v. 3547 et 3722 et ailleurs, ce qui ferait croire que ce *hé* n'est pas l'impératif de *haber*.

guiese et *pluguiere* au subjonctif ; pour les autres temps, on emploie de préférence le verbe *gustar*. De même qu'on ne peut pas dire à la seconde personne de l'impératif, *place*, parcequ'on ne peut pas commander ce qui ne dépend pas de la volonté de celui qui doit obéir ; pour la même raison, on ne dira donc pas non plus *nace, suele, puede*.

Vale et *ave*, dans le sens latin de saluer quelqu'un, n'ont point d'autres personnes.

YACER. — Le verbe *Yacer*, que la superstition n'a pas permis d'employer en parlant des êtres vivants, n'a dû sa conservation qu'aux monuments tumulaires ; aussi ne s'emploie-t-il qu'à la troisième personne des deux nombres, dans le temps qui fuit ou qui n'est plus : *yace, yacen, yacía, yacían*.

Les autres formes, telles que *yago, yaga*, ne sont plus en usage.

SOLER. — Les modifications de ce verbe n'ayant lieu que pour indiquer l'action libre du passé, il n'a point de futur, et par conséquent point de conditionnel qui suit toutes les vicissitudes du futur ; mais comme le prétérit désigne une action isolée et relativement rapide, et que la signification de *soler* implique l'habitude et la répétition, il emploie l'imparfait au lieu du prétérit qui ne serait pas logique. Le verbe *soler* se conjugue d'ailleurs comme *volver*, mais au participe passé il fait *acostumbrado ; sólito* n'étant plus qu'un adjectif, et *solido* ne pouvant être employé qu'avec le verbe *haber*.

PODRIR. — *Podrir* change l'*o* en *u* non-seulement dans tous les temps où *pedir* change l'*e* en *i*, mais dans toutes les personnes du passé défini : *pudriendo*, *me pudro*, *me pudrí*, *se pudrió*, *me pudra*, *se pudriera*, *pudriese*, *pudriere*, etc.

ABOLIR. — Il emprunte du verbe *anular* : 1° le présent du subjonctif et conséquemment l'impératif, hormis la seconde personne du pluriel *abolid* ; 2° le singulier de l'indicatif présent et la troisième personne du pluriel qui est formée de la troisième du singulier.

§ VIII.

FORMATION DES TEMPS RÉGULIERS.

Nous avons déjà vu plus haut que la troisième personne du singulier est la base des autres dans les temps réguliers.

Nous allons voir comment se forme cette troisième personne, dans chacun de ces temps, et d'après quelles lois on forme les autres.

Il y a dans chaque verbe deux parties : une *immobile,* l'autre *flexible.* La première est le radical qui indique une idée générale, tel que *part* dans *partir*, *fin* dans *finir,* etc. Il y a ensuite la terminaison, la partie *flexible*, *er*, *ir*, *ais,* *is*, etc., qui désigne, par sa forme spéciale *comment, quand*, et *qui* a éprouvé ou fait éprouver la modification mentionnée dans le radical du verbe.— *Conjuguer* un verbe, n'est donc autre chose que soumettre son radical au *joug* de la partie *flexible,* pour en faire connaître le *mode*, le *temps*, le *nombre* et la *personne.*

Les modes *formatifs* sont l'INFINITIF et le GÉRONDIF.

La troisième personne étant la règle des autres, c'est elle que nous serons censés désigner quand nous n'en nommerons point d'autres.

L'INFINITIF forme l'*indicatif* ainsi qu'il suit.

Le PRÉSENT, en retranchant l'R dans la première conjugaison, et dans la seconde qui prête sa voyelle à la troisième.

am { ar / a — tem { er / e — part { ir / e

La première personne de ce temps, se forme en ajoutant un *o* au radical dans toutes les conjugaisons, et quelle que soit l'irrégularité du verbe, la première et seconde personnes plurielles de ce temps sont toujours régulières, excepté : *vamos*, *vais*, du verbe *ir; somos, sois*, du verbe *ser;* et *hemos*, du verbe *haber*.

VERS MNÉMONIQUES.

VAMOS, VAIS, *ir* hace; y *ser*
SOMOS SOIS; HEMOS *haber.*

L'IMPARFAIT, en changeant *r* en *ba* dans la première conjugaison, et la terminaison *er, ir,* en *ia* dans les deux autres.

ama { r / ba — tem { er / ía — part { ir / ía

Le PASSÉ DÉFINI en changeant la désinence *ar* en ó, et l'*er, ir* en IÓ.

am { ar / ó — tem { er / ió — part { ir / ió

Dans la première conjugaison, la première personne de ce temps change l'*ó* de la troisième en *é*; et les deux autres conjugaisons, l'*ió* en *í*.

am { ó / é   tem { ió / í   part { ió / í

La seconde du singulier forme la seconde du pluriel, en ajoutant *is*,

Amaste,	Temiste,	Partiste,
Amasteis.	Temisteis.	Partisteis.

où l'on voit qu'ici la troisième conjugaison paye largement sa dette à la seconde, lui prêtant sa voyelle *i* comme la seconde lui avait prêté son *e* au singulier du présent : il en arrive de même à la première du pluriel.

ama { r / mos   tem { er / imos   part { ir / imos

Lorsque le gérondif est irrégulier, c'est lui qui forme la troisième personne du passé défini, laquelle forme celle du pluriel en changeant l'*é* en *ó* dans la première conjugaison, et l'*í* en *ió*, dans les deux autres. Nous avons déjà dit que la troisième du pluriel forme les trois derniers temps du substantif en changeant *ron* en *ra*, *se*, *re*.

Le FUTUR est formé de l'infinitif tout entier, auquel on ajoute les désinences de l'indicatif présent du verbe avoir, *haber*.

He,	Amar, é.	Temer, é.	Partir, é.
Has,	Amar, ás.	Temer, ás.	Partir, ás.
Ha,	Amar, á.	Temer, á.	Partir, á.
Hemos,	Amar, emos.	Temer, emos.	Partir, emos.
Habeis,	Amar, eis.	Temer, eis.	Partir, eis.
Han,	Amar, án.	Temer, án.	Partir, án.

Le CONDITIONNEL est formé de l'infinitif tout entier, plus les flexions de l'imparfait du verbe *haber*.

Había,	Amar, ía.	Temer, ía.	Partir, ía.
Habías,	Amar, ías.	Temer, ías.	Partir, ías.
Había,	Amar, ía.	Temer, ía.	Partir, ía.
Habíamos,	Amar, íamos.	Temer, íamos.	Partir, íamos.
Habíais,	Amar, íais.	Temer, íais.	Partir, íais.
Habían,	Amar, ían.	Temer, ían.	Partir, ían.

GÉRONDIF. — Toutes les fois que le gérondif éprouve quelqu'irrégularité :

Soit en changeant une voyelle en une autre, comme *pedir*, PIDIENDO; *dormir*, DURMIENDO :

Soit en l'y ajoutant comme *caer*, *cayendo* ; *leer*, *leyendo* :

Soit en changeant la voyelle en une consonne, comme *caer*, CAYENDO; *leer*, LEYENDO; *huir*, HUYENDO; *argüir*, ARGUYENDO :

Soit en retranchant l'*i*, comme *gruñir*, GRUÑENDO; *mullir*, MULLENDO; *henchir*, HINCHENDO : cette irrégularité se propage aux troisièmes personnes du parfait défini et aux trois derniers temps du subjonctif, qui sont formés, comme il a été dit, en changeant le *ron* du prétérit en *ra*, *sé*, *re*.

Ces mêmes irrégularités sont partagées par la première et seconde personnes du subjonctif, dans tous les verbes, moins ceux qui ajoutent une consonne à la première personne de l'indicatif présent, et les verbes en *eer* qui sont réguliers au subjonctif.

§ IX.

DES VERBES PRONOMINAUX.

SECTION PREMIÈRE.

Il y en a de quatre espèces en Espagnol :

1° Ceux qui prennent le pronom pour luxe, *lleguéme*, *se vino*, *me voy*, *estate quieto*.

On pourrait dire presque aussi bien *llegué*, *vino*, *voy*, *está quieto*, j'arrivai, je vins, je vais, reste tranquille. « *Como vió que* SE *tardaban... se llegó á la venta.* » CERVANTES.

2° Ceux qui ne prennent le pronom qu'accidentellement ; *quererse*, *batirse*, s'aimer, se battre; car on peut aimer, battre une autre personne que soi-même.

3° Ceux qui sont toujours réfléchis, *obstinarse*, *arrodillarse*, s'obstiner, s'agenouiller, car on ne pourrait dire obstiner, agenouiller quelqu'un.

4° Enfin les réciproques, *amarse*, *socorrerse*, etc.

Dans la manière d'être conjugués, il n'y a d'autre différence si ce n'est qu'on ajoute le pronom régime *me*, *te*, *se*, au singulier, et *nos*, *os*, *se*, au pluriel.

L'infinitif, l'impératif, le gérondif et le participe absolu exigent absolument ces pronoms après, formant un seul mot avec le verbe.

Quejarse, se plaindre.

Quéjate, plains-toi.

Quejándose, se plaignant.

Quejádose, s'étant plaint.

« HECHO *del morrion celada,* PUESTO *nombre á su rocin y* CONFIRMADOSE *á si mismo*, etc... » *Ayant* converti son casque découvert en heaume, *ayant* donné un nom à sa rosse, et en *ayant* pris un nouveau pour lui-même (comme on le fait par fois à la confirmation...) etc.

Nous avons donné cet exemple de Cervantes, pour faire voir que nous entendons par un *participe absolu*, un participe *non précédé* de l'auxiliaire, car il n'est jamais permis de placer le pronom après un participe non absolu, et dire par exemple : *ha dicho* SELO pour SE LO *ha dicho*, *ha hecho*LO, pour *lo ha hecho*.

Lorsqu'il y a deux verbes dont un sert d'auxiliaire à l'autre, on peut placer le pronom après le dernier, s'il est à l'infinitif, ou avant et après le verbe qui lui sert d'auxiliaire : *debía quejar*SE, SE *debía quejar*, *debía*SE *quejar*.

Cependant on ne doit jamais placer le pronom après un temps personnel autre que l'impératif, lorsque la dernière lettre du verbe forme un son désagréable à côté de celle qui commence le mot suivant : *la quieren, las vecinas,* et non *quierenlas, las vecinas; me escribe muy por estenso* et non *escríbeme muy ; te está bien* et non *estáte bien*, quoiqu'on dise ESTATE *quieto*, à l'impératif. *Se lo esplicarás* et non *esplicarásselo*, *os equivocais* et non *equivocaisos; te rendiste* et non *rendiste*TE.

Mais on peut dire *dióle, dábales la mano* ou *le dió les daba la mano*, etc. La lecture ou la conversation peuvent seules accoutumer l'oreille à l'*euphonie espagnole* qui a des règles à elle seule comme nous l'avons déjà vu en parlant de l'accord des adjectifs.

C'est pour y obéir, que la première personne du pluriel de l'impératif retranche son *s* devant le pronom *nos (vamonos* pour *vamosnos*, allons nous-en;) et la seconde, le *d (avergonzaos* pour *avergonzados*, rougissez), excepté *id* du verbe *ir : idos*, allez vous-en, et non *ios*. Ceci n'a cependant lieu que dans les verbes réfléchis.

Pour former le réciproque, qui ne peut avoir lieu qu'au pluriel, on ajoute ordinairement *mutuamente, unos á otros, reciprocamente*; mais on peut se passer de ces adverbes, lorsque le sens du discours ne laisse aucun doute sur la réciprocité.

L'addition d'un ou de plusieurs pronoms à un verbe ne déplace point l'accent qui est cependant reculé par le fait de cette addition : *recordó, recordóse, recordóselo, recordando, recordándose, recordándoselo,* etc. (Voyez le ch. II, de l'accent, p. 6.)

L'autre chose que nous avons à dire est que le *pronom nominatif* ne s'emploie ici, comme ailleurs, que pour appeler d'une manière particulière l'attention sur le *sujet*, dans les mêmes circonstances où, en français, on dit *moi je, toi tu, lui il*, etc.

Le pronom sujet ne s'exprime pas non plus dans les cas ordinaires lorsque le verbe est interrogatif : *¿de que te quejas?* de quoi te plains-tu ? Mais on doit l'employer quand il y a rapprochement ou contraste. — *Que yo te alabe á ti, o que tu me alabes á mi, no veo en eso algun mal, si hay motivos que lo justifiquen; pero alabarse á si mismo es immodestia y necedad.*

Nous faisons remarquer ici qu'on ne peut jamais employer en espagnol un pronom précédé d'une préposition, que comme pléonasme : *tu me amas á mi ; yo te pido á ti*, etc., et que tout seul *tu amas à mi ; yo pido á ti*, ou *amas à mi ; pido á ti* ne pourrait aucunement remplacer le pronom réfléchi *me, te*, etc.

Quoique le fonds de la langue espagnole soit le latin, elle suit ici le génie de la langue française, qui est celui des langues romanes.

SECTION II.

SYNTAXE DES PRONOMS MULTIPLES.

Outre le pronom sujet dont on se passe dans les cas ordinaires, on peut en donner deux et même trois autres à un verbe, en espagnol.

Un représentant le régime indirect, l'autre le régime direct, et enfin un troisième lorsque le pronom *on* français est traduit par *se* en espagnol. Dans l'ordre de la construction, ce dernier pronom est toujours le premier, puis le pronom indirect, puis le pronom régime : on me dit, *se me dice ;* on me l'a assuré ; *me lo han asegurado ;* qu'on me l'amène, *traigasemelo.*

Dans les phrases où il ne se trouve pas, l'on dira au contraire : *rindeteme*, rends-toi à moi ; *rindasenos*, qu'il se rende à nous, (phrase où le *se* représente le régime *lui*, lui-même, et non pas le sujet *on.*)

No quieres darteme á conocer? tu ne veux pas te faire connaître par moi? en faisant précéder le régime direct. Cependant si le régime direct se rapporte à la troisième personne, alors on le met le dernier :

Te lo digo, nos lo enseña, os lo affirmo.
(Je) te le dis, (il) nous le démontre, (je) vous l' affirme.

Lorsque deux pronoms de la troisième personne se rencontrent, il arriverait, en suivant cette règle, qu'il faudrait dire *lelo, lela, lelos, lelas*, etc.; mais *lelo*, *lela*, etc., signifient imbécile. Or, dans une phrase comme celle-ci : *je vous le dis*, il faudrait dire *lelo digo á v.*, ce qui ne serait aucunement un compliment; pour l'éviter, on a changé *le* en *se*, toutes les fois que deux pronoms de la troisième personne se trouvent unis. Ici nous appelons encore une fois l'attention sur l'ordre de ces deux pronoms, car l'espagnol dit *se lo*, *se la*, *lui le*, *lui la*, tandis que le français dit le lui, la lui, *se lo digo, se la doy,* (je) le lui dis, je la lui donne. (On disait d'abord *gelo, gela, gelos, gelas.*)

N'oublions donc pas qu'il y a trois pronoms *se* en espagnol :

Se, on, sujet;

Se, lui-même, régime direct;

Et *se*, lui et leur, régime indirect.

Quoique le pronom *la* soit ordinairement le pronom direct, il est permis de l'employer au féminin, lorsque la phrase gagne en clarté ou en brièveté. *Encontró á Rosario con su tio, y* LA *preguntó por su hermanita*, il rencontra Rosario avec son oncle, et il demanda à la jeune fille des nouvelles de sa petite sœur.

De même, il est permis d'employer *lo* pour *le* au masculin, même en parlant d'un être intelligent, lorsqu'il sert à distinguer le sens de la phrase.

Se le ve trepar par el monte, signifie : on le voit grimper par-dessus la montagne; et *se lo ve caer á los piés*, (il) se le voit tomber aux pieds, c'est-à-dire, il le voit tomber à ses pieds.

CHAPITRE XIV.

DES PARTICIPES.

Comme nous l'avons vu, les participes réguliers sont :

	1re CONJUGAISON	2e. ET 3e.
Participe présent ou *gérondif*	— ANDO.	— *iendo.*
Participe passé	— ADO.	— *ido.*

Nous ferons observer ici que

Le participe	— ANTE	— *iente*

ne répond pas au participe présent français, mais au substantif ou adjectif verbal qui en diffère souvent par l'orthographe. *Présidant* (qui préside), *président* (juge, ministre, juré, etc.), *fabriquant* qui fabrique, *fabricant* (homme).

Les participes passés sont :

1° Réguliers.

2° Réguliers ou irréguliers.

3° Toujours irréguliers.

Tous les verbes qui ne seront pas compris dans les deux dernières classes, appartiennent de droit à la première.

Sont réguliers ou irréguliers :

	PART. RÉG.	PART. IRR.
Abstraer, retirer, éloigner.	*Abstraido.*	*Abstracto.*
Aceptar, accepter.	*Aceptado.*	*Acepto.*
Aficionarse, s'attacher.	*Afficionado.*	*Afecto.*
Aguzar, aiguiser.	*Aguzado.*	*Agudo.*
Ahitarse, trop manger.	*Ahitado.*	*Ahito.*
Alertar, donner l'alerte.	*Alertado.*	*Alerto.*
Angostar, presser.	*Angostado.*	*Angosto.*
Atender, faire attention.	*Atendido.*	*Atento.*
Bendecir, bénir.	*Bendecido.*	*Bendito.*
Bienquerer, aimer.	*Bienquerido.*	*Bienquisto.*
Combar, arquer.	*Combado.*	*Combo.*

Compeler, forcer.	*Compelido.*	*Compulso.*
Completar, compléter.	*Completado.*	*Completo.*
Comprimir, comprimer.	*Comprimido.*	*Compreso.*
Concluir, conclure.	*Concluido.*	*Concluso.*
Concretar, condenser.	*Concretado.*	*Concreto.*
Confesar, confesser.	*Confesado.*	*Confeso.*
Confundir, confondre.	*Confundido.*	*Confuso.*
Consumirse, se consumer.	*Consumido.*	*Consunto.*
Contentarse, se contenter.	*Contentado.*	*Contento.*
Contundir, meurtrir.	*Contundido.*	*Contuso.*
Convencer, convaincre.	*Convencido.*	*Convinto.*
Convertir, convertir.	*Convertido.*	*Converso.*
Corregir, corriger.	*Corregido.*	*Correcto.*
Cuadrar, carrer.	*Cuadrado.*	*Cuadro.*
Cultivar, cultiver.	*Cultivado.*	*Culto.*
Descalzar, déchausser.	*Descalzado.*	*Descalzo.*
Desertar, délaisser.	*Desertado.*	*Desierto.*
Desnudar, dépouiller, dégaîner.	*Desnudado.*	*Desnudo.*
Despertar, réveiller.	*Despertado.*	*Despierto.*
Difundir, répandre.	*Difundido.*	*Difuso.*
Dirigir, diriger.	*Dirigido.*	*Directo.*
Dispersar, disperser.	*Dispersado.*	*Disperso.*
Distinguir, distinguer.	*Distinguido.*	*Distinto.*
Dividir, diviser.	*Dividido.*	*Diviso.*
Elegir, choisir.	*Elegido,*	*Electo.*
Enhestar, élever, dresser.	*Enhestado,*	*Enhiesto.*
Enjugar, essuyer.	*Enjugado,*	*Enjuto.*
Erigir, ériger.	*Erigido,*	*Erecto.*
Esceptuar, excepter.	*Esceptuado.*	*Escepto.*
Escluir, exclure.	*Escluido,*	*Escluso.*
Espeler, chasser.	*Espelido,*	*Espulso.*
Esperimentar, éprouver.	*Esperimentado,*	*Esperto.*
Espesar, rendre épais.	*Espesado,*	*Espeso.*
Espresar, exprimer.	*Espresado,*	*Espreso.*
Estender, étendre.	*Estendido,*	*Estenso.*
Estinguir, éteindre.	*Estinguido,*	*Estinto.*

Estraer, extraire.	*Estraido*,	*Estracto*.
Estrechar, } étreindre.	*Estrechado*,	*Estrecho*.
Estreñir, } étreindre.	*Estreñido*,	*Estricto*.
Ecsimir, eximer.	*Ecsimido*,	*Ecsento*.
Faltar, manquer.	*Faltado*,	*Falto*.
Favorecer, favoriser.	*Favorecido*,	*Favorito*.
Fechar, dater.	*Fechado*,	*Fecho*.
Fijar, fixer.	*Fijado*,	*Fijo*.
Freir, frire.	*Freido*,	*Frito*.
Hartar, remplir.	*Hartado*,	*Harto*.
Imprimir, imprimer.	*Imprimido*,	*Impreso*.
Incluir, inclure.	*Incluido*,	*Incluso*.
Infectar, infecter.	{ *Infectado*, *Inficionado*,	*Infecto*.
Ingerir, } ingérer.	*Ingerido*, }	*Ingerto*.
Ingertar, } ingérer.	*Ingertado*, }	*Ingerto*.
Juntar, rassembler.	*Juntado*,	*Junto*.
Limpiar, nettoyer.	*Limpiado*,	*Limpio*.
Malquerer, } haïr.		
Malquistar, } haïr.	*Malquistado*,	*Malquisto*.
Manifestar, faire connaître.	*Manifestado*,	*Manifiesto*.
Marchitar, se faner, flétrir.	*Marchitado*,	*Maichito*.
Mondar, monder.	*Mondado*,	*Mondo*.
Nacer, naître.	*Nacido*,	*Nato*.
Ocultar, cacher.	*Ocultado*,	*Oculto*.
Omitir, omettre.	*Omitido*,	*Omiso*.
Oprimir, opprimer.	*Oprimido*,	*Opreso*.
Pervertir, pervertir.	*Pervertido*,	*Perverso*.
Poseer, posséder.	*Poseido*,	*Poseso*.
Prender, prendre.	*Prendido*,	*Preso*.
Presumir, présumer.	*Presumido*,	*Presunto*.
Proveer, pourvoir.	*Proveido*,	*Provisto*.
Raer, raser.	*Roido*,	*Raso*.
Reflejar, réfléchir.	*Reflejado*,	*Reflejo*.
Remitir, remettre.	*Remitido*,	*Remiso*.
Repeler, repousser.	*Repelido*,	*Repulso*.

Requerir, requérir, exiger.	*Requerido*,	*Requisito.*
Romper, rompre.	*Rompido*,	*Roto.*
Secar, sécher.	*Secado*,	*Seco.*
Sepultar, ensevelir.	*Sepultado*,	*Sepulto.*
Soltar, délier.	*Soltado*,	*Suelto.*
Suprimir, supprimer.	*Suprimido*,	*Supreso.*
Surgir, surgir.	*Surgido*,	*Surto.*
Suspender, suspendre.	*Suspendido*,	*Suspenso.*
Teñir, teindre.	*Teñido*,	*Tinto.*
Torcer, tordre.	*Torcido*,	*Tuerto.*
Yuntar, atteler.	*Yuntado*,	*Yunto.*
Zafarse, s'échapper.	*Zafado*,	*Zafo.*

N. B. Le participe régulier prend ordinairement l'auxiliaire *haber*, et l'irrégulier *ser* ou *estar*. *Prescrito*, *preso*, *provisto*, *injerto*, *opreso*, *impreso*, *supreso* et *roto*, admettent aussi le verbe *haber* pour auxiliaire.

Le nombre des participes qui sont absolument irréguliers est plus réduit, en voici la liste :

Abrir, ouvrir.	*Abierto.*
Cinconscribir, circonscrire.	*Circunscripto.*
Decir, dire.	*Dicho.*
Escribir, écrire.	*Escrito.*
Hacer, faire.	*Hecho.*
Morir, mourir.	*Muerto.*
Poner, mettre.	*Puesto.*
Prescribir, prescrire.	*Prescripto.*
Proscribir, proscrire.	*Proscrito.*
Satisfacer, satisfaire.	*Satisfecho.*
Solver, détacher.	*Suelto.*
Ver, voir.	*Visto.*

Ceux-ci admettent les trois auxiliaires : *ser*, *ester* et *haber*.

VERS MNÉMONIQUES.

Dicho, escrito, hecho, cubierto;
Visto, puesto, vuelto, abierto.

Il faut ajouter à ceux-ci les verbes de même désinence : ainsi BR[illegible], *cubrir, descubrir, encubrir* auront leur participe en *ierto* comme *abrir.*

Olver : *disolver, resolver, volver, envolver, revolver* auront leur participe en *uelto* comme *solver.*

Scribir : *inscribir, proscribir* feront *inscrito, proscrito* comme *escribir* qui fait *escrito;* mais *circunscribir* et *prescribir* feront *circunscripto, prescripto.*

Decir : *desdecir, predecir* feront *desdicho, predicho.*

Acer : *deshacer, rehacer, satisfacer* feront *deshecho, rehecho, satisfecho,* à l'imitation de *hacer* qui fait *hecho.*

Poner : *Componer, disponer,* etc., *compuesto, dispuesto.*

Ver : *prever, previsto,* etc.

N. B. En espagnol, il n'est pas toujours permis d'exprimer la réitération, la répétition d'un acte en mettant le préfixe *re* devant le verbe. Ainsi on ne pourrait pas dire *rever* pour revoir, mais *volver á ver* : je ne l'ai pas revu depuis, *no le hé vuelto á ver.*

Toutes les fois donc qu'un verbe espagnol n'admet pas le *re* pour exprimer la répétition d'un acte quelconque, il faut mettre ce verbe à l'infinitif et le faire précéder du verbe *volver* qui sera placé aux mode, temps et personne du verbe français, et sera suivi de la préposition *á*. Une autre manière, mais qui n'est pas toujours aussi élégante, est de remplacer le préfixe par l'adverbe *de nuevo,* l'*iterum* latin, encore, de nouveau, de plus belle, une nouvelle fois. L'usage est ici la seule règle. *Volver* signifie à lui seul revenir.

Le verbe *echar* est souvent employé pour indiquer que l'action est instantanée : *echó de ver,* il vit (en ce même moment).

La forme *je viens de ....,* se rend par *ocabo de ....*

Les verbes *venir* et *andar* ne s'emploient que lorsqu'il y a un véritable mouvement de translation, ou pour remplacer les verbes auxiliaires être; *viene diciendo, anda diciendo, está diciendo* signifient la même chose : IL EST DISANT, IL DIT.

CHAPITRE XV.

DE L'EMPLOI ET ACCEPTION
DES VERBES AUXILIAIRES.

DE L'EMPLOI RELATIF DES VERBES *ESTAR* ET *HABER*.

MNÉMONIQUES.

El neutro y activo
Ausilia haber
Mas el pasivo
Conjuga ser.

Le verbe *haber* sert d'auxiliaire aux verbes actifs et aux neutres, et par conséquent aux verbes réfléchis qui ne peuvent avoir que la voix neutre ou active. Cependant si le participe du verbe neutre avait le sens d'un véritable *adjectif* ou d'un *substantif*, alors on emploierait le verbe *ser*.

Voici la différence que le verbe auxiliaire donne par fois à l'acception du participe.

Me HA *parecido,* il m'a paru.
ES *parecido*, il est semblable.
HA *osado,* il a osé.
ES *osado*, il est audacieux.
Tanto HA *porfiado*, il a tant insisté.
ES *porfiado*, il est entêté.
HA *desesperado*, il a désespéré.
ES *un desesperado*, c'est une tête brûlée.
HA *desatinado*, il a extravagué, il a fait une fausse note.
ES *desatinado,* il est étourdi.
HA *desconfiado,* il a douté, il s'est découragé, etc.
ES *desconfiado,* il est méfiant.

Quelquefois au lieu du verbe *ser* ou *haber*, on place le verbe *estar* devant le participe d'un verbe neutre, et alors la signification ou la voix du verbe n'est plus du tout la même.

HA *caido*, il est tombé.

ESTA *caido*, il a beaucoup perdu, il est humilié, découragé, abattu.

Par fois aussi le verbe *estar* donne à l'action exprimée par le parcipe, l'idée d'un fait *récemment*, *actuellement* accompli.

A la question : cette pomme est-elle crue ou cuite, un Espagnol répondra ES *cocida*, pour dire qu'elle n'est pas crue, et ESTA *cocida*, pour dire qu'elle vient d'atteindre le point où il n'est plus nécessaire de la faire cuire davantage.

Et il dira HA *cocido por mas de una hora*, pour dire qu'elle a été exposée au feu pour être cuite, pendant plus d'une heure, ce qui est ici l'acception française du verbe avoir. La différence de l'auxiliaire produit encore d'autres nuances dans la significacion du participe; ainsi, par exemple, HA *creido*, signifie il s'est imaginé ; ESTA *creido*, il est persuadé ; ES *creido*, on lui prête foi.

Es tocado de princesa, c'est une coiffure de princesse ; ESTA *tocado*, il commence à se gâter ; HA *tocado bien*, il a bien joué ; LE HA *tocado*, il lui a fallu ou échu., etc.

La connaissance de la langue étant ici indispensable pour connaître la différence des mille acceptions de ce genre, il est clair qu'on ne pourrait en comprendre les règles que lorsqu'elles seraient devenues superflues.

Le verbe passif se sert du verbe *ser* pour auxiliaire ; cependant il y a des participes passés qui demandent le verbe *estar*, au passif (1), et c'est lorsque le verbe *ser* leur donnerait la signification d'un adjectif ou d'un participe présent.

Es *divertido*, il est amusant.

ESTA *divertido*, il est amusé.

Es *cansado*, il est fatigant.

ESTA *cansado*, il est fatigué.

---

(1) Le nuevo Sobrino dit, page 81 : *estar* n'est employé comme auxiliaire que devant les gérondifs ; et la grammaire de Puggiari dit, page 89 : que ce verbe ne peut avoir pour complément direct qu'un adjectif, *estan* EQUIVOCADOS Francisco Martinez y Puggiari.

Quelques verbes ne peuvent même recevoir que le verbe *estar* pour auxiliaire devant le participe passé, lorsqu'ils signifient l'état accidentel plutôt que l'action ou l'essence; dans ce cas, l'on dira: *está pegado, metido, lucido, cincunscripto, dicho, escrito, hecho, cubierto, visto, puesto, vuelto, abierto,* exemples qui embrassent, comme on le voit, toutes les désinences régulières et irrégulières des participes passés.

SER ET *ESTAR.*

Ser, estar, signifiant *être,* lorsqu'*être* peut se traduire par SE TROUVER DANS L'ACTUALITÉ (1), c'est-à-dire lorsque son attribut offre l'idée d'une qualité passagère, d'un état accidentelle, on le rend par ESTAR.

Lorsque l'attribut d'*être* désigne au contraire une qualité essentielle, inséparable, durable ou habituelle, alors il se rend par *ser.*

Il faudra donc employer SER pour dénoter l'aptitude, la bonté, la couleur, la dignité, l'essence, la forme, la grandeur, l'habileté, l'identité, la lenteur, la matière, la nécessité, l'ordre, la propriété, la quan-

---

(1) Comme les mots *actualité, actuel* seront souvent employés dans ce chapitre, nous allons préciser la signification que nous attachons à ces mots.

Dans ces phrases: il était *alors*, il est *à présent*, il sera *alors*, etc., les adverbes *alors* (passé ou futur) et *à présent*, équivalent à *actuellement, dans l'actualité*, à l'époque dont il s'*agit*, ou *actuelle;* et comme *qui de uno dicit, de altero negat*, on pourrait presque dire à cette époque *seulement*, ou spécialement, ce qui est le caractère *volage* du verbe *estar.*

L'action de l'époque *actuelle* est donc l'action qui n'est pas de toutes les époques, car *qui de una dicit, de altera negat.* Cependant, quoique l'action *actuelle* soit comme l'opposé de l'action *continuelle,* habituelle, si l'attribut marquait déjà par sa nature une qualité *inhérente,* on devra employer le verbe *ser* et non le verbe *estar*. Ex.:

Era cabo entonces, es ahora sargento, y será pronto alfe-
(Il) était alors caporal, (il) est maintenant sergent, et (il) sera bientôt sous-
rez.
lieutenant.

Mais on dira: *estaba entonces malo, esta ahora resuelto, estará entonces disuelto.*

Hierro, fer.	*Herrar*-HIERRO, ferrer et tous ceux dont l'*e* est précédé d'une *h* et non suivi d'un *ñ*.
Incienso, encens.	*Incensar*-INCIENSO, encenser.
Infierno, enfer.	*Infernar*-IERNO, mettre le trouble et la désunion.
Invierno, hiver.	*Invernar*-IERNO, passer l'hiver.
El juego, le jeu.	*Jugar*-UEGO, jouer (1).
La liendre, lente.	*Deslendrar*-IENDRO, ôter les lentes.
El manifiesto, ban.	*Manifestar*-IESTO, proclamer, faire connaître.
La miel, le miel.	*Enmelar*-IELO, emmieller.
Miembro, membre.	*Desmembrar*-IEMBRO, démembrer.
Nieve, neige.	*Nevar*-IEVA, neiger, il neige.
Piedra, pierre.	*Desempedrar*-IEDRO, dépaver.
Pienso, une ration.	*Pensar*-IENSO, penser; peser les idées, (*ratiocinari*).
Pierda, (v.) perte.	*Perder*-IERDO, perdre.
Pierna, jambe.	*Apernar*-IERNO, saisir par la jambe.
Pliegue, pli.	*Desplegar*-IEGO, déplier.
Quiebra, banqueroute.	*Quebrar*-IEBRO, faillir.
Riego, l'action d'arroser.	*Regar*-IEGO, arroser.
Sangria, saignée.	*Ensangrentar*-IENTO, ensanglanter.
La siega, la moisson.	*Segar*-IEGO, moissonner.
La siembra, les semailles.	*Sembrar*-IEMBRO, ensemencer.
Sierra, scie, cordillère.	*Aserrar*-IERRO, scier.
Tiemblo, (v.) tremblement.	*Temblar*-IEMBLO, trembler.
Tierra, terre.	*Desenterrar*-IERRO, déterrer.
Travieso, qui est de travers, mauvais sujet.	*Travesar*-IESO, traverser, mettre en travers.
Tropiezo, obstacle.	*Tropezar*-IEZO, broncher.

Plusieurs verbes de la troisième conjugaison dont les dernières voyelles sont en *e-ir*, comme *diferir*, *hervir*, *sentir*, partagent cette

(1) On ne dit *jouer* qu'au jeu où l'on gagne ou l'on perd ; on dit *tocar* (d'un instrument); *hacer* (un rôle); *representar* (une pièce); *divertirse* (dans la cour). Ce verbe n'a été placé dans cette liste que parce qu'il est le seul de son espèce, et que, quoiqu'il n'altère pas les mêmes voyelles, il fait éprouver au verbe l'influence du substantif dans les mêmes cas que ceux qu'il accompagne.

altération de l'*e* en *ie :* ce sont ceux qui ont l'*e* suivi d'un *r* ou de *n*, comme nous le verrons en son lieu dans les irrégularités gérondives, où nous parlons aussi des verbes en *e-ir* qui changent l'*e* en *i*, comme *pedir* et *venir*.

LISTE DES VERBES EN *AR* QUI CHANGENT L'*O* EN *UE*.

NOMS.	VERBES.
Acuerdo, accord.	*Acordar*-acuerdo, demeurer d'accord.
Aguero, augure.	*Agorar*-uero, augurer.
Almuerzo, déjeuné.	*Almorzar*-uerzo, déjeuner.
Apuesta, gageure.	*Apostar*-uesto, gager, et tous les verbes en *ostar*.
Clueca, poule qui glousse.	*Enclocarse*-ueco, glousser.
Consuelo, consolation.	*Consolar*-uelo, consoler.
Cuello, le cou.	*Descollar*-uello, surpasser en hauteur.
Cuento, conte, cuenta, compte.	*Contar*-uento, conter, compter.
Cuerno, corne.	*Descornar*-uerno, écorner.
Cuero, cuir.	*Encorar*-uero, garnir de cuir.
Cuesta, frais, côte.	*Costar*-uesto, coûter.
Denuedo, dévouement, bravoure.	*Denodarse*-uedo, braver le danger.
Denuesto, injure.	*Denostar*-uesto, injurier.
Duelo, deuil, duel.	*Doler*-uelo, faire souffrir, et ses composés.
Encuentro, rencontre.	*Encontrar*-uentro, rencontrer.
Flueco, frange.	*Flocar*-ueco, effiler un tissu.
Fuego, feu.	*Desfogar*-uego, exhaler.
Fuero, privilége.	*Desaforar*-uero, priver du *fuero*.
Fuerza, force.	*Esforzar*-uerzo, encourager.
Grueso, gros.	*Engrosar*-ueso, grossir.
Hueso, os.	*Desosar*-hueso, désosser.
Huevo, œuf ; hueva, frai.	*Desovar*-huevo, être en frai.
Majuelo, jeune plant.	*Desmajolar*-uelo, arracher les ceps.
Mueble, meuble.	*Moblar*-ueblo, meubler.
Muela, meule.	*Amolar*-uelo, aiguiser ; *moler*, moudre.
Muestra, signe, étalage.	*Mostrar*-uestro, faire voir, et ses comp.
Niego, niais.	*Negar*-iego, nier.
Nuevo, neuf (1).	*Renovar*-uevo, renouveler.

(1) *Innovar* fait *innovo*, et aucun verbe de cette initiale n'éprouve l'altération vicieuse, *Ignorar* fait *ignoro ; inmolar*, *inmolo ; invocar*, *invoco*, etc. ; mais *llover*, *mover* dont le radical finit par un *v* comme *innovar*, feront *lluevo*, *muevo*, etc.

PRUEBA, preuve. — *Probar*-UEBO, prouver.
PUERCA, tas de terre soulevé. — *Aporcar*-UERCO, enchausser.
PUERCO, le cochon. — *Emporcar*-UERCO, salir.
PUERTO, le port. — *Aportar*-UERTO, aborder.
RESUELLO, respiration. — *Resollar*-UELLO, respirer.
RUEDA, roue. — *Rodar*-UEDO, rouler.
RUEGO, prière. — *Rogar*-UEGO, prier, supplier.
SUELDO, solde. — *Asoldar*-UELDO, soudoyer.
SUELO, le sol. — *Asolar*-UELO, jeter tout à terre, ravager.
SUELTO, libre. — *Soltar*-UELTO, délivrer.
SUENO, (v.) son. — *Sonar*-UENO, sonner.
SUEÑO, rêve, somme, sommeil. — *Soñar*-UEÑO, rêver.
TRUECO, troc, échange. — *Trocar*-UECO, échanger.
TRUENO, tonnerre. — *Tronar*-UENO, tonner, et ses composés.
TUERTO, borgne, oblique. — *Entortar*-UERTO, éborgner.
VERGUENZA, honte. — *Avergonzar*-UENZO, faire honte.
VUELTA, tour. — *Volver*-UELVO, tourner, retourner, tous ses composés, et tous ceux de la désinence en *olver*, *solver*, *absolver*, *resolver*, etc.

§ VI.

DES ALTÉRATIONS ÉTYMOLOGIQUES.

Tout verbe espagnol dérivant d'un verbe latin qui altère la consonne de l'indicatif au prétérit, partage cette irrégularité.

Poner, *puse*, (*posui*, lat.)
Conducir, *conduje*, (*conduxi*, lat.)
Querer, *quise*, (*quæsivi*, lat.)
Decir, *dije*, (*dixi*, lat.)
Ser, *fui*, (*fui*, lat.)
Traer, *traje*, (*traxi*, lat.)

Le *p* de *supe* et *cupe*, prétérit de *saber* et *caber*, le *c* de *hice*, le *b* de *hube*, prétérits de *hago*, et de *he*, rappelant les *sepui*, *cepi*, *feci*, *habui*, latins, font aussi voir que l'espagnol n'a dévié qu'à regret de l'étymologie latine.

Lucir devrait aussi faire *luje* au lieu de *luci*; mais la troisième personne ferait alors *lujo*, qui en espagnol signifie le luxe, et de plus le verbe *lujarse*, se donner une entorse, se confondrait avec *lucirse*. L'on voit par là que si *cao* n'a pas le *j* de *trao* au prétérit, c'est qu'il ne l'a pas en latin où il fait *cecidi*, tandis que *traho* fait *traxi*.

L'imparfait du verbe *ir* qui prend le *b* de la première conjugaison, quoiqu'il soit de la troisième, et dont nous avons parlé dans les altérations distinctives, peut aussi se rapporter à l'étymologie latine *ibam*, ainsi que le prétérit de *dar*, qui, quoique de la première conjugaison, affecte la seconde forme au prétérit *di*, *diste*, du *dedi*, *dedìsti* latin.

§ VII.

DES IRRÉGULARITÉS ELLIPTIQUES OU INÉVITABLES.

PREMIÈRE ESPÈCE.

Ce que nous venons de dire par rapport à l'irrégularité étymologique, suffirait pour prouver que le fond de la langue espagnole est le latin; cependant, le mélange des peuples du Nord avec ceux du Midi devait influer sur leurs langues. Les dernières invasions produisirent, en effet, plus d'un phénomène linguistique. En même temps que les langues germaniques enrichissaient de plusieurs nouveaux mots la langue des colonies latines, elles y greffaient aussi quelques-unes de ces formes auxquelles elles avaient dû recourir à cause de leur pauvreté grammaticale (1). Les langues germaniques n'ont qu'un seul temps pour le passé parfait et l'imparfait, et n'ont point de futur ni de conditionnel naturel, qu'ils sont forcés d'exprimer par un verbe auxiliaire, indiquant la volonté ou l'obligation qui détermine à l'exécution de la chose. Les langues romanes se ressentent plus ou moins de ces défauts, et voici ceux que l'on remarque dans la conjugaison des verbes espagnols.

---

(1) Plusieurs langues n'ont pas de différence entre le passé et le futur, telles sont encore l'éthiopien, le turc et le punico-malthésien. Dans cette dernière langue, *n'hhob* signifie également j'aime et j'aimerai, comme *atayem* je jetterai et je jette, en turc.

Je demeurai; *hube (menester) de estar; hube de estar, estar hube*, qui devint enfin *estube estuve*. J'eus, *hube de tener,* je dus avoir; puis *tener hube* qui devint *tube* ou *tuve*.

Je serai, *hé de ser,* je dois être, puis *ser hé* et enfin *seré*.

Tu seras, *has de ser,* tu dois être, puis *ser-has* et plus tard *serás*.

Il sera, *ha de ser,* il doit être, puis *ser-ha* et finalement *será*.

Seremos, *sereis*, *seran* conservent pareillement les terminaisons du verbe avoir, *hemos, habeis, han,* et tous les futurs, sans une seule exception, quelle que soit leur conjugaison ou leur irrégularité, se forment de l'infinitif et des désinences du verbe *hé, has, ha, hemos, habeis, han*, que nous avons placées à côté dans le paradigme.

Le conditionnel est dans le même cas : la désinence en *ia* est celle de l'imparfait du verbe *avoir*.

Habia, habias, habia; habiamos, habiais, habian. Ex.: « Il y était dit que les diacres *auraient* vingt-quatre ans révolus pour être ordonnés. » C'est-à-dire *devaient avoir, Habian de haber; haber habian; haberian* et enfin *habrian*. Comme nous l'avons déjà vu, le verbe avoir, suivi de la préposition *de* en espagnol, étant une contraction de *haber necesidad, précision, menester de,* équivaut au verbe *devoir*. J'ai encore à lire les journaux, les devoirs à corriger, des notes à prendre, etc., signifient : *je dois encore lire les journaux*, *je dois encore corriger les devoirs, prendre des notes*, etc. (1)

---

(1) Le futur latin en *abo*, *ebo* et *am* ne peut avoir donné les futurs des langues romanes qui, toutes, y conservent l'*r* de l'infinitif, ainsi que cela arrive au conditionnel qui en partage toutes les irrégularités.

Espagnol : *amar, é; defender, é; aplaudir, é.*
Français : aimer, ai; défendre, ai; applaudir, ai.
Italien : *amar, ó; diffendere, ó; applaudir, ó.*
Portugais : *amar, ei; defender, ei; applaudir, ei.*

Il serait impossible de s'expliquer l'*s* du futur du verbe *être*, qui ne se trouve point dans l'*ero* latin, et qui ne peut être le *sygma* des Grecs, nation avec laquelle les Occidentaux ont eu trop peu de communications directes, et qui d'ailleurs ne se trouve ici que dans le verbe *être*.

S'il restait des doutes, la langue portugaise les ferait disparaître; car dans le

DEUXIÈME ESPÈCE.

Tout ce qui s'emploie s'use, et ce qui est d'un emploi plus fréquent s'use plus vite que le reste.

Les verbes auxiliaires qui servent non seulement pour exprimer la *demeure*, l'*existence*, la *possession* ou l'*essence*, mais encore pour conjuguer tous les autres verbes, sont plus souvent employés que la plupart des autres, aussi sont ils ceux qui s'usent le plus tôt (1).

---

futur et le conditionnel des verbes réfléchis, elle sépare encore l'*infinitif* de la *désinence personnelle* par le pronominal: *darseha* pour *se ha de dar; notarsehia* pour *se havia de notar*, il faut donner, il fallait remarquer. Cette forme se trouve aussi chez les anciens auteurs espagnols, et Cervantes lui-même a dit: *Casarme he con ella* (ZELOSO ESTREM). *Acabarse ha mi sandez* (DON QUICHOTTE), etc. Enfin les plus anciennes grammaires espagnoles placent parmi les futurs l'infinitif précédé de l'auxiliaire *haber*. C'est exprimer le futur à la manière des peuples germaniques.

L'Allemand dit *Ich werde loben;* le Hollandais, *ik zal beminnen;* l'Anglais, I *shall* ou *I will love;* le Slave, *kochai bendeng* pour *j'aimerai*, mot, qui décomposé, signifie, comme nous l'avons prouvé, j'ai (volonté, besoin de) aimer, dans les langues du Nord comme dans les langues romanes. Il en est de même du conditionnel où l'Allemand dit *Ich würde;* le Hollandais, *ik zou;* l'Anglais, *I should, would, might* ou *could;* et le Polonais, *bym*, mots équivalant à je devrais, je voudrais, il me serait permis, je pourrais, j'aurais une tendance à.

(1)

Latin.	Allemand.	Hollandais.	Anglais.	Portugais.	Italien.	Espagnol.
Habeo.	Habe.	Heb.	Have.	Hei.	Ho.	He.
Habes.	Hast.	Hebt.	Hast.	Has.	Hai.	Has.
Habet.	Hat.	Heft.	Has.	Ha.	Ha.	Ha.
Habemus	Haben.	Hebben.	Have.	Havemos	Abbiamo	Hemos.
Habetis.	Habet.	Hebt.	Have.	Haveis.	Avete.	Habeis.
Habent.	Haben.	Hebben.	Have.	Haô.	Hanno.	Han.

Dans ce petit tableau l'on peut voir que chaque langue a gardé les consonnes, on s'en est débarrassé selon la dureté ou la douceur de son euphonie ; mais toutes se sont usées. C'est ainsi que le *magis* latin n'est plus que *mais* en français, *mas* en espagnol, *ma* en italien; que *facere, dicere, tenere, venire, occulus, digitus*, etc., ne sont plus que *far* et *dir* en italien, *ter* et *vir* en portugais, *œil* et *doigt* en français, et que *ver, col, mar, pan* est tout ce qui est resté aux Espagnols de *videre, caulis, mare, panis*. Voyez notre ESSAI SUR LES CELTES, p. 5 et 241.

Nous ne voulons pas dire que toutes les langues se conjuguent de la même manière (1); nous constatons un fait qu'on ne saurait mettre en doute dans les langues qui emploient des auxiliaires :

Lorsqu'à force de s'user, un mot est réduit au monosyllabe, ce n'est qu'avec de très-grandes difficultés qu'il peut passer d'une langue à l'autre. Le passé grec du verbe être *en*, *es*, *e*, n'a pu passer à la langue latine, qui en a emprunté le radical aux langues du nord, ainsi que le français l'a tiré de *stare*, *estar* en espagnol, *estre* et *être* en français. Le verbe *fuo* a évidemment fourni le prétérit, et le futur est, comme nous l'avons vu, la réunion de l'infinitif avec l'auxiliaire avoir (2).

(1) Quelques langues, comme le latin et le grec, n'ont point d'auxiliaire; l'arabe et l'hébreu suppléent au défaut de l'auxiliaire avoir, par *chez moi* ou *avec moi*, uni au verbe être: J'ai un cheval, *cheval chez moi*; et plusieurs autres langues remplacent le verbe être par le nom de l'homme qui en est le plus souvent l'étymologie.

(2)

Sanscrit.	Grec ancien	Grec mod.	Latin.	Persan.	Arménien.	Anglais.
Asmi.	Eimi.	I ou Imé.	Sum (1).	Am.	Em.	Am.
Asi.	Eis.	Isé.	Es.	Ai.	Es.	Art.
Asti.	Esti.	Iné.	Est.	Ast.	É.	Is.
Smah.	Esmen.	Imètha.	Sum-us.	Aim.	Emk.	Are.
Stha.	Esti.	Isthé.	Est-is.	Aid.	Ék.	Are.
Santi.	Eisi.	Iné.	Sunt.	And.	Én.	Are.

Scandinav.	Breton.	Italien.	Espagnol.	Portugais.	Français.	Catalan.
Er.	Bezann.	Sono.	Soy.	Sou.	Suis.	So.
Ert.	Bezez.	Sei.	Eres.	Es.	Es.	Ets.
Er.	Bez.	È.	Es.	He.	Est.	Es.
Erum.	Bezomp.	Siamo.	Somos.	Somos.	Sommes.	Som.
Erud.	Bezit.	Siete.	Sois.	Sois.	Êtes.	Sois.
Eru.	Bezont.	Sono.	Son.	Saõ.	Sont.	Son.

(1) Les anciens devaient dire *esum* pour *sum*. Dans les douze tables on trouve *escit* pour *sit*.

L'on voit que le *sum* et l'*est* perdent l'*i* grec et sanscrit; l'*eis* devient *es*, et le *santi* sanscrit n'est plus que *sunt* en latin, *and* en persan, *son* en espagnol, et en

Le verbe *ir* est aussi un de ceux qui, par leur fréquent emploi, s'usent plus vite que les autres; aussi a-t-il été obligé d'emprunter les formes que le temps avait usées. Ce verbe est même employé comme auxiliaire en espagnol et dans toutes les langues des peuples pasteurs, chez qui *être* quelque part signifie y *errer*, y faire paître les troupeaux qui changent de place dès qu'ils ont mangé l'herbe qu'ils avaient sous les pieds.

Ce verbe est aujourd'hui composé : du verbe *vado*, dans ses présens, de l'*eo*, dans l'imparfait, le futur et le conditionnel; et du verbe *fuo*, dans les autres temps (1).

La première personne de l'impératif pluriel a même éprouvé une altération qu'on ne trouve dans aucun autre verbe, tous l'empruntant au subjonctif. Le *vayamos* du subjonctif devient *vamos* à l'impératif; mais aussi l'expression *vamos* est-elle, comme en français *allons*, une espèce d'interjection à laquelle ne servent pas les autres personnes de ce temps, et voilà la raison de se trouver plus usée que les autres.

Pourquoi dans l'indicatif présent du verbe avoir n'y a-t-il que la seconde personne du pluriel qui ait conservé le *b*? C'est que les espagnols emploient moins souvent que les autres cette seconde personne qui est remplacée le plus souvent par v[d] ou un autre titre avec le verbe à la troisième personne.

L'ellipse a lieu dans tous les temps, moins à l'imparfait, *sé*, *hé* dans

---

en arménien. Enfin des temps entiers de ce verbe se sont *worn out*, comme dit un anglais, et il a fallu les emprunter ailleurs; ç'a été le sort de plus de cent cinquante monosyllabes français depuis leur origine. Nous en avons recueilli vingt rien que de ceux qui commencent par une *h*, comme *hoir*, *heur*, *hard*, *huis*, *hon*, *hent*, *hui*, etc. Le latin a reçu très-peu de monosyllabes grecs, et sur vingt monosyllabes latins, nous n'en avons pas saisi deux : c'est ainsi que *fas*, *nunc*, *res*, *cras*, *ac*, *an*, *ast*, *at*, *en*, *ex*, *cum*, *sed*, *cis*, *nam*, *vel*, *trans*, *num*, *tum*, *rus*, *sic*, *post*, *ops*, *mus*, *hand*, *glis*, *lux*, *mos*, *ter*, etc., n'ont pu passer aux langues dont le latin forme cependant la base, ou n'y passèrent qu'à l'aide d'un affixe qui redoublant leurs lettres, a redoublé leur force et leur résistance à la lime du temps.

(1) Le *fui*, *fuisti*, *fuit* qui dérive évidemment du *fuo* grec et latin a aussi des rapports avec le *budem*, *budi*, persan; le *was wast*, anglais; et le *was waart*, hollandais.

l'indicatif présent, des verbes *saber* et *haber*, ; *dí*, *ví* qui remplacent le *dedi* et *vidi* latin ; les impératifs, *haz*, *pon*, *sal*, *ten*, *dí*, *ven*, *val*, des verbes *hacer*, *poner*, *tener*, *decir*, *venir*, *valer*, et les futurs, *habré*, *cabré*, *sabré*, *haré*, *diré*, *querré* sont des ellipses du latin.

§ VIII.

DE L'IRRÉGULARITÉ GÉRONDIVE.

PREMIÈRE ESPÈCE.

Cette irrégularité qui consiste à changer dans ce temps la dernière voyelle du radical, en une autre, n'a lieu que dans la troisième conjugaison où nous la trouverons traitée dans toute son étendue.

DEUXIÈME ESPÈCE.

Elle consiste à changer l'*iendo* en *yendo*.

Elle n'a donc lieu que dans la seconde et la troisième conjugaisons, dans les verbes en *aer*, *eer*, *oir* et *uir*, *cayendo*, *creyendo*, *oyendo*, *huyendo*, de *caer*, *créer*, *oir* et *huir* (1).

Le *yendo* de la seconde conjugaison ne se propage qu'aux troisièmes personnes du passé défini, et de là aux temps *ra*, *se*, *re* du subjonctif; mais les verbes en *uir* comme tous ceux qui ajoutent une consonne à la première personne de l'indicatif présent, la conservent dans toutes les personnes du subjonctif.

TROISIÈME ESPÈCE.

Toutes les fois que la dernière consonne du radical a un son mouillé, comme *ch*, *ll* et *ñ*, on supprime l'*i* devant l'*endo* (Salvá, p. 67).

Tañer, *tañendo*, *engullir*, *engullendo*, *henchir*, *hinchendo*, et cette suppression aura également lieu aux troisièmes personnes du passé défini et aux temps *ra*, *se*, *re* du subjonctif; ceci est indépendant de l'irrégularité gérondive de première espèce qui n'altère que la dernière voyelle du radical.

---

(1) Comme l'*u* qui suit un *g* ou un *q*, n'est pas prononcé *(seguir, delinquir)*, on ne comptera dans cette règle que les verbes *argüir* et *redargüir* qui ont un tréma après la gutturale. Nous ne disons rien de la deuxième conjugaison, parce qu'elle n'a aucun verbe de cette espèce.

DES IRRÉGULARITÉS PAR CONJUGAISON.

§ I.

VERBES IRRÉGULIERS DE LA PREMIÈRE CONJUGAISON EN *AR*.

1° Les verbes en *car, gar, guar* et *jar* qui souffrent l'irrégularité conservatrice, *sacar*, SAQUE, *entregar*, ENTREGUE, *avériguar*, AVERIGUE, *afianzar*, AFIANCE.

2° Les verbes compris dans l'altération *vicieuse* qui consiste à faire participer au verbe les vices du substantif dont il est formé, toutes les fois que ce vice consiste à changer l'*e* en *ie*, l'*o* ou l'*u* en *ue*. *Acertar, contar, jugar*, d'*acierto, cuento, juego*.

3° Les verbes *dar, andar* et *estar*, pour les raisons que nous avons indiquées en parlant des irrégularités distinctives, étymologiques et elliptiques.

Le verbe *errar* fait YERRO, *desovar*, DESHUEVO, et *desosar*, DESHUESO, avons nous dit, parce qu'aucun mot espagnol ne pouvant commencer par *ie* ou par *ue*, les substantifs qui forment ces verbes vicieux s'écrivent *yerro, huevo*, et *hueso*.

§ II.

VERBES IRRÉGULIERS DE LA DEUXIÈME CONJUGAISON EN *ER*.

1° Les verbes appartenant à la première irrégularité, terminés en *cer, ger; vencer*, VENZO, *recoger*, RECOJO, *cocer*, CUEZO, pour appartenir en même temps à l'irrégularité distinctive (*coces*, ruades), et *torcer*, TUERZO, pour appartenir à la vicieuse (*tuerto*, borgne).

2° Les verbes appartenant à l'irrégularité vicieuse. Ce quatrain donne la règle de ceux qui changent l'*e* en *ie*. Le trait indique la désinence.

Prendo-pendo-prehendo, ofendo y *vendo*
Son regulares, como lo estas viendo;
De los demas ni uno en END hay cuerdo
Y diras *hiedo, vierto, cierno* y *pierdo*.

C'est-à-dire, que *prender, ofender, vender* et les terminaisons en *pender* et *prehender*, sont les seuls verbes en *ender* qui ne changent pas l'*e* en *ie*, comme le font les verbes *heder, verter, cerner* et *perder*.

Ceux qui changent l'*o* en *ue* sont de même indiqués dans les quatre vers qui suivent et qui forment le portrait de l'homme vicieux :

Se *disuelve*, si hay sol, bochorno, ó *llueve;*
No *duerme*, y si se *vuelve*, ó *tuerce*, ó *mueve*,
Suele decir, me *muerden;* quien me *muele*
Los huesos; ¡ ay ! todo me *escuece y duele!*

C'est-à-dire, *disolverse, escocerse, llover, soler, volver, torcer, mover, moler, morder* changent l'*o* en *ue*, ainsi que ceux de la même désinence.

3° Les verbes *caber, hacer, poder, poner, querer, saber, tener, valer* et *ver*, comme on peut les voir dans le tableau général, et tous leurs composés.

§ III.

VERBES IRRÉGULIERS DE LA TROISIÈME CONJUGAISON EN *IR*.

1° Les verbes en *cir, gir, guir* et *quir*, de l'irrégularité conservatrice, *lucir*, LUZCO; *uncir*, UNZO; *zurcir*, ZURZO; *fingir*, FINJO; *extinguir*, EXTINGO; *delinquir*, DELINCO, etc.;

2° Les verbes appartenant à l'irrégularité distinctive, tels qu'*asir, regir, seguir, salir*, etc., pour ne pas les confondre avec *asar, regar, segar, salar*, etc.;

3° Les verbes *oir, huir, pedir*, que l'on peut également rapporter à l'irrégularité euphonique, puisque, réguliers, ils feraient *oo, huo, pedo*, à l'indicatif;

4° Les verbes *ir, decir, bendecir, educir*, que nous avons placés dans le tableau général;

5° Enfin les verbes de la première irrégularité gérondive appartenant uniquement à cette troisième conjugaison, et que nous allons expliquer, après avoir donné tout entiers les verbes qui leur servent de type.

§ IV.

PREMIÈRE IRRÉGULARITÉ GÉRONDIVE.

Venir, venido.	**Sentir, sentido.**	**Pedir, pedido.**
Venir, venu.	Sentir, senti.	Demander, demandé.
VINIENDO, venant.	SINTIENDO, sentant.	PIDIENDO, demandant.

INDICATIF PRÉSENT.

Vengo, vienes, viene,	Siento, sientes, siente.	*Pido, pides, pide.*
Venimos, venis, vienen.	Sentimos, sentis, sienten.	Pedimos, pedis, *piden.*

IMPARFAIT RÉGULIER.

Venía, venías, etc.	Sentía, sentías, etc.	Pedia, pedias, etc.

PASSÉ DÉFINI.

Vine, viniste, vino.	Sentí, sentiste, *sintió.*	Pedí, pediste, *pidió.*
Vinimos, vinisteis, vinieron.	Sentimos, sentisteis *sintieron.*	Pedimos, pedisteis, *pidieron.*

FUTUR.

Vendré, vendrás, vendrá. Vendremos, vendreis, vendrán.	Régulier.	Régulier.

CONDITIONNEL.

Vendría, vendrías, vendría. Vendríamos, vendríais, vendrían.	Régulier.	Régulier.

IMPÉRATIF.

Ven, venga.	Siente, sienta.	*Pide, pida.*
Vengamos, venid, vengan.	*Sintamos,* sentid, sientan.	*Pidamos,* pedid, *pidan.*

SUBJONCTIF PRÉSENT.

Venga, vengas, venga.	Sienta, sientas, sienta.	*Pida, pidas, pida.*
Vengamos, vengais, vengan.	*Sintamos, sintais,* sientan.	*Pidamos, pidais, pidan.*

SYNTÉTIQUE.

Viniera, vinieras, viniera.	*Sintiera, sintieras, sintiera.*	*Pidiera, pidieras, pidiera.*
Vinieramos, vinierais, vinieran.	*Sintieramos, sintierais, sintieran.*	*Pidieramos, pidierais, pidieran.*

IMPARFAIT.

Viniese, vinieses, viniese.	*Sintiese, sintieses, sintiese*	*Pidiese, pidieses, pidiese.*
Viniesemos, vinieseis, viniesen.	*Sintiesemos, sintieseis, sintiesen.*	*Pidiesemos, piedeseis, pidiesen.*

N. B. Nous avons mis en petite italique toutes les personnes de ces trois verbes qui se trouvent affectées de l'irrégularité du gérondif.

Ces trois verbes ont leur infinitif en *e–ir*, ainsi qu'un assez grand nombre d'autres de la même conjugaison, que l'on conjuguera de la manière qui suit :

1° Les composés de *venir*, comme ce verbe, lequel, outre l'irrégularité nasale et vicieuse, a ceci de particulier que son passé défini, doublement irrégulier, souffre l'irrégularité gérondive dans toutes ses personnes, tandis que *sentir* et *pedir* ne l'ont qu'aux troisièmes personnes de ce temps.

2° Tous les verbes en *e-ir* qui, comme *mentir*, *hervir*, ont un *n* ou un *r* après l'*e*, se conjuguent comme *sentir*, qui ajoute l'irrégularité vicieuse à la première gérondive.

3° Tous les autres, comme *reir*, *ceñir*, *medir*, *seguir*, etc., se conjuguent comme *pedir* ; ainsi que *servir* qui est la seule exception à la deuxième règle ; peut-être parce que *siervo* ferait rentrer *servir* dans les irrégularités vicieuses, qui n'appartiennent qu'à la première et deuxième conjugaisons.

Nous avons dit, il est vrai, que *siento* a l'irrégularité vicieuse, nous pourrions en dire autant d'*yergo*, *muero*, *duermo* ; mais ce n'est point quant au principe ; ce n'est que quant à la modification de l'*e* en *ie*, et de l'*o* en *ue*, qui a aussi lieu dans l'irrégularité distinctive, quoique le verbe ne soit pas formé d'un substantif ayant ce vice.

N. B. Dans le tableau qui suit, nous avons laissé la dernière case vide ; c'est afin que l'élève y place lui-même le numéro ou numéros qui indiquent l'espèce d'irrégularité à laquelle appartient le verbe qui est sur la ligne, ce qui lui servira d'exercice.

§ V.

TABLEAU DES VERBES IRRÉGULIERS.

Infinitif.	Indicatif présent. 1re PERSONNE.	— 3e.	Prétérit. 1re PERSONNE.	3e	Futur. 1re PERS.	Subjonctif.	Impératif.	Gérondif.	Participe.	Irrégularité.
Acertar.	Acierto-as-a-an.		»	»	»	Acierte-es-e-n	(Acierta, etc	(1er Type de l'irrégularité vicieuse.)		
Andar.	»	»	Anduve.	»	»	»		»	»	
Asir.	Asgo.	»	»	»	»	Asga.		»	»	
Caber.	Quepo.	»	Cupe,	Cupo.	Cabré.	Quepa.		»	»	
Caer.	Caigo.	»	»	Cayó.	»	Caiga.		Cayendo.	»	
Conducir	Conduzco.	»	Conduje-jo.		»	Conduzca.		»	»	
Contar.	Cuento,	Cuenta.	»	»	»	Cuente.		(2e Type de l'irrégularité vicieuse.)		
Crecer.	Crezco.	»	»	»	»	Crezca.		»	»	
Creer.	Creo, Crees, Cree, Creemos, Creeis, Creen		Creí,	Creyó.	»	Crea.		Creyendo	creido [a]	
Dar.	Doy,	Da.	Dí,	Dió.	»	Dé.		»	»	
Decir.	Digo,	Dice.	Dije,	Dijo.	Diré.	Diga.	Dí, 2e p.	Diciendo.	Dicho.	
Erguir.	Yergo,	Yergue.	»	Irguió.	»	Yerga.		Irguiendo	»	
Errar.	Yerro,	Yerra.	»	»	»	Yerre.		»	»	
Escribir.	»	»	»	»	»	»		»	Escrito	
Estar.	Estoy,	Está.	Estuve-vo.		»	Esté.		»	»	
Haber.	He, Has, Ha, Hemos, Habeis, Han.		Hube-bo.		Habré.	Haya.	Point.	»	»	
Hacer.	Hago.	»	Hice.	Hizo.	Haré.	Haga.	Haz 2e p.	»	Hecho.	
Huir.	Huyo,	Huye.	»	Huyó.	»	Huya.		Huyendo	»	
Ir.	Voy, vas, va, vamos, vais, van.		fui, fuiste, fué		Iré.	vaya, vayamos	(Vé, vaya, vamos id. vayan)	Yendo.	»	

Suite du Tableau des verbes irréguliers.

Infinitif.	Indicatif présent.	Prétérit.	Futur.	Subjonctif.	Impératif.	Gérondif.	Participe.	Irrégularité.

vais, van. | vamos id, vayan)

* On conjuguera de même tous les autres verbes en *eer*, *leer*, *poseer*, *sobreseer*, *proveer*, etc.

Suite du Tableau des verbes irréguliers.

Infinitif.	*Indicatif présent.* 1re personne.	3e.	*Prétérit.* 1re personne.	3e.	*Futur.* 1re pers.	*Subjonctif.*	*Impératif.* 2e p. du sing.	*Gérondif.*	*Participe.*	*Irrégularité.*
Jugar.	Juego,	Juega.	Jugué.	»	»	Juegue.		»	»	
Lucir.	Luzco.	»	»	»	»	Luzca.		»	»	
Morir.	Muero,	Muere.	Morí,	Murió.	»	Muramos, Murais.		Muriendo	Muerto.	
Oler.	Huelo,	Huele.	»	»	»	Huela.		»	»	
Oir.	Oigo,	Oye.	Oí,	Oyó.	»	Oiga.		Oyendo.	»	
Pedir.	Pido,	Pide.	Pedí,	Pidió.	»	Pida, Pidamos Pidais.		Pidiendo.	»	
Poder.	Puedo,	Puede.	Pude,	Pudo.	Podré.	Pueda.		Pudiendo	»	
Podrir.	Pudro-es-e-en.		Pudrió	Pudrí.	Pudriré	Pudra.		Pudriendo.	Podrido	
Poner.	Pongo,	Pone.	Puse,	Puso.	Pondré.	Ponga.	Pon.	»	Puesto.	
Querer.	Quiero,	Quieres.	Quise,	Quiso.	Querré.	Quiera.	Quiere.	»	»	
Reir.	Río,	Rie.	»	Rió.	»	Ría.		Riendo.	»	
Saber.	Sé.	»	Supe,	Supo.	Sobré.	Sepa.		»	»	
Salir.	Salgo.	»	»	»	Saldré.	Salga.	Sal.	»	»	
Sentir.	Siento,	Siente.	»	Sintió.	»	Sienta, Sintamos, Sintais.		Sintiendo	»	
Ser.	Soy, eres es somos, sois, son.		fuí, fuiste, fué		»	Sea.	Sé.	Siendo.	Sido.	
Tener.	Tengo,	Tiene.	Tuve,	Tuvo.	Tendré.	Tenga.	Ten.	»	»	
Tender.	Tiendo,	Tiende.	»	»	Tenderé	Tienda.		»	»	
Traer.	Traigo,	Trae.	Traje,	Trajo.	»	Traiga.		Trayendo	»	
Valer.	Valgo.	»	»	»	Valdré.	Valga.	Val.	»	»	
Venir.	Vengo,	Viene.	Vine,	Vino.	Vendré.	Venga.	Ven.	Viniendo	»	
Ver.	Veo, Ves, Ve.		Ví,	Vió.	»	Vea.	Ve.	Viendo.	Visto.	
Volver.	Vuelvo-e.	»	Volví.	Volvió.	»	Vuelva.		»	Vuelto.	

§ VI.

RÉSUMÉ DES IRRÉGULARITÉS VERBALES.

1. Indicatif.— La principale irrégularité de l'indicatif consiste à le faire terminer en *go*, soit en changeant le *c* de l'infinitif, comme *hacer*, *decir*, *hago*, *digo*, soit en ajoutant le *g* au radical.

Les verbes de cette espèce sont tous compris dans ce distique mnémonique :

Asgo, oigo traigo, asi que salgo y *tengo,*
Con hago, digo, pongo, valgo y *vengo.*

Comme dans le verbe *huir* l'addition d'un *g* aurait fait *hugo* qui est un nom propre, on s'est borné à ajouter un *y*, *huyo ;* cette addition, celle du *z* avant le *c*, de l'*h* et de l'*y* initial, et celle de l'*y* final, sont également renfermées dans cet autre distique :

Huyo, luzco, huelo, estoy,
Yergo, yerro, doy, voy, soy.

Nous ne répèterons pas qu'*haber* et *saber* font *he, se.*

2. Imparfait.—La seule observation à faire sur ce temps, est que *ser* fait *era ; ir, iba ;* et *ver, veia*, c'est pourquoi nous l'avons omis dans le tableau.

3. Passé défini.— Les passés définis irréguliers sont particulièrement ceux qui terminent en *e* bref, lequel se change en *o* bref à la troisième personne ; les voici :

Avine, cupe, dije, eduje, hice, hube,
Pude, puse quis, supe traje y tuve (1).

4. Futur.— Les futurs irréguliers sont de trois espèces : les uns ajoutent un *d* au radical, lorsque celui-ci se termine par une des liquides *l* ou *n : sal, val, pon, ten, ven.* Ces verbes ajoutent aussi un *g* à l'indicatif.

Les autres irrégularités consistent à retrancher un *e : cabré, habré, podré, querré. Décir* et *hacer* suppriment aussi le *c*, et font *haré, diré.* Ils se trouvent tous dans ce distique :

Habré, querré, cabré, podré, saldré,
Haré, diré, pondré, ven-ten (2), *valdré.*

---

(1) *Quis, supe*, pour *quise, supe.*
(2) *Ven-ten* pour *vendré tendré.*

tité, le rang, la source, le temps, l'utilité, la vertu et le vice; et le verbe ESTAR s'emploie pour désigner :

1° L'ÉTAT FORCÉ des choses : *contrahecho, roto, preso, oprimido, revuelto,* etc., contrefait, cassé, arrêté, opprimé, bouleversé;

2° L'ÉTAT PASSAGER : *bueno* ou *malo, cubierto* ou *descubierto, limpio* ou *sucio, caliente* ou *frio,* etc., jouissant d'une bonne ou mauvaise santé, couvert ou découvert, propre ou sale, chaud ou froid;

3° La POSITION ACTUELLE, *estar acostado, de pié, encima, debajo, dentro, fuera, en coche, embarcado,* etc., couché, debout, au-dessus, en bas, dedans, dehors, en voiture, à bord, etc.;

4° La DEMEURE ACTUELLE : *estar : en casa, en la iglesia, en Madrid;*

5° Le MODE ACTUEL : *compuesto, hecho, suelto, traspuesto, cocido, pegado, roïdo,* etc., composé, fait, libre, renversé, cuit, collé, rangé;

6° La DIRECTION ACTUELLE, *estar : vuelto, inclinado,* etc., tourné, incliné;

7° L'ACTION, L'ÉTAT OU LA PASSION ACTUELLE : *mirando, diciendo, haciendo, pensando, paseando, durmiendo, sufriendo, cansado, suspenso, pasmado,* etc., regardant, disant. faisant, pensant, promenant, dormant, souffrant, fatigué, suspendu, étonné.

La paresse ou l'économie ont souvent fait disparaître le gérondif et même d'autres mots, dans une quantité de phrases qui seraient autrement trop longues.

On dit *está de gobernador, de embajador, de capitan-général,* etc., en parlant des emplois *amovibles* dont la nomination ne vient pas directement du chef de l'état, pour dire *está desempeñando el destino de gobernador,* etc., ou *ocupando el empleo de.....* Il est, il se trouve (placé) en qualité de. Mais on se servira du verbe être en parlant d'un grade, d'une dignité à laquelle on n'arrive que par droit d'ancienneté, par le choix direct du souverain : *es capitan-general,* lorsque c'est le grade *(grado y empleo)* et non la commission *(destino); es coronel, es capitan,* de même que l'on dira *es obispo, ministro,* etc., et non pas *está de ministro, de coronel, de capitan.*

La différence de signification des verbes *ser* et *estar* est donc de préciser l'acception de l'attribut, comme nous allons le voir dans les exemples suivants :

Es *un borracho,* c'est un ivrogne.

ESTA *borracho*, il EST ivre.

Es *bueno*, ES *malo*, il est bon, il est méchant.

ESTA *bueno*, *malo*, il EST bien portant, malade.

Es *loco*, il est fou.

ESTA *loco*, il DEVIENT fou.

Es *abierto*, il est (habituellement) ouvert.

ESTA *abierto*, il est ACTUELLEMENT ouvert.

Quelquefois, le différent emploi de ces deux verbes change la forme de l'expression, sans en changer le fond. Il est question d'un service rendu ou à rendre, et en émettant votre opinion vous dites : *es bueno que v. lo haga; pero no esta bien que v. lo diga*, il est bon de le faire, mais il ne vous sied pas bien de le dire.

Dans la première phrase, l'idée est dirigée vers l'*essence* ABSOLUE de la chose, exprimée par le verbe *ser;* dans la seconde, vers la *convenance* RELATIVE et changeante exprimée par *estar;* mais on pourrait aussi bien changer la place respective des deux verbes, et dire : ESTA *bien que v. lo haga, pero no* ES *bueno que v. lo diga*, c'est fort bien à vous de le faire, mais vous ne devez pas le dire, en énonçant la pensée d'une façon différente, sans que la signification de la phrase éprouvât une altération sensible dans l'idée qu'elle exprime.

ACCEPTIONS DU VERBE *SER*.

No ES *para eso*, il ne *sert* pas pour cela.

FUÉ *de este modo*, cela *arriva* de cette façon.

¿ *A como* ES *la carne?* combien *vend*-on la viande ?

EXERCICE ET MNÉMONIE SUR LE VERBE *SER*

VERS MNÉMONIQUES.

¿ Como FUÉ ? si ES así; no SOY para eso ;
ES esto ; aquí ES ; él ES ; FUÉ por mi tio.
Es de Cadiz ; ES cura ; ES caro el queso.
Es alguien ; algo ; sabio ; ES divertido.
Es primero, segundo ; ES persumido.
« FUÉ Toledo, FUÉ España, FUÉ Rodrigo. »
Piensa, pues ES, y SEA la paz consigo,
Es menester ; ES util ; ES forzoso.
Es chico, alto, posible ; ES pernicioso.
Es lo del rico, que os han dicho, ES conde ;
Un conde ; el conde ; que sé yo de donde.

ACCEPTIONS DU VERBE *ÊTRE*.

Outre les acceptions que ce verbe partage avec le verbe *ser*, nous ferons remarquer les suivantes :

EXISTIR. Il est des hommes, *existen hombres;* on peut aussi employer ici le verbe *haber* unipersonnel, lequel, dans cette circonstance, fait *hay* au lieu d'*ha* au singulier de l'indicatif présent.

Dans l'ancienne langue on séparait l'*y* du verbe (1).

Au parfait défini, on peut employer aussi bien *fué* que *hubo*, *un tiempo fué*, *un tiempo hubo*. Mais si l'on *détermine* une partie de la durée, alors on peut remplacer l'unipersonnel *haber* par l'unipersonnel *hacer*. *Dos, dias, dos meses, dos años* HACE, en plaçant le verbe après le substantif et au singulier.

Dans les acceptions de arriver, provenir, participer, appartenir, se trouver (indéfiniment), être digne, être conforme, être composé, être du nombre, on peut le rendre par *ser*, en espagnol.

Así FUÉ, celà *est arrivé* de cette manière.

Este campo ES *de la heredad de mi tio*, ce champ EST de la succession de mon oncle.

¿Quiere v. ser uno de ellos? Voulez-vous en être?

Es *de la Academia de Madrid*, il est de l'Académie de Madrid.

Es *dichoso*, il se trouve heureux.

Es *de tigre comportarse de esa manera*, votre conduite est celle d'un tigre.

Es de madera, il est de bois.

Le verbe *être*, en français, est quelque fois narratif, il expose, il constate un fait sans l'approuver.

« La raison du plus fort *est* toujours la meilleure. »

Dans ce cas, on emploie aussi le verbe *ser* en espagnol.

---

(1) DON GONZALO DE BERCEO le rend par *hi* abrégé d'*ahi* :

« *En el pan y en el vino hi finca el sabor.*

Mais dans le POEMA DEL CID c'est un *y* comme en français :

« *A la Figeruela mio Cid* Y *va posar.* » V. 406.

« *Non se si entraré* Y *mas en todos los mis dias.* » V. 221.

« *Que en el castillo non* Y *abrie morada.* » V. 534.

Mais, quelque fois, il est dogmatique, prescriptif.

« L'honneur et la vertu *sont* avant les richesses. »

Alors il faut le rendre par *deber de ser, haber de ser*, etc.; c'est-à-dire qu'il faut ne traduire la pensée qu'après l'avoir exprimée en d'autres termes.

ACCEPTIONS DU VERBE *ESTAR*.

1° Attendre; *está aquí un rato* pour *aguarda, espera, detente.*

2° Dépendre, consister; *está en tus manos*, il dépend de toi; *en eso está*, de celà dépend; en parlant du prix des choses, *estar en* signifie coûter; *le está en dos duros*, il lui coûte deux piastres.

3° Employer du temps; *está un año á contestar*, il est un an à répondre.

4° Favoriser, préférer; *estoy por él*, je suis pour lui; *estoy por la marcha*, je préfère partir.

5° Mériter; *bien le está*, il l'a mérité.

6° Se porter; *estoy bueno*, je me porte bien.

7° Se trouver actuellement; *estoy alegre, triste, sentado, (en)*
(je suis) gai assis
caballo, en coche, diciendo, etc.
cheval, en voiture, disant.

8° Estar, devant un verbe au gérondif, signifie être en train, ou dans l'acte de faire la chose indiquée par le verbe: *estar comiendo, andando*, etc., manger, marcher, etc.

9° Estar a *cuentas*, être prêt à rendre les comptes.

Estar á cuento, convenir: *no me está á cuento*, celà ne me convient pas.

Estar á punto, être prêt; *esta á punto la comida*, le diné est prêt.

Estar á erre, être tout à son affaire.

10° Estar de *horno, de obra, de bugada, de viage, de sastre, de luto, de boda, de enhora buena, de noche, de día, de mudanza, etc.*

Pour comprendre ces phrases, il faut ajouter ou sous-entendre, entre le verbe et le qualificatif, *en día, en circunstancia, en tiempo.* On verra alors qu'il faut les traduire de la manière suivante: nous cuisons; nous bâtissons; nous faisons la lessive; nous sommes à la veille de nous mettre en voyage; nous avons le tailleur à la maison;

nous sommes en deuil; nous sommes à même de recevoir des félicitations; il est jour; il est nuit; nous déménageons. *Estar de casa, de trapillo,* signifie être en deshabillé, *être* (en habit) *de maison.*

Estar de quínola, être comme au jeu de quinola, où l'on gagne quand on a rassemblé des cartes des quatre couleurs; figurément : être bigarré, en faisant allusion à l'habillement, lorsque chacune de ses parties est d'une couleur différente.

11° Estar en *algo; (caer en la cuenta)* comprendre, être au fait; il signifie aussi avoir l'intention de faire quelque chose : *estoy en ello, estoy en hacerlo*, je pense le faire; *estar en poco*, peu s'en falloir; « *no estuvo en nada en acompañar à las doncellas, en las muestras de su contento;* » peu s'en fallut qu'il partageât l'hilarité des filles.

Estar en sus huesos, n'avoir que la peau et les os.

Estar en ascuas, | être sur des charbons ardents.
Estar en prensa, | être sur les épines.

Estar en sí, | être dans son bon sens.
Estar en su juício, | savoir ce que l'on fait.

12° Estar erre *que erre,* | s'obstiner.
Estarse en sus trece, | s'entêter.

13° Estar hecho *de sal* (fig.) être plein de *saillies*, d'esprit, être plaisant. Pour bien comprendre cette allégorie, il faut se rappeler que *sal* est ici pris pour le *sel* attique; qu'en espagnol, *salado* signifie enjoué, piquant, et que *salero* est le compliment le plus galant que le *majo* espagnol sache adresser à la *manola*.

Estar hecho alguna cosa, signifie *ressembler à quelque chose,* avoir été rendu semblable à quelque chose, *estar hecho* (como) *alguna cosa; está hecho una sopa,* il ressemble à une soupe, c'est-à-dire, il est mouillé jusqu'aux os, *está hecho (como) una sopa.*

14° Estar para devant un infinitif, être disposé à *(paratus ad), estoy para salir*, je vais sortir.

15° Estar por, suivi d'un verbe, signifie être presque disposé à un acte; et comme lorsqu'on délibère on n'exécute pas encore, on dit, d'une chose qui n'est pas faite encore, qu'elle *está por hacer,* qu'elle est à faire. *Estar por alguien*, être pour quelqu'un, être en sa faveur. *Estar por eso* ou *aquello* signifie *préférer* ceci ou celà.

16° Estar sobre *sí*, se posséder, être sur ses gardes.

N. B. Le verbe *estar* ne peut jamais précéder immédiatement un substantif, ni avec ni sans article. On dira donc , avec le verbe *ser*; *es hombre*, *es un santo*, *es el rey*, et non autrement, (il) est homme, (c') est un saint, (c') est le roi.

DE L'UNIPERSONNEL *ESTAR*.

Está visto, il est clair.

Está escrito, il est écrit.

Está de Dios, Dieu le veut, c'est-à-dire, *por órden de Dios*.

Está en mí, en tí, etc., il dépend de moi, de toi ; mais on dira *está en él,* et non pas *en si,* à la troisième personne ; car *estar en sí* signifie être dans son bon sens.

CHAPITRE XVI.

DE L'ADVERBE.

L'adverbe est au verbe ce que l'adjectif est au substantif; il sert à préciser la modification que le verbe fait éprouver au nom; voilà pourquoi ces deux qualificatifs servent souvent l'un pour l'autre.

1° *Mucho,* beaucoup. Devant l'adjectif, *mucho* devient *muy* et répond à *bien, très, fort.* (1)

Poco, peu.
Harto, bastante, assez.
Caro, cher, chèrement.
Barato, à bon marché.
Claro, clair.
Fuerte, fort.
Presto, *pronto*, vîte.
Bajo, bas, *quedo*, tout bas.
Demasiado, trop.
Cuanto, combien.
Peor, pire.
Mejor, mieux.
Cierto, certes.
Mas, plus.
Menos, moins.
Tanto como, autant que.
Tan, tanto que, tellement que.
Solo, seulement.
Temprano, de bonne heure.
Junto, ensemble.
Tanto mejor, *mejor que mejor*, tant mieux.
Tanto peor, *peor que peor,* tant pis.

2° Souvent le nom est précédé d'une préposition.

En vano, en vain.
De repente, à l'improviste.
Por alto, sans y faire attention.
Por poco, à une petite distance près.

---

(1) La même contraction a lieu pour *tanto*, *cuanto*, comme nous l'avons déjà dit à la page 63, et rien ne prouve davantage l'analogie qu'il y a entre l'adverbe et l'adjectif que ces *mucho*, *tanto* et *cuanto* qui deviennent aussi *muy*, *tan* et *cuan* devant l'adverbe « TAN *apriesa* » MUY *despacio*, ¡ CUAN *pronto pasan los años!* etc., si vîte, très-lentement, que les années passent vîte! *Tan* signifie aussi *on ne peut plus;* — *y se fué* tan *contento*, et il partit *on ne peut plus* satisfait. Cette diction est sans doute elliptique, et pour l'analyser il faudrait dire *tan contento* COMO ERA POSIBLE SERLO, aussi content qu'il était possible de l'être.

Pasar por alto, oublier, sauter par dessus, dissimuler, ne pas faire attention.

3° Parfois le nom affecte le pluriel.

En ayunas, à jeûn.
A medias, imparfaitement.
De veras, sérieusement.
A solas, tête-à-tête.
A gatas, à quatre pattes.
A sabiendas, sciemment.
De perlas, à ravir, parfaitement.
A puñados, en abondance.
En cueros, sans habillements. (1)
A ciegas, les yeux fermés.

A suivi d'un substantif signifiant un *acte* que l'on peut réitérer, signifie souvent *à force de*. *A palos, á bofétones, á cuchilladas, á pedradas derretir, comer à besos.*

4° Plus souvent la préposition est sous-entendue, et l'adjectif se réunit au substantif *mente* en forme d'ablatif absolu.

Sanamente au lieu de *cum sana mente.*

Devotamente, dévotement.
Grandemente, grandement.
Mayormente, surtout.

Mente étant féminin, l'adjectif qui le précède est toujours féminin; et quand plusieurs adverbes de cette terminaison se rencontrent de suite, il suffit que le *mente* suive le dernier : *Sincera, noble y piadosamente.*

5° Ou bien il se présente en forme de comparaison descriptive;

De cabo á rabo, de la tête aux pieds.

En cueros, en carnes, sans rien dessus.

A cántaros, à verse, par seaux.

En pelo, sans rien sur le dos. On le dit des bêtes de trait ou de somme.

Pelo arriba, à contre-poil.

---

(1) Les Espagnols disent *en cueros* en parlant d'une personne, et *en pelo* en parlant d'un animal, pour signifier sans habits, sans harnais; celà semblerait étrange si l'on ne disait pas que *cueros* ici ne dérive pas de *cuero*, mais de *cuerpo* dont il est une contraction. Dans le POEMA DEL CID, ce mot se trouve encore en entier, v. 2731 et 2. — « *Alli las tuellen los mantos los pellizones, paranlas en* CUERPOS ; » et v. 3279 « *solas las dejastes en el robredo* DE CORPES. »

Cuesta arriba, désagréablement.
Cuesta abajo, facilement.
6° Ou dans un sens absolu.
Enfrente, vis-à-vis.
A nado, à la nage.
De noche, de nuit.
A paso largo, à grands pas.
A cuestas, sur le dos.
Nous allons donner une liste des principaux.

ADVERBES DE TEMPS.

Antes, ayer, hoy, mañana, ahora, luego, tarde, nunca,
Avant, hier, aujourd'hui, demain, maintenant, bientôt, tard, jamais,
jamas, ya, mientras, despues, siempre, nunca jamas.
jamais, déjà, pendant que, après, toujours, jamais.

ADVERBES DE LIEU.

Aquí, ahí, allí ou allá, léjos, acullà, allende,
Ici (avec moi), ici ou là (avec vous), là (avec lui), loin, là-bas, au-delà,
dentro, fuera, arriba abajo donde (ubi) donde (quo). En todas partes
dedans, dehors, dessus, dessous, où où partout
delante, detras, adelante, en adelante, encima.
devant, derrière, en avant, à l'avenir, dessus.

ADVERBES D'AFFIRMATION ET DE NÉGATION.

Non,
Ne pas,
Ne point.
} *No* qui se met toujours avant le verbe : *no quiero*, je ne veux pas.

Rien, *nada*; oui, si, *sí*.

N. B. Le *no* étant parfois euphonique ou *redundante*, il s'ensuit qu'il peut y avoir deux négations dans la même phrase, sans qu'elles s'entrenuisent.

Mas vale la paz que no el dinero, ou *que el dinero; nadie dirá*, ou *no dirá nadie*.

La négation ne se trouve cependant répétée dans les phrases où il y a un pronom relatif, que lorsque le *no* précède le verbe.

Le nombre des adverbes espagnols composés étant infini, ce n'est qu'en cherchant dans un bon dictionnaire les mots qui les constituent, que l'on peut en connaître la formation et la signification.

Si dans l'exemple que donne le dictionnaire il y avait des verbes, il faudrait avoir soin de les mettre à la personne et au nombre qui leur convient. Ex.:

Malgré vous; *á pesar de v.*

Quelqu'ennui que cela lui cause; *por mas que le pese*.

Bon gré mal gré: si la menace est faite à la seconde personne, il faudra *quieras o no quieras;* à la troisième, *quiera o no quiera;* à la troisième du pluriel, *quieran o no quieran*, etc.

Il faut surtout se rappeler que l'emploi des prépositions n'étant pas le même dans les deux langues, ni leur génie identique, on ne doit point créer de nouveaux adverbes, mais employer ceux que la lecture ou la conversation nous a démontré être consacrés par l'usage; il serait autrement impossible de deviner que, *de temps en temps,* se rend par *de cuando en cuando* (de quand en quand).

Tôt ou tard, tarde ó temprano (tard ou tôt).

Dans peu, dentro de poco (dans de peu).

De sang froid, á sangre fria (à sang froid).

A tue-tête, á grito herido (à cri blessé).

A la bonne heure, en hora buena (en heure bonne).

Peu à peu, por alquitara; *goutte à goutte* (par alambic).

Parfois, á veces (à fois); enfin que:

En balde, signifie inutilement.

De balde, pour rien; et cent autres difficultés semblables.

CHAPITRE XVII.

DES PRÉPOSITIONS.

Les plus en usage sont les suivantes :

A, ante, *tocante á, respecto á* ou *de, junto á* ou *de*,
A, par devant (quelqu'un) touchant, quant à, près de,
á pesar, debajo.
malgré, sous.

Con, contra, para con.
Avec, contre, vis-à-vis, et parfois simplement AVEC.

De, desde, durante.
De, depuis, pendant.

En, entre, excepto, salvo, entre.
En, entre, excepté, hormis, au milieu, parmi.

Hacia, hasta.
Vers, jusqu'à.

Mediante.
Moyennant.

Para, por.
A, pour; par, vers.

Tras, segun, sin, sobre.
Derrière, selon, sans, sur.

Et tous les adverbes de mode suivis de la préposition *de :*

Ademas de, al rededor de.
Outre, autour de.

Cerca de, près de.

Debajo de, delante de, dentro de, despues de, detras de.
Sous, devant, dans, après, derrière.

Encima de, sur.

Fuera de, hors.

Lejos de, loin de.

L'emploi des prépositions est ce qu'il y a de plus difficile dans la langue espagnole.

Nous allons considérer ces difficultés sous trois points de vue : 1° PRÉSENCE ; 2° ABSENCE ; 3° CHANGEMENT.

§ I.

DE LA PRÉSENCE DE LA PRÉPOSITION EN ESPAGNOL QUAND ELLE MANQUE EN FRANÇAIS.

Avec l'adjectif.— On la met après les noms de nombre désignant le quantième.

El dos de julio.	Le deux juillet.
El tres de marzo.	Le trois mars.

Après le participe.— *Aprobado de cirujano*, chirurgien approuvé.

PRÉPOSITIONS.

Avec une autre préposition.—*A pesar de*, malgré; et toutes celles qui sont formées d'un adverbe, desquelles nous venons de donner la liste: *antes de, cerca de, detras de*, etc.

VERBES QUI PRENNENT LA PRÉPOSITION EN ESPAGNOL ET NON EN FRANÇAIS.

Avec le verbe. — *Abordar á* ou *con un navió*, aborder un navire.

Acertar *con* alguna cosa,	Deviner quelque chose.
Adelantarse *á* otros,	Devancer les autres.
Adolecer *de* algun achaque,	Souffrir quelqu'infirmité.
Afirmarse *en* lo dicho,	Confirmer ce que l'on a dit.
Ahorrar *de* razones,	Épargner les paroles.
Andar *de* capa,	Porter le manteau.
Andar *á* grillos,	S'occuper de bagatelles.
Andar *á* las vueltas,	Guetter quelqu'un.
Andar *al* morro, á la morra, Andar *á* vueltas, á puñadas á bofetones,	Se donner mutuellement des coups.
Andar *de* ceca en meca,	Errer ça et là.
Andar *de* prisa,	Aller vite, c'est-à-dire *lleno de prisa*.
Andarse *á* picos pardos,	Flâner.
Apearse *de* su opinion,	Modifier son opinion.
Apechugar *con* alguna cosa,	Prendre à cœur quelque chose.

Asistir *á* los enfermos,	Assister les malades.
Aventajarse *á* otro,	Surpasser quelqu'un.
Gustar *de* alguna cosa,	Aimer quelque chose.
Obviar á alguna dificultad,	Eviter quelque difficulté.
Tropezar *con* alguno,	Rencontrer quelqu'un.
Jactarse *de* sus fuerzas,	Vanter ses forces.
Valuar una cosa *en* cien pesos,	Estimer une chose cent piastres.
Dar *con* alguno,	Rencontrer quelqu'un.
Estar *con* calentura,	Avoir la fièvre.
Estar *de* prisa,	Être pressé.
Estar *en* su juicio,	Avoir son bon sens, etc.

Le verbe actif, dont la personne ne termine pas par une voyelle, et qui n'est pas suivi d'un datif, demande la préposition *á* devant tout régime formé d'un être intelligent précédé d'un nom de nombre et pris dans un sens déterminé : *amar* á *Díos y* á *los hombres*, aimer Dieu et les hommes ; et devant les régimes qui seraient susceptibles de faire sur le sujet du verbe l'action qu'ils en souffrent, afin de distinguer l'agent du patient, auxquels la construction espagnole n'assigne point de place fixe dans la syntaxe. *El caballo mordió al perro. Siguió al contento el dolor* ou *vice versa*, selon la réalité du fait. Enfin, après les verbes de mouvement, *vengo á deciros*, *vuelvo á comprar*.

§ II.

ABSENCE.

1° Les adjectifs qui retranchent la préposition, expriment, en espagnol, une quantité absolue ou relative.

Cuanto, combien de ; *cuanto pescado !* que de poissons ! *cuantos pesos ?* combien d'écus ? (Voyez Degrés de comparaison, p. 67.)

Un peu se rend par *un poco de, un tanto de*, (voy. les articles).

2° Ceux qui sont suivis d'un verbe qui est comme le sujet du verbe être : *es inutil* hacer, il est inutile de faire (l'acte est inutile.) *Seria difícil* decir, il serait difficile de dire (le récit est difficile.) *Será fácil* manifestar, il sera facile de démontrer (la démonstration sera facile.) *Era justo* confesar, il était juste de confesser (l'aveu était juste). *No es oportuno* hablar, il n'est pas opportun, ce n'est pas le tems propre de parler. *Cuanto sea conveniente* ENSEÑAR, combien il est convenable de faire connaître, etc.

N.B. L'infinitif qui suit un verbe peut aussi se rendre par *que* suivi du subjonctif, lorsque l'action qu'il exprime n'est pas consommée, ni actuelle; mais après le verbe *esperar* on mettra plus élégamment le futur de l'indicatif sans *que*. J'espère que tu le feras, *espero lo harás*.

Mais on dit après le verbe *être*, *incapaz* DE; *apto* PARA; *fiel* A; *piadoso, desvergonzado* HACIA; *franco, duro* PARA CON; *afable* CON; *débil, humilde* ANTE; *atrevido* DELANTE; *enfrente* DE *los peligros; amigo* DE, etc., parce que le sujet du verbe *être* est alors la chose ou la personne qualifiée par l'adjectif dont le verbe n'était que le complément. Un exemple fera mieux saisir cette règle : *ese caballo es dificil* DE *domar* : le sujet est le *cheval. Es dificil domar este caballo; cheval* est le régime, et l'action de dompter est le sujet. *Domar este caballo es dificil. (Dominatio hujus æqui est opus* ou *negotium difficile.)*

PRÉPOSITIONS.— Quant à, *por*.

Graces à, *mediante*.

Jusqu'à, *hasta*.

VERBES.— Nous trouverons peu de verbes espagnols qui se passent de la préposition quand ces verbes l'ont en français. On dit cependant *cenar un pollo; almorzar una cebolla;* souper *avec* un poulet; déjeûner *avec* un ognon; *echar el resto*, jouer de son reste; ceci prouverait que la langue espagnole est plus libérale que la française en fait de prépositions.

§ III.

CHANGEMENT DE PRÉPOSITIONS.

Dans les prépositions composées, les Français disent *près de*, et les Espagnols *junto*, ou *próximo á*.

DE LA PRÉPOSITION *A*.

A part le régime des êtres intelligents, *amo á Pedro, adoro á Dios*; dont nous avons parlé plus haut, les Espagnols n'emploient *á* que pour exprimer le mouvement ou le rapport.

Il demeure *à* Paris.	*Vive* en *Paris*.
Fidèle *à* sa parole.	*Exacto* en *su palabra*.

Lent *à* l'ouvrage.	*Lento* en *obrar*.
Digne de la confiance.	*Acreedor* à *la confianza*.
Ennuyeux envers tout le monde.	*Molesto* à *todos*.

Si l'adjectif est une espèce de participe passé d'un verbe passif, le *por* est remplacé par *de*.

Surpris Présidé Assiégé Brûlé	PAR	*sorprendido.* *presidido.* *sitiado.* *curtido, quemado*	DE	(Voy. le paragraphe ci-après, sur *por* et *para*.

Si la préposition indique le moyen, l'espagnol emploie *con*, avec : *contento con poco*, content de peu.

Voici, au reste, quelques autres cas qu'il est plus facile de comprendre au moyen d'exemples que par des règles aussi difficiles à saisir qu'à retenir et à appliquer.

ADJECTIFS QUI NE PRENNENT PAS LA MÊME PRÉPOSITION.

Contento con esta promesa.	Satisfait *de* cette promesse.
Atento con sus maestros.	Respectueux *envers* ses maîtres.
Igual con otro.	Semblable *à* un autre.
Bueno de ou *para comer.*	Bon *à* manger.
Herido en el corazon.	Blessé *au* cœur.
Herido de muerte.	Blessé *à* mort.
Fácil de arreglar.	Facile *à* arranger.
Idóneo para.	Apte *à*.
Ingrato con sus amigos.	Ingrat *envers* ses amis.
Guiado de.	Conduit *par*.
Enfadado con esta respuesta.	Fâché *de* cette réponse.

VERBES QUI NE PRENNENT PAS LA MÊME PRÉPOSITION.

Abrasarse, arder en *deseos.*	Brûler *du* désir.
Acaecer en *tal epoca.* *Acontecer* *id.*	Arriver *à* telle époque, en parlant d'un évènement.
Aconsejarse con *alguien.*	Prendre conseil *de* quelqu'un.
Aferrarse en *ou* con *su opinion.*	Tenir *à* son opinion.
Andar en *pleitos.*	S'occuper *de* procès.

Andar por *tierra* (1) por *agua*.	Voyager *sur* terre ou naviguer.
Anticiparse á otro.	Arriver *avant* quelqu'un.
Apartarse á un lado.	Se mettre *de* côté.
Arrimarse á la pared.	S'approcher *du* mur.
Arroparse con *la capa*.	S'envelopper *dans* le manteau.
Atinar con *alguna cosa*.	Réussir *en* quelque chose, en venir à bout.
Avergonzarse á pedir.	Avoir crainte de demander.
Dar con la cabeza.	Frapper de la tête.
Estar de luto.	Être en deuil.
Estar de viaje.	Être en voyage ou sur le point de s'y mettre.
Estar de piés.	Être debout.
Estar en salir.	Être décidé à sortir.
Estar sobre los estribos, para irse.	Être sur le point de s'en aller.
Estar para hacer.	Être sur le point de faire.
Estar sobre sí.	Être sur ses gardes.
Volar por el aire.	Voler dans l'air.
Ser de alguno.	Être à quelqu'un.

Les formes, à moi, à toi, à soi, à nous, etc., se rendent par les possessifs-relatifs *mio, tuyo, suyo, nuestro,* etc.; et les exclamations *pobre de mi, desgraciado de tí, infeliz de él* répondent à : infortuné que je suis ; malheureux que tu es ; malheur à lui.

Il y a aussi des substantifs qu'on n'accompagne pas en espagnol comme en français.

En homme *de* bien, d'honneur, etc., *como hombre honrado*.

Plat *à* barbe, *bacia de afeitar*.

Boîte *à* tabac, *cajita para tabaco*, etc.

DE L'EMPLOI DES PRÉPOSITIONS *por* ET *para*.

Por, *vers* (le tems incertain).	Para, *vers* (le lieu déterminé).
Por navidad, vers la Noël.	*Para América*, pour l'Amérique.

(1) *Ir por tierra* signifie tomber.

Por, (le tems passé ou présent).	Para, (le temps à venir).
Por aquellos tiempos, dans ces tems-là.	*Para mañana*, pour la journée de demain.
Por lo pasado, pour le passé.	*Para siempre*, à jamais.
Por ahora, quant à présent.	*Para cuando*, vd. *quiera*, quand vous voudrez.
Por haber dicho, pour avoir dit.	*Para que diga*, afin qu'il dise.
Por (le mode ou le moyen).	Para (le but).
Por mitad, par le milieu.	*Para el efecto*, dans ce but.
Por entero, entièrement.	*Para nada,* sans but.
Por un modo ú por otro, d'une manière ou de l'autre.	*Prepararse para,* se préparer pour.
Ni por mucho, d'aucune manière.	*Aviarse para*, se mettre en chemin pour.
Sitiar por hambre, prendre par famine.	*Apercibirse para,* se disposer pour.
Guindarse por la pared, se glisser par le mur.	*Apto para,* propre à.
Pasar por el jardin, traverser le jardin.	*Bueno para,* bon pour.
Meterse por la ventana, s'introduire par la fenêtre.	*Capaz para*, capable de.
Por poco caía, un peu plus il tombait.	*Hábil para*, } Fait pour, propre à.
Ni por esas, peine inutile.	*Hecho para*, } Fait pour, propre à.
Por dinero, avec de l'argent.	*Idóneo para*, } Fait pour, propre à.
De por sí, tout seul.	*Util para,* utile pour (1).
Por ahí, por ahí, à peu près.	*Para muchos*, aux yeux de beaucoup de gens.
Por todos lados, de tous côtés.	*Para todos*, en faveur de tout le monde.

(1) Quelquefois on supprime l'adjectif, et l'on dit : *no es para menos*, *es para poco*, etc.; ou le nom : *no hay para que*, au lieu de *motivo para que;* ou enfin le verbe : *para pan,* au lieu de *para comprar pan.*

Por (la cause efficiente, influente).	Para (la cause finale).
Porque? à cause de quoi? *por delitos por crímenes.*	*Para que*, afin que.
Este navío, ha sido aparejado por el Estado. Ce navire a été disposé par l'Etat.	Para ir á la descubierta de nuevas tierras. Pour aller à la découverte de nouvelles terres.
Te ruego por Dios, por la virgen, por lo que hay de mas sagrado á tus ojos, Je te prie au nom de Dieu, de la vierge, au nom de ce qu'il y a de plus sacré à tes yeux.	Para que tengas piedad de ti mismo. d'avoir pitié de toi même.
Por (au lieu de).	Para, para con (vis-à-vis de, devant, eu égard à, avec).
Bien por mal, bien pour mal.	¿De que sirven el poder y el oro *para con* la muerte?
Por su dinero, pour son argent.	¿Que es la ciencia de los antiguos *para con* la moderna?
Por su trabajo, pour son travail. *Por dos pesos*, pour deux piastres fortes.	Qu'est-ce que la science des Anciens comparée avec celle des Modernes.
Por (quant à). *Por mi*, quant à moi.	Ce *para con* semble être un abrégé de *comparado con*.
Por ahora, quant à présent.	No es valiente *para* lo que le alaban. Il n'est pas brave en raison des louanges qu'on lui donne; (autant qu'on le dit).
Por lo demas, quant au reste.	No le pagaron *para lo* que trabajó. Ils ne le payèrent pas *proportionnellement* à son travail.
Por lo que hace à, pour ce qui est de.	
Por (comme, en qualité de).	
Le tengo por *hombre de bien*, por *sabio.*	Sabe mucho *para* su edad. Il sait assez pour son âge.
Por *cierto*, por *tonto*, por *vencido*, por *gobernador*.	*Para* ser lego, bastante bien se esplica. Pour un homme illétré, il discourt assez bien.

Por, après un verbe de mouvement, signifie *à la recherche*.	Visible *para* todos. Visible à tout le monde.
Ir por *pan*, por *vino*, por *leña*, *pedir* por *alguno*.	

Il y a des cas où la substitution de ces prépositions change tout-à-fait le sens.

POR NAVIDAD, vers la Noël;	*Para navidad*, pour la Noël.
POR NADA, sans être payé;	*Para nada*, sans but.
Receto por él, je prescris pour lui, au lieu de lui (en parlant d'un pharmacien ou d'un médecin).	*Receto para él*, pour le malade, pour celui qui doit prendre la médecine.
Voy de guardia POR *v., y para mi*; Je monte la garde au lieu de vous, mais à condition qu'elle comptera pour moi;	PARA V., ce serait non seulement au lieu de vous, mais pour qu'elle compte pour votre tour.

Quoique le PARA soit toujours employé pour le datif latin, ou l'accusatif avec la préposition AD : *nobis*, *para nosotros; ad emendos pisces*, *para comprar pescado*, ou tout simplement *para pescado* : il y a certains verbes après lesquels on a pris l'habitude de faire suivre la préposition *por* au lieu de *para*.

Anhelar,
Perecerse,
Quemarse,
Piar,
Suspirar,
Reventar,
Morirse,
Pelarse,

} *por alguna cosa*, soupirer après quelque chose.

Apasionarse, *Declararse*, *Rogar*, *Suplicar*, *Procurar*, *Mirar*, *Mediar*, *Interceder*,	*por alguien*.	Sepassionner, Se déclarer, Prier, Supplier, Travailler, S'occuper, S'interposer, Intercéder,	pour quelqu'un.

L'on voit que dans tous ces cas on peut sous-entendre un substantif. *Por el bien, el amor, el conseguimiento, el partido, el alma*, etc., sans quoi, toutes les fois que le *pour* marque le but final, il faudrait *para*, préposition que l'on place toujours, en ce cas, devant le verbe.

Me reviento para lograr lo que nunca lograré.
Je me tue pour obtenir ce que je n'obtiendrai jamais.

Si l'on dit *ruega á Dios por mi*, c'est que l'on sous-entend le but final, *para que alcanze esta ú otra cosa*, prie Dieu pour moi, afin que j'obtienne telle ou telle chose.

Quand on dit *rabio por beber; como por acompañar á v.*, on abrége les formes. *Rabio por* EL DESEO *de beber, como por* EL GUSTO *de acompañar á v.*, le désir, le plaisir ne sont donc pas la cause finale, mais la cause efficiente, impulsive, car le désir est l'appétit qui précède toujours la satisfaction, de même que le *gusto* est ici l'avant-goût, l'espérance du plaisir qui ne rentre dans le domaine des faits et des faits accomplis, qu'après sa réalisation. Le but définitif serait, dans le premier cas; d'étancher la soif : et à part ce que peut dire la politesse, on mange moins pour faire plaisir aux autres que pour satisfaire un besoin naturel, aussi indulgent que l'on voudra dans la forme que strict et inflexible dans le fond.

Les grammairiens s'accordent à dire que *pour* se rend indifféremment par *por* ou *para*, lorsque cette préposition désigne l'objet de l'action; ceci n'est vrai que dans les cas où il n'y a pas d'équivoque possible, et jamais donc dans des locutions analogues à celles qui suivent:

Estoy POR *no salir*, je suis presque d'avis de ne pas sortir.

Estoy PARA *salir*, je suis sur le point de partir.

Está todavía POR *cocer*, il n'est pas encore cuit.

Está PARA *cocer (preparado, destinado, para cocer)* prêt à cuire.

Hablo POR *mi hermano que no puede venir, y hablo* PARA *él*, je parle pour mon frère absent, et je parle en sa faveur.

Queda POR *mi*, il répond pour moi; *quede* PARA *mañana*, laissons-le pour demain; *queda* POR *tal*, il passe pour tel.

Trabaja POR *nada*, il travaille pour rien.

PARA *que pronto acabemos*, afin que nous ayons vite terminé.

Trabaja POR *fulano*, il travaille pour le compte d'un tel.

Trabaja PARA *sí proprio*, il travaille pour lui-même.

Para est souvent *redundante*, ou superflu.
PARA *conmigo*, avec moi.
PARA *entre amigos*, entre amis.
PARA *dentro de dos dias*, dans deux jours.
PARA *cuando?* quand?

EN RÉSUMÉ :

Le *por* est donc le *par*, le *de* de l'ablatif, et traduit souvent les formes : A cause de ; à cause de lui, *por él;*
A travers; *por los campos, por el aire*, à travers champs, dans l'air.
Au nom de; *por Dios*, au nom de Dieu.
Le long de; *por la pared*, le long du mur.
Au lieu de; *le dió tanto por su caballo, por su trabajo.*
Au moyen de; *por tres duros, por señales, por servicios.*
En qualité de; *por embajador.*
A la recherche de; *por agua.*
Après; *uno por uno*, un après l'autre. On dit aussi *palabra por palabra*, mot pour mot, au lieu de : mot à mot.
POUR QUE, se rend toujours par *paraque ;* jamais, par *porqué?* qui signifie : à cause de quoi? pourquoi?
POR INDIQUE LA CAUSE POUR LAQUELLE UNE CHOSE EST FAITE ET LES MOYENS EMPLOYÉS POUR L'EXÉCUTER, TANDIS QUE PARA N'INDIQUE QUE LE BUT : *Para* peut donc suivre *por*, mais *por* ne suivra jamais *para* dans la construction directe ; *por* est aussi quelquefois *redundante*.
Por encima, au-dessus.
Por debajo, en bas.
Por dentro, en dedans.
Por entre, entre.
Por defuera, dehors.
Il ajoute cependant quelque chose de vague à l'expression, ce qui arrive surtout lorsqu'il indique le lieu, le tems, ou le mouvement.
Por esos tiempos, vers ces temps-là.
Andan por ahí, ils errent par là.
Por dicha, par hasard.
Por milagro, par miracle.

Por un acaso, par accident, par cas fortuit.

Nous avons vu en parlant des autres prépositions, que le *par* qui indique l'agent dans les verbes passifs, se rend ordinairement par *de*: *Sitiado*, *presidido*, *cercado de*. Il y a quelques verbes qui peuvent prendre *de* et *por* : *importunado, conceptuado, impugnado*, etc.

La pratique peut seule accoutumer l'élève au juste emploi des prépositions d'une langue, dans les phrases où elle a obéi plus à l'insouciance qu'à la logique.

Nous finirons ce chapitre par quelques observations :

1° Les verbes à l'infinitif étant considérés comme des substantifs en espagnol, on peut les faire précéder de n'importe quelle préposition:

En decir, con decir,
En dire, avec dire, } équivalents du gérondif, *en disant*.

2° Quelquefois la préposition qui précède le verbe remplace une autre partie du discours :

Sobre pensar,
Sur penser, } Ici la préposition tient la place de l'adverbe : *pensant* EN OUTRE.

A saberlo yo,
A decirlo v., } Phrases où la préposition remplace la particule conditionnelle : *si yo lo hubiese sabido; si v. me lo hubiera dicho;* si je l'avais su, si vous me l'eussiez dit.

3° Souvent il y a ellipse entre la préposition et le verbe :

Al salir,
Al entrar, } pour *al momento de* *Salir*,
Entrar, } au moment de sortir, d'entrer.

4° Parfois le lieu qu'occupe la préposition change le sens de la phrase :

Echar tierra á alguna cosa, cacher quelque chose.

Echar alguna cosa á tierra ou *por tierra*, renverser quelque chose.

Quedar una cosa por hacer, se dit d'une chose qui n'est pas faite.

Quedar por hacer una cosa, promettre de la faire.

5° La présence ou l'absence de la préposition modifie le sens :

Acabar algo, achever, compléter quelque chose.

Acabar con algo, mettre un terme à quelque chose, la détruire.

6° La différence de la préposition change l'acception du verbe :

Acordarse con alguno, demeurer d'accord avec quelqu'un.

Acordarse de alguno, s'en souvenir.

CHAPITRE XVIII.

DES CONJONCTIONS.

On peut les diviser en conjonctions absolues, suspensives; persistantes, explicatives, illatives, conditionnelles, alternatives, relatives, négatives :

ABSOLUES : Et, aussi, ainsi que, avec cela, outre que, puis,
Y, tambien, asi que, con eso, ademas que, luego,
enfin, en outre.
enfin, ademas.

SUSPENSIVES : Mais, pourtant, cependant, toutefois, néanmoins.
Mas, pero, sin embargo, todavia, nada ménos.

PERSISTANTES : Quoiqu'il en soit, d'ailleurs, au surplus, bien que,
Sea como sea, por otra parte, finalemente, aunque,
encore que, malgré que, quand même.
no obstante, á pesar de que, aun cuando.

EXPLICATIVES : Aussi, c'est-à-dire, comme, ainsi que, aussi
Por más señas, es decir, como, asi que, tam-
bien que, sur le même pied, pendant que.
bien como, á la par, mientras.

ILLATIVES : Aussi, ainsi, donc, par conséquent, de manière
Ási es que, asi, pues, de consiguiente, de modo
que, c'est pourquoi, or donc, or.
que, esta es la razon porque, luégo, pues.

CONDITIONNELLES : Si, sinon, alors, à moins que, quand, pourvu que,
Si, sinó, entónces, á menos que, cuando, á trueco de,
bien entendu que, à la charge de.
por supuesto que, con tal que.

ALTERNATIVES : Tantôt...tantôt, soit...soit, soit que, ou bien.
Ya...ya, ora...ora, ya sea, ó.

RELATIVES : Pourquoi? parce que, tellement que, aussi que.
Porque? porque, tanto que, tanto como.

NÉGATIVES : Non, non plus, ni, pas davantage, pas même, moins
No, tampoco, ni, ni tampoco, ni aun, menos.

ADVERBIALES : Encore, d'aucune manière (1).
aun, por ningun estilo.

La division que nous avons faite des conjonctions était le seul moyen de faire connaître les différentes acceptions de celles qui, en français ou en espagnol, pouvaient offrir des difficultés; ainsi nous rendrons *aussi* par *tambien*, lorsqu'il marque la conjonction absolue.

Mon père s'en ira et moi aussi.
Mi padre se marchará y yo tambien.

Par *y :* J'y ai été, je ne l'ai pas trouvé, aussi je ne compte plus y aller; *He ido, no le encontré, y creo que ya no volvéré.*

Par *por mas señas*, lorsqu'il marque la conjonction suivante:

Il a plu tout le jour, aussi suis-je arrivé tout trempé.
Llovió todo el dia, y por mas señas que llegué todo calado.

Enfin par *así es*, lorsqu'il y a illacion :

Il m'a déjà trompé une fois, aussi je ne me fie plus à lui.
Me ha engañado yá, asi es que mas no me fio de él.

MANIÈRES DE RENDRE LE *QUE* FRANÇAIS EN ESPAGNOL.

1° Que, *Cuan*, } Devant l'adjectif simple.

Ex.: CUAN *difícil eres ;* que tu es difficile.

Que, *Que*, } Devant le substantif pris comme qualificatif, ou devant l'adjectif ayant force de substantif :

Ex.: ¡QUE *bobo*, QUE *tonto*, QUE *bestia eres !*
Que tu es nigaud, *que* tu es sot, *que* tu es bête!

Que, *Cuanto*, } Devant le verbe actif et au lieu de combien :

---

(1) Les Espagnols ont encore une négation inconnue aux autres langues de l'Europe : elle consiste à jeter une malédiction sur la chose dont on nie l'existence: « *Cuando se lee en su presencia alguna obra delicada, pone la mayor atencion como si penetrara su asunto, pero* MALDITA LA COSA QUE ENTIENDE. Lit-on devant lui quelque ouvrage délicat? Il l'écoute avec une attention que vous croyez pleine d'intelligence, et toutefois il n'y comprend rien. » L'expression absolue *no hé dicho nada,* équivaut à *je me trompais, j'ai tort, vous avez raison.*

Ex.: QUE je t'aime, QU'IL désire.
CUANTO *te quiero*, CUANTO *desea* (1).

Que / *Cuando* / *Que* } Pour *lorsque* en sens passé :

Ex.: J'arrivais à peine que déjà tout le monde revenait.
A penas llegaba *cuando* / *que* ya toda la gente estaba de vuelta.

Que / *Porqué* } Au lieu de *pourquoi :*

Ex.: *Que* ne parlais-tu ? PORQUÉ *no hablabas ?*

Que / *A menos que no* / *Sino cuando* } Pour, en sens futur :

Ex.: Je ne vous payerai *que* vous ne me portiez le reste de l'ouvrage.
No le pagaré á v^{d} A MENOS QUE NO / SINO CUANDO me traiga v^{d} lo demas de la obra.

Que / *Como* } Après le comparatif d'égalité :

Ex.: Aussi beau, pas aussi cher que.
Tan hermoso, no tan caro COMO.

Que (de crainte que) / *de miedo que.* } Parlez bas qu'on ne nous entende; *hable v^{d} á voz baja* DE MIEDO QUE *alguien nos oiga.*

Que...ou / *Ya que* / *Ya* } Pour *soit que...ou.*

---

(1) Toutes les fois qu'on peut le faire sans inconvénient, ce *cuanto* peut encore se rendre par *lo mucho que*, ou *lo que; lo que te quiero;* mais on ne pourra pas dire *lo que deseo* tout seul, car il signifierait alors : *ce que je désire*; il faudrait LO MUCHO *que lo deseo* ou LO *que* LO *deseo.* Lorsque le verbe français se rend par une périphrase, on fait un adjectif de *cuanto*, et on le fait accorder avec le substantif : Combien je le plains, CUANTA *lastima le tengo*

Ex.: *Que* vous aillez seul ou accompagné, ne partez pas de nuit, *ya que vaya v^d solo ó que se haga v^d acompañar no salga v. de noche.* Si l'on supprime le *que* qui suit *ya*, il faut aussi supprimer celui qui suit *ó*, et il serait même plus élégant de rendre les deux verbes par le participe : *ya vaya v. solo ú acompañado*; ou tout simplement : *vaya v^d solo ú acompañado*, ne tenant aucun compte du *ya* ni du *que*.

Que
Que } pour depuis que :
Desde que

Ex.: Il y a un an *que* je ne vous ai vu.

Hay un año QUE, OU DESDE QUE *no le he visto á v^d.*

Dès que, suivi d'un verbe, se rend de plusieurs manières en espagnol. *Ya que, puesto que, luego que, siendo así que*, etc., répondent à puisque, *ya que v. lo dice lo creo ;* je le crois, DÈS QUE, PUISQUE vous le dites ; mais si le verbe est au passé défini ou au futur, on le rendra par une des formes suivantes :

Dès qu'il eût dit cela, à peine eût-il dit cela.
A penas hubo dicho esto ;
Luego de haber dicho esto ;
Luego que hubo dicho esto ;
Dicho que hubo esto.

Que
Por mas que } Marquant l'*inutilité des efforts :*

Ex.: Que vous criiez, que vous chantiez, c'est parfaitement inutile. POR MAS QUE *levante v. la voz es todo inútil.*

Por mas est la formule générale de toutes les expressions analogues.

Malgré que vous fassiez. (1) Quels que soient vos efforts. Vous avez beau faire. Faites tout ce que vous voulez. Quoique vous fassiez. Que vous vous en occupiez ou non. Quand vous mettriez tout sens dessus dessous.	POR MAS *que v. haga.*

(1) Voyez *malgré que*, ci-après.

Vous avez beau crier, Feriez-vous encore plus de bruit,	POR MAS *alto que levonte v*[d] *el grito*.

Vous avez beau dire, POR MAS *que v. diga*.
Vous avez beau pleurer, POR MAS *que v. llore*.

Il faut *que* se rend par	*es preciso,* *es menester,* *conviene,* *es necesario,* *importa.*	*Hacerlo*, ou *que se haga*, c'est-à-dire avec l'infinitif ou avec le *que* suivi du subjonctif.
MALGRÉ QUE marquant l'insuffisance des moyens employés,	*Sin embargo de* *A pesar de*	avec l'infinitif.

Malgré que j'eusse pris bien des précautions, *sin embargo de haber tomado mil precauciones*, ou *á pesar de haber tomado mil precauciones*.

Ne que : on peut le rendre de quatre manières.

Ex. : Je n'ai qu'à parler.	*Me* BASTA *hablar.* *No tengo* SINO *hablar.* *No tengo* MAS QUE *hablar* SOLO *tengo que hablar.*

Le *que* qui se trouve entre deux verbes, et qui est quelquefois exprimé par *de* en français, peut souvent se supprimer en espagnol. Ex. : Je te prie *de* me dire, *ruégote me digas ;* j'espère *que* tu viendras, *espero vendrás*. Mais on ne le supprime pas ordinairement après les verbes désirer, ordonner. Ex. : je désire *que* tu réussisses, *deseo* QUE *tengas acierto*.

Le *que* espagnol remplace quelquefois le *pues* (car) (1) *pues que* (puisque), *como* (comment), *cual* (lequel), *lo que* (ce que), *cuanto* (combien), *será verdad que* (faut-il donc que), *de suerte que* (de manière que), *para que* (afin que) (2). C'est surtout en poésie et dans les anciens écrits qu'on trouve ces manières, mais les bons écrivains modernes évitent aujourd'hui la première et dernière de ces formes.

---

(1) Surtout quand il précède un autre *que :* Ex. :
Que que le iba á vuestra merced, etc. (CERVANTÈS.)
Car qu'importait à votre grace, etc.

(2) *No perturben jamas vuestro dulce sosiego* QUE *me ayudeis á lamentar mi desventura*, que l'on ne trouble jamais votre doux repos, AFIN QUE vous m'aidiez à déplorer mon malheur.

CHAPITRE XIX.

DES INTERJECTIONS.

Les quatre parties indéclinables du discours ont chacune leur caractère distinct.

La préposition demande le *nom* pour complément ;

L'adverbe ne peut être séparé du *verbe ;*

La conjonction est le ciment de l'édifice auquel les diverses parties de l'oraison servent de matériaux, d'après l'architecture ou la syntaxe de chaque langue ;

Et l'interjection sert à exprimer d'une manière brève et subite, non pas les idées, mais les mouvements de l'âme.

La langue espagnole avertit le lecteur au commencement de la *phrase*, pour qu'il *en* connaisse la prosodie et le mode.

Le point d'interrogation ou d'exclamation renversé, est la marque convenue.

¿ Quien vive ? qui vive ?
¡ Ay de mi ! hélas !
¡ Ah ! (douleur) Ah !
¡ Ay ! hélas !
¡ O ! ô !
¡ He ! eh !
¡ Ola ! hola !
¡ Alerta ! prenez garde à vous !
¡ Mas que ! / *¡ Ojalá !* } Plaise à Dieu que.

¡ Aire ! / *¡ Anda !* / *¡ Ea !* } Courage !
¡ Ea pues ! Allons donc, ça, voyons !
¡ Vamos ! allons !
¡ Vaya ! voyez donc ! qui l'aurait dit !
¡ Chito, chiton ! silence !
¡ Cuidado ! guarda ! gare !
¡ Alto ahi ! halte-là !

¡ Virgen santísima ! Mon Dieu ! marque d'étonnement ou de frayeur
¡ Ascuas ! / *¡ Carambas !* / *¡ Caracoles !* / *¡ Chispas !* } Peste ! ouf !

¡ *Rayo !* marque de colère.
¡ *Malo !* tant pis ! (si cela est vrai).
¡*Voto á tal*, morbleu !... (marque de menace.)
¡*Quita allá !* fi donc !
¡*Ya! ya!* ah ! j'y suis !
¡*Zurra !* marque d'ennui.
¡ *Valgame Dios !* Oh ! mon Dieu est-il possible !— Oh ! mon Dieu!

Comme tous les Méridionaux, les Espagnols ont une grande quantité d'autres exclamations ; il y en a que l'irréflexion ou la mauvaise humeur auront d'abord créés chez le peuple, et que le caractère ouvert et *communicatif* de cette nation, si mal connue à l'étranger, aura peu à peu fait remonter de l'*arriero* au *caballero ;* nous n'en parlons que pour mettre en garde les voyageurs qui pourraient les entendre du postillon, entremêlées au nom des mules à chacune desquelles on donne ordinairement un nom flatteur : *capitana, coronela, generala, platera*, etc.

En ton de menace, les Espagnols appellent aussi tous les êtres vivants par leur nom : ¡*hombre, muger, chico, caballo, macho, burra, perro!* etc. ; et l'apostrophe *macho de carreta*, adressée à quelqu'un, répond à *âne, animal, homme stupide, gros lourdeau ;* il est synonyme *d'alma de cántaro bolo, zopenco*, etc.

¡ *Hombre !* tout seul, en ton exclamatif, semble la fraction d'une phrase ellyptique. ¡ *Hombre habla v. de veras !* ¡ *Lo puedes así pensar hombre !* et on peut la rendre par : vraiment ! possible ! et quelque fois par hélas ! lorsqu'il exprime la douleur, ou avec une autre exclamation, car il sert à exprimer presque toutes les impressions subites de l'âme.

L'interjection peut aussi être sous-entendue : « *tan presto tuviese yo el condado, como sabría regirle.* » On ne peut analyser cette phrase sans sous-entendre. *Ojalá : ojalá yo tuviese.* Plût à Dieu que j'eusse aussitôt le Comté, que je me sens capable de le gouverner, de l'administrer.

CHAPITRE XX.

DE L'ORTHOGRAPHE.

L'orthographe est l'art de bien écrire les mots.

Il y a deux choses à observer dans les mots : les éléments et les accidents.

DES ÉLÉMENTS DES MOTS.

Les mots sont composés de consonnes et de voyelles.

DES CONSONNES.

Les seules consonnes que l'on puisse doubler, dans la langue espagnole, sont contenues dans le mot *alacran* (scorpion) *l*, *c*, *r*, *n*.

Il y a quatre autres consonnes dont l'orthographe présente des difficultés, et ce sont celles que la prononciation ne suffit pas pour faire connaître.

Le *b*, parce qu'on le confond avec le *v*.

Le *c*, qui a parfois le son du *q* ou celui du *z*.

Le *j*, qui remplace tantôt le *g* et tantôt le *x*.

L'*h* qui ne se prononce pas.

Nous allons donner des règles pour l'emploi de chacune de ces consonnes après quelques règles générales.

RÈGLES GÉNÉRALES.

1° La prononciation est la première règle.

L'usage général en est la seule exception.

2° L'étymologie ne doit venir au secours de l'oreille que dans les mots où il y a des sons incertains, comme ceux que nous venons de faire connaître.

3° Les dérivés d'un nom ou d'un verbe en suivent l'orthographe.

B et V.

1° On emploie le B devant toutes les consonnes et devant l'*u* : *sub*-

dito, *bledo*, *abrir*, *abnegacion*, *subrogar*, *absuelto*, *buey*, *buitre*, *bulto*, etc.

On excepte les mots contenus dans ces vers :

Vuelco, vuelo, vuelta, vuelto,
Vulnerar con vulgo y vuestro.

2° Après l'*m*, *ámbar*, *hembra*, *mimbre*, *hombre*, *zumbido*.

3° Les terminaisons des imparfaits, *aba*, *iba*, et les noms terminés en *ebo*, *amaba*, *daba*, *iba* ; *febo*, *cebo*, *sebo*.

Les autres mots s'écrivent d'après leur étymologie.

Bellota de *beluth*, ARABE, gland.

Barniz de *bernice*, GREC, du moyen-âge, vernis (1); *bailar*, alambic, etc.

Barrenar, forer; *bizarro*, gaillard; *bahia*, baie ; CANTABRE.

Haber du *habere* latin, avoir; ainsi que *beber (bibere)*, *haba (faba)* *bien*, *(bonum)*, *escribir (scribere)*, et une infinité d'autres mots.

Bonete, du français bonnet; ainsi que *bordo*, *câble*; *baluarte*, *batalla*, *bagage*, etc.

Bomba, de l'italien *bombe* (2).

Balcon des langues de la Germanie, balcon *(balkon)*, ainsi que *gleba*, *borgo*, *albergue*, etc.

Boa, des langues de l'Amérique, boa *(boba)*.

Bosque, du Breton ; ainsi que *barco*, *botas*, *box*, *botin*, *bramar*, *bugada*, etc.

4° Comme on le voit, la règle étymologique est pleine de difficultés ; d'abord, parce que tout le monde n'est pas obligé de connaître toutes les langues dont l'espagnol a pu tirer des mots ; ensuite, parce que plusieurs mots pourraient être rapportés à des langues différentes (comme *bernice* et *vernix*) et d'orthographe diverse ; et enfin, parce que cette règle, fut-elle sans ces inconvénients, n'est pas sans exception.

Nous nous contenterons donc, ce qui suffira pour ceux qui appren-

---

(1) « *Sic vocarunt Græci recentiores quod antiquis fuit electrum sive succinum*. » V. SAUMAISE sur SOLIN, p. 1100.

(2) Ainsi que les différents mots de ce genre, *fusil*, *arcabuz*, *ciudadela*, *parapeto*, *escarpa*, *contrescarpa*, etc., et puis *nuncio*, *incognito*, *duo*, *trio*, etc.

nent l'espagnol sur le français, à donner le latin pour étymologie immédiate, et indiquer les mots qui s'en écartent.

S'écartent de leur étymologie :

Abogado, avocat; *berruga*, verrue ; *Bigotes* (Visigoths?) (1) moustaches.

Boveda, voûte ; *abuelo*, aïeul *(avulus)*.

Abispa, guêpe *(vespa)* ; barrer *(verrere)* balayer.

Boda, noces ; ce mot est comme il doit être si on le tire du scandinave de l'Edda, *bod (convivium)*; mais il s'écarte de son étymologie si on le tire du *wed* (épouser) anglais, ou du *gwedd (jugum)* gallois.

Becerro, s'il dérive de *vitellum* veau.

Bajel, vaisseau ; *birola*, virole ; *bogar*, voguer, *caballo*, cheval, et ses composés.

Basto signifie grossier, inculte, et le bât.

Balido, bêlement.

Beta, manœuvre, cordage (terme de marine) et la seconde lettre de l'alphabet grec.

Bulto, tas.

Vasto, vaste.

Valido (de l'arabe walid), favori.

Veta, veine de métal dans une mine.

Vulto, visage.

Enfin on écrit par b les p latins et quelque fois les *p* grecs radoucis.

Cuba, de *cuppa* (grec), cuve.

Jabon de *sapo* (latin), savon.

Cabo de *caput,* tête.

Caber de *capere*, comprendre, échoir.

Cabello de *capillus*, cheveux,

Cabra de *capra,* chèvre.

Recibir de *recipere,* recevoir.

Obrar de *operari*, travailler.

Abrir de *aperio*, ouvrir.

---

(1) Par une raison inverse à celle qui a fait nommer les Lombards *(Longobardi)* de leur longue barbe; ou de *bis* et *guttæ*, taches : *galta*, *gauta* et *gota* signifient *joue*, en limousin, languedocien et italien.

Sobre de *super*, sur.

Vibora de *vipera*, vipère.

Obispo d'*episcopus*, évêque.

Besugo de *piscis*, rousseau, (poisson).

Cette règle est d'autant plus importante pour les Français, que presque tous ces *b* sont des *v* dans leur langue.

On peut ajouter à ces mots, *boleta*, *billete* qui, s'ils sont dérivés de *folium*, auraient changé l'*f* en *b*, mais qui suivent leur étymologie s'ils sont des diminutifs de *bula* (bulle) dont on trouve tant d'espèces en Espagne.

V.

On emploie d'abord le v après l'n.

Enviar, envoyer.

Envídia, envie.

Convidar, inviter.

Invierno, hiver.

Invectiva, invective.

Invádir, envhair, etc.

Ensuite, les mots dérivés du latin le conservent.

Vergüenza, honte (de *verecundia*); *viérnes*, vendredi.

Malvavisco, guimauve (de *malva* et *viscus*).

Vaso, verre à boire (de *vas*).

Vado, gué.

Vaca, vache.

Vacio, vide (de *vacuus*).

Vaho (de *vapor*), vapeurs; ainsi que :

Vago, *vaído*, *valor*, *velo*, *vela*, *víspera*, *ver*, *vestir*, *verter*, *vencer*, *valér*, *vibrar*, *volar*, *vano*, *vara*, *varon*, *veinte*, *vida*, *viejo*, *voto*, etc.; *vivac*, bivouac; *vez*, fois, sont à peu près les seuls mots qui puissent embarrasser les Français dans l'emploi du v.

C et Q.

Nous en parlerons à l'*u*.

C et Z.

1° Le c ayant le son du *z*, se place devant l'*e* et l'*i* toutes les fois que l'étymologie ne veut pas autrement. Les mots affectés par l'étymologie sont *zéfiro*, *Zenon* et *ziz-zaz*. L'on écrira de même :

Zinco, zinc, (le métal.)	*Cinco*, cinq.
Zeda ou *zeta*, la lettre *z*.	*Ceda*, qu'il cède.
Zelo, zèle.	*Celosía*, espèce de persienne.

2° Quoiqu'à la fin d'un mot il faille toujours rendre le son du *z* par cette lettre elle-même, lorsque le mot reçoit une addition grammaticale, on le change en *c* devant l'*e* et l'*i*.

Haz, faits ; *hace*, il fait ; *voz*, la voix, *voces* ; *feliz*, *felices* ; *cruz*, *cruces*, etc.

3° Devant *a*, *o*, *u*, on ne peut jamais employer que le *z* si le son n'est pas guttural.

G et J.

1° Devant *a*, *o*, *u*, le *g* a toujours le son guttural comme en français.

Les mots auxquels l'étymologie fait prendre le *j* devant l'*e*, sont : *Jesus*, *Jesuita*, *Jeremias*, *Jerusalen*, *Majestad*.

L'Académie (p. 348) y ajoute ceux qui avaient un *x* guttural. Cette addition est d'autant plus raisonnable, que déjà elle a lieu dans les verbes (*traje*, *dije*, *conduje*, etc.), et que *fixus* deviendrait *figo* au lieu de *fijo*, si le *j* n'était pas la seule lettre destinée à remplacer l'*x* guttural ; mais dans ce cas il faudrait écrire *jilguero* et non *jilguero*, comme le porte le dictionnaire de Taboada.

Salva (p. 357) propose d'ajouter ceux qui n'ont pas ou que l'on ignore s'ils ont un *g* dans le mot dont ils dérivent. N'est-il pas plus facile de les laisser à l'arbitre des écrivains, comme cela a eu lieu jusqu'ici ? Tous les écrivains n'ayant pas lu de préférence les mêmes auteurs ; tous n'ayant pas fait les mêmes études étymologiques, il est évident que la règle de M. Salva n'apporterait pas l'uniformité qu'il désire, et dont l'utilité est loin, selon nous, de compenser la peine qu'elle coûterait.

On emploiera donc le *j* devant l'*a*, l'*o* et l'*u* ; et, hormis dans les cas indiqués ci-dessus, l'on placera le *g* devant *e* et *i*.

L'Académie excepte les dérivés que nous avons déjà dit suivre l'orthographe des noms dont ils dérivent, *ajo*, *ajito* ; *conejo*, *conejero* ;

baraja, *barajita*, et par analogie, peut-être, les noms terminés en *aje*, et leurs dérivés *pasaje*, *pasajero*; *viaje*, *viajero*; etc. On écrira donc *ojear* d'*ojo*, regarder fixement, *ogear*; d'*abigere*, battre les buissons, effaroucher; et *hojear* de *hoja*, feuilleter.

J et X.

Voyez ce que nous en avons dit à la lettre *x* (p. 3).

Pour distinguer *prójimo*, le prochain, de *prócsimo*, voisin, on les écrit comme nous venons de le faire, au lieu d'employer l'*x* qui servait d'abord pour les deux cas. On ne conserve l'*x* qu'à la fin des mots, lorsqu'il a le son latin *cs* que l'usage a un peu radouci. Cependant, lorsque le mot *ex* sert de préfixe à un autre mot, on le laisse à sa place et on prononce *cs*, *exdiputado*, *expresidente*, etc.; on en conserve aussi le son qu'il faut au moins représenter par *cs* devant un *h*, *ecshalar*, *ecshibir*, exhaler, exhiber.

DE L'*H*.

L'*h* est initial ou intermédiaire.

DE L'*H* INITIAL.

L'Académie fait observer que l'*h* n'est point aspiré, en espagnol, et que lorsqu'il ne représentait point un *h* ou un *f* étymologique, comme dans *huevo*, *hueso*, *huesped*, etc., il n'avait d'autre but que d'empêcher que l'on ne prononçât *vevo*, *veso*, *vesped*, à une époque où « *la* u *vocal no tenia caracter distinto de la* v *consonante.* »

On supprime l'*h*, comme nous l'avons déjà dit à la page 5, après le *ch*, le *rh*, le *th*, *cáos*, *ritmo*, *tema*, chaos, rhitme, thême, et le *ph* est remplacé par un *f*. Mais on le conserve :

1° Dans les mots qui ont l'esprit fort, en grec.

LISTE DES PRINCIPAUX MOTS QUI ONT CHANGÉ EN *H*, L'ESPRIT FORT GREC.

HAGIO*grafo*, hagiographe.
HEMI*stiquio*, hémistiche.
HEPT*arquía*, heptarchie.
HETERO*géneo*, hétérogène.
HEXA*gono*, hexagone.
HERMA*frodita*, hermaphrodite.

HIDRA*ulico*, hydraulique.

HIGI*ena*, hygiène.

HIGR*ómetro*, hygromètre.

HIPO*cóndriaco*, hypocondriaque.

HIST*érico*, hystérique.

HOM*ólogo*, homologue.

HECT*ólitro*, hectolitre.

HELIO*scopio*, hélioscope, et en outre :

2° Tous ceux qui ont l'initiale indiquée dans cette liste par des caractères majuscules, et tous leurs composés. Ceux qui sont également grecs et latins, on les trouvera parmi les mots de la liste suivante, dont nous avons retranché, comme dans la liste qui précède, ceux que nous réservons pour une liste à part, contenant tous les mots que la présence ou l'absence de l'*h* fait changer de sens.

MOTS AYANT UN *F* EN LATIN.	MOTS AYANT UN *H* EN LATIN OU EN FRANÇAIS.
Haba, fève (de *faba).*	*Habèr*, avoir (de *habere).*
Hablar (fabulari), parler.	*Hábil*, habile.
Hacer, faire.	*Habitar*, habiter.
	Haca, haquenée.
Haces, *faces*, bataillons.	*Hache*, nom de la lettre *h*.
Hacha (fax), torche et hache.	*Hálito*, haleine.
Hacia adv. *(facie voluta?)* vers, on a dit *fasia*.	*Hebreo*, juif.
Hacina, gerbe (diminutif de *fascis?)*	*Hebdomadario*, hebdomadaire.
Hado, le Fatum ; *hada*, fée.	*Hécate*, Hécate.
Halcon, faucon.	*Hecatomba*, hécatombe.
Halda (falda), robe, giron, basque.	*Hélice*, hélice.
Hallar (de *fallo)*, trouver (1).	*Helmíntico*, contre les vers.
Hambre, faim.	*Helvético*, helvétique.
Hanega (de *fanega*), mesure de terre.	*Hemina*, la 3e partie d'une *fanega*.

(1) On dit en espagnol : *¿ en donde* CAE? pour *en donde* SE HALLA.

Harina, farine.
Harnero, crible *(harinero ?)*
Hartar anciennement *fartar*.
Harto, assez.
Hasta, jusqu'à. On a dit d'abord *fasta* (1).
Haya de *fagus*, hêtre ; *hayuco*, faine.
Haz, surface, de *facies*, faisceau.
Haza, champ couvert de gerbes moissonnées.
Hebilla (fibula), boucle.
Hebra, fibre, fil, brin.
Hedor (fetor), mauvaise odeur.
Hembra, femelle.
Herir (ferire), blesser.
Hermoso (formosus), beau.
Hervir, bouillir *(fervo)*.
Hidalgo, *hijo* de *algo* (de *filius* ou de *fincar)*.
Hiel, fiel.
Higado, foie.
Higo, figue.
Hijo, fils.
Hila, file.
Hilacha, charpie.
Hilo, fil.
Hilvanar, faufiler un habit.
Hinojo, fenouil.
Hoz, faulx ; *hocino*, serpe.
Hogar, foyer.

Hepático, hépatique.
Heraldo, hérault.
Hércules, hercule.
Heredero, héritier.
Héroe, héros.
Herpes, herpes.
Hermético, hermétique.
Hernia, hernie.
Hespérides, les pléïades.
Hiadas, les hyades.
Hiato, hiatus.
Hibernal, de l'hiver.
Hibernes, Irlandais.
Hiemal, d'hiver.
Hiena, la hyène.
Himno, hymne.
Himplar, hurlement de la panthère ou de l'once.
Hogaño (de *hoc anno)*, cette année.
Holanda, toile de Hollande.
Holanda, la Hollande.
Holocausto, holocauste.
Hombre, homme.
Hombro, épaule.
Homilia, homélie.
Honesto, honnête.
Honor, honneur.

(1) Cette *f* semble n'être d'abord qu'un *h* aspirée; car *hadd* en arabe, et *had* en persan, signifient limite, mot que l'on retrouve encore dans l'*at* anglais ; mais avec un peu de réflexion, on voit que *hasta* dérive de *fastigium*.

Hogaza, de l'italien *focàccia,* pain de ménage.
Hoja, feuille.
Hojalata, (feuille large) ferblanc.
Hojaldre, pâte feuilletée.
Hojarasca, feuille qui tombe d'un arbre.
Hollin (fuligo), suie.
Hollar, fouler.
Honda, fronde, chèvre, drague.
Hondear, sonder.
Hondon, creux, cavité, de *fundus,* profond.
Hongo (fucus), champignon.
Hontanar, fontaine, source.
Horadar, trouer, forer.
Horca, fourche, gibet.
Horma, forme de chapeau, de soulier, et muraille de pierres sèches.
Hormiga, fourmi.
Hornazo, gâteau aux œufs pour Pâques.
Horno, four.
Hosco (fuscus), brun.
Hoya, fosse.
Hoz, faucille; *hocino*, serpe.
Hozar, fourrager, en parlant du sanglier.
Hopa, espèce de soutane.
Hora, heure.
Horchata, orgeat, (de *hordeum*).
Horizonte.
Horror, *horrura*, épaisseur d'une forêt, ordure.
Hortaliza, herbes potagères.
Hospedar, donner l'hospitalité.
Hosteria, auberge.
Hostia, hostie.
Hostigar, châtier.
Hostigo, partie du mur exposée aux intempéries.
Hoy de *hodie*, aujourd'hui.
Hucha, huche, coffre, tirelire.
Hugonote, huguenot.
Humanidad, humanité.
Húmedo, humide.
Humilde, humble.
Humor, humeur.
Húngaro, Hongrois.
Húsar, hussard.

ENSUITE, LES NOMS COMMENÇANT PAR *HUE* ET *HUI* (1) ET PUIS:

Humo, fumée.

(1) Ceci doit être d'autant plus facile à retenir, que le français a aussi ajouté un *h* à ces deux initiales. HUESCA, la ville de OSCA; huile, huit, huître, de *oleum*, *octo*, *ostrea*. Ces trois derniers sont *olio*, *oleo (aceite)*, *ocho*, *ostra* en espagnol.

Humero, tuyau de cheminée.
Hundir, enfoncer.
Hurgon, fourgon, instrument à remuer le feu.
Hurgar, remuer le feu avec un fer ou un bâton.
Hurgonada, *hurgonazo,* grande estocade.
Huron, furet.
Huronear, fureter.
Huronera, trou de furet.
Hurtar, voler.
Huso, fuseau.

Cette grande règle a quelques exceptions.

Quelquefois les mots greco-latins changent l'*h* en une autre consonne :

De HIERARQUIA (hiérarchie), on a fait *gerarquia*.

De HIERUSALEM (Jérusalem), on a fait *Gerusalem*.

De HUMBRA (ombre), on a fait *sombra*, ou *vice-versá*.

Il est inutile de dire que la prononciation suffit pour avertir que ces mots ne commenceront pas par une *h* en espagnol, mais il n'en est pas de même de ceux que l'usage fait aujourd'hui écrire sans *h*, et que nous allons réunir dans quelques vers. Nous les avons extraits, soit de la grammaire de Salvá, soit des dictionnaires de Taboada, de Quintana et de l'Académie.

Oboé, alabarda,
Ijar, ijada,
Anca; asta, esámetro,
Arpon, azada,
Arenque, aliento,
Y con arpia,
España, eléboro,
Arpa, armonia.

C'est-à-dire :
Oboé, le haut-bois.
Arpon, le harpon.
Azada (la houe), que l'on a écrit *hazada*.
Anca, qui a pu avoir la même origine que *hanche* (1).
Arenque, hareng.

(1) *Cadera* signifie *hanche*, et *anca*, la partie du corps qui lui est opposée.

Aliento, haleine.
Ijar, *ijada*, que l'on écrivait avec une *h*, les flancs.
España, du latin Hispania ; mais on dira *Hispano*.
Eléboro, hellébore.
Arpía, harpie.
Arpa, la harpe.
Asta, lance, du HASTA latin ; *galabarda* de halebarde.
Esámetro, hexamètre.
Armonía, harmonie.

Nous pourrions peut-être y ajouter *acá*, adverbe de lieu et qui semble dérivé du *hac* latin ; mais comme les mots diminuent et n'augment pas leurs lettres en passant d'une langue à l'autre, l'étymologie de ce mot n'est pas certaine. On ne met pas non plus de *h* à *ardimiento*, hardiesse, quoique son radical fut *fortis*, *fardid* dans l'ancien espagnol, *ardito* en italien, et *hardi* en français.

MOTS COMMENÇANT PAR UNE *H*, ET D'UNE ÉTYMOLOGIE AUTRE QUE LA GRECO-LATINE.

Habana, la Havane.
Halagar, caresser ; on a dit *falago*, pour *halago*.
Haleche, poisson.
Hallar, trouver ; on a dit *falar*.
Hamburgo, Hambourg.
Hansa, hanse, (ganse, lien).
Haragan, fainéant.
Harapo, lambeau.
Haren, harem.
Harma, rue sauvage (pl.).
Harmatan, vent froid d'Afrique.
Haronía, paresse.
Hataca, grande cuillère de bois.
Hato, troupeau, provisions du berger, trousseau.
Hazaña, prouesse ; *hazañoso*, brave.
Hazañería, minauderie.

Hazañero, faux dévot, scrupuleux.
Heben, espèce de raisin.
Hegira, hégire.
Hechizo, sortilége, charme.
Hedrar, biner les vignes.
Herrax, le noyeau de l'olive quand on en a extrait l'huile.
Herren, dragée, mélange de grains pour les chevaux.
Herrial, espèce de gros raisin.
Hieros, sorte de grains.
Higa, amulette contre les charmes et les maux d'yeux.
Hincar, anciennement *fincar,* ficher, planter.
Hinchar, enfler.
Hincon, pieux où l'on attache la corde d'un bateau, de *hincar.*
Hintero, on dit aussi *amasadera, artesa, arca,* huche, pétrin.
Hipo, hoquet.
Hipuro, sorte de poisson.
Hirma, lisière du drap.
Hita, clou carré sans tête.
Hito, noir (cheval).
Hito, borne, terme, bout; on a dit *fito;* ce mot signifie aussi idée; le *hint* anglais semble avoir une même origine.
Hobachon, mou.
Hocico, grouin.
Holgar, ne rien faire d'utile; anciennement *folgar.*
Holgin, hechicero, sorcier.
Hopo, queue des animaux.
Horco, chapelet, gland d'oignon.
Hormino, orval, toute bonne plante.
Hornacho, jadis *fornacho,* vallée.
Horon, panier de Sparte.
Horra, stérile; on le dit des animaux.
Hule, toile cirée.
Hura, clou qui vient à la tête.
Hurañería, défiance.
Huraño, défiant.
Hurraca, pie, oiseau.

Husmear, flairer ; *andar á husma*, chercher à découvrir les secrets d'autrui.

Husmo, odeur des viandes un peu gâtées.

MOTS CHANGEANT DE SENS AVEC L'ORTHOGRAPHE.

Hada, sorcière.	*Ada*, pomme de Gallice.
Hueste (hostis), armée.	*Ueste*, l'ouest.
Ha, verbe et interjection.	*A*, préposition.
Hala, exclamation ; *holà*.	*Ala*, aile.
Halar, hâler.	*Alar*, allier, filet aux perdrix.
Halon (halo), météore.	*Alon*, l'aile sans plume.
Hatajo, petit troupeau	*Atajo*, sentier qui raccourcit le chemin.
Haya, hêtre.	*Aya*, gouvernante.
He, interjection.	*É*, conjonction.
Hecho, fait.	*Echo*, je jette.
Herrar, ferrer.	*Errar*, errer.
Hética, phytisie.	*Ética*, la science de la morale.
Hi, interjection.	*Y*, conjonction.
Hierro, fer.	*Yerro*, erreur.
Hola, interjection.	*Ola*, } houle, vague.
Honda, fronde.	*Onda*, } houle, vague.
Hora, substantif.	*Ora*, adverbe, *soit*; et verbe, *il prie*
Huso, fuseau.	*Uso*, usage.

Nous répétons ce que nous avons déjà dit dans une note, que l'espagnol n'a point de mots qui commencent par *ie* ni par *ue*, et que dès-lors il fait précéder cette initiale par un *h* ou par un *y*.

Quant aux mots *hierba, hiedra*, qui ont un *h* en latin, ils s'écrivent aussi bien par un *y*, de même que *yelo*, qui dérive de *gelu*, s'écrit *yelo* ou *hielo*.

Pour les deux premiers mots, nous conseillons de conserver l'*h* étymologique ; quant à *yelo*, le génie de la langue autorise aussi bien cette manière de l'écrire que si l'on écrivait *hielo*. En effet, le *g* qui devient un *y* dans *reyes*, *leyes*, *haya*, *royo*, *yeso*, *poyo*, etc., se change en un *h* dans *hermano*, *hinojo*, *helar*, *hiniesta*; *germanus*, genoux, geler, genêt.

DE L'H INTERMÉDIAIRE.

Il se conserve :

1° Dans tous les mots composés de ceux qui ont un *h* étymologique initial.

Ahijar (de *hijo)*, adopter.

Coheredero, co-héritier.

Deshonra, déshonneur.

Enharinar, enfariner.

Prohombre, juré.

Rehacer, refaire.

2° Dans les mots qui ont l'*h* intermédiaire dans la langue dont ils dérivent :

Adherir, *cohorte*, *inherente*, *prohibir*, *vehemencia*, *vehículo*.

3° Ceux qui représentent l'*f* étymologique :

Ahogar, suffoquer.

Rehusar, refuser.

Cahiz, mesure de terre et de son produit, que l'on a dit *cafiz*.

Tahur, joueur de profession, que l'on a dit *tafur*.

Alhaja, bijou qui était *alfaja*.

Ahorrar, jadis *aforrar*.

Ahinco : on a dit *afincar*, pour prier avec *(ahinco)* instance.

4° Après une voyelle ronde suivie d'une autre voyelle, pourvu que ce ne soit pas la terminaison d'un verbe tel que *apear*, *leer*, *reir*, *huir*.

Almohaza, étrille.

Ahito, indigestion.

Desahuciar, donner un malade pour désespéré.

Cohombro, concombre.

Ahilo, défaillance.

Sahumado, parfumé.

Cohecho, subornation.

Almohada, coussin ; *alcohol*, alcohol et antimoine.

Buho, hibou ; *buhonero*, mercier.

Dehesa, pâturage ; *desahuciado*, abandonné des médecins.

Moho, rouille, moisi ; *mohina*, fâcherie.

Sahorno, écorchure ; *sahumado*, parfumé.

Tahalí, baudrier ; *taha*, district.

Vaho, vapeur ; *vahido*, vertige.

Zaherir, faire des reproches ; *zahurda*, étable à cochons.

Cette règle est loin d'être sans exception : *aseo, beodo, caoba, Deo gracias, enea, feo, Goa, humear, idea, loor, meollo, neófito, peon, reo, soez, toalla, veo, zoofita*, etc. Heureusement l'Académie semble avoir prévu les difficultés que devait amener la distinction de ces mots, et elle a permis que ces derniers mots puissent s'écrire sans *h*. (1)

P.

Le *p* initial, précédant une consonne autre que l'*l* ou l'*r*, a disparu dans la nouvelle orthographe, et l'on dit *Tolomeo, neumático, salmo, seudónimo ;* mais dans le milieu des mots qui ne l'ont pas changé en une autre lettre, comme dans *bautismo*, baptême, on le conserve assez généralement : *aptitud, copto, adepto, relapso, coleóptero, septuagésima, optar, adoptar*, etc. On l'ôte à *siete* et à ses composés.

Q.

Le *q* absorbe toujours l'*u* qui le suit : *que, qui,* se prononcent comme en français *ke, ki.* Quand on sent l'*u*, l'on est sûr qu'il est précédé d'un *c* : *cuanto, cuestion, cuidado, vacuo.* Le *qu* remplace aussi le *ch* semitique et grec, que quelques-uns emploient encore devant l'*e* et l'*i* : *cherubin* ou *querubin* : *Chio* ou *Quio*.

R.

L'*r* est dur au commencement d'un mot et après les consonnes. Entre les voyelles, pour lui donner le son dur, il faut le doubler.

S.

On écrit *espiar* avec une *s* exprimant épier, et *expiar* avec une *x* ou *cs* pour expier.

---

(1) Page 348, édition de Lawalle, Bordeaux, 1826. « *Tambien se ha usado (l'h) entre dos vocales como en albahaca; pero ya se puede usar sin ella, como se pone en estas palabras y otras de su clase.* » C'est-à-dire « On a aussi placé l'*h* entre deux voyelles, comme dans *albahaca*, mais on peut aujourd'hui s'en passer comme on le fait déjà dans ce mot et dans ceux de la même espèce. »

DES VOYELLES.

L'*i* et l'*u* sont les seules voyelles qui offrent quelques difficultés.

L'*u* sonné dans *gui* et *gue* demande un tréma : *agüero, averigüe, argüir*, autrement il serait sourd comme dans les mots *guitarra, guía* qui se prononcent comme les mots français qui leur correspondent : GUITARRE, GUIDE. Ce tréma se conserve même lorsque la voyelle qui suit l'*u* est accentuée : *averigüó, fragüé*, il vérifia, je forgeai.

Parmi les mots qui terminent en *iar* et *uar*, il y en a qui, dans les temps présents (indicatif, impératif et subjonctif), ont l'avant-dernière voyelle longue, et d'autres qui l'ont brève.

Auront l'avant-dernière voyelle *longue* et marquée de l'accent :

1° Les verbes formés d'un nom qui l'a déjà longue, comme *desafiar, vaciar, rociar, enviar, espiar, expiar, liar, desliar* formés de *desafío, vacío, rocío, envío, espía, pío, lío.*

2° Ceux qui avaient, en latin, une consonne après l'*i : confío*, de CONFIDO; *amplío, glorío*, d'AMPLIFICARE, GLORIFICARE; *rumío*, de RUMINARE.

3° Les verbes formés d'un substantif dont la dernière syllabe ne terminait pas par deux voyelles : *fluctuar, estasiar, graduar, actuar, valuar, insinuar*, de *fluctus, éxtasis, gradus, actus, valor, sinus.*

4° Enfin l'habitude a fait comprendre parmi les verbes qui accentuent l'avant-dernière voyelle, tous ceux qui terminent en *riar*, moins *feriar;* et tous ceux qui sont terminés en *uar*, moins les exceptions qui suivent.

ONT L'AVANT-DERNIÈRE VOYELLE BRÈVE :

Les présents de tous les verbes qui, n'étant pas compris dans les règles précédentes, sont formés d'un substantif qui termine par deux voyelles. *Cambio* (1), *quicio, remedio, presagio, ausilio, premio, calumnia, columpio, ansia, sitio, agravio*, etc., etc.

---

(1) Cette analogie, cette trace du nom dans le verbe, ainsi que celle qui nous a donné une règle sans exception pour les irrégularités vicisieuses (v. p.   ), est, croyons-nous, sans replique pour ceux qui croient encore que ce sont les verbes qui ont nommé les choses, et non les choses, qui en ajoutant la désinence verbale,

Desaguar, *evacuar*, *averiguar*, *fraguar* ont aussi la dernière voyelle brève parce qu'ils dérivent de *agua*, *vacuo*, *fragua*, tandis que *colicuar* l'aura longue comme dérivé de *liquor*.

L'usage fait cependant dire *extenúo*, quoique ce verbe vienne de *extenuo* latin qui a l'*u* brève, ou de *tenuis*, qui est dans le même cas.

Il en est de même de tous les verbes formés d'un substantif, *esdrújulo*, lesquels transportent l'accent sur l'avant-dernière : *práctica*, *práctico* ; *lástima*, *lastimas* ; *rúbrica*, *rubrica*.

DE L'ACCIDENT.

Les accidents de l'orthographe sont les suivants :

La coma ou *inciso*	,	la virgule.
El semicolon	;	le point et virgule.
El colon	:	les deux points.
El punto final ou *redondo*	.	le point ferme.
El punto interrogante	?	lorsqu'il est à la fin de la phrase.
	¿	lorsqu'il la commence.
La admiracion	!	ou exclamation: à la fin de la phrase,
	¡	lorsqu'il la commence.
Los puntos suspensivos	....	
La diéresis ou *crema*	¨	le tréma.
El guion	—	le trait d'union ou tiret.
Las comillas	» «	les deux virgules.
El parentesis	( )	la parenthèse.
El acento	'	l'accent.

De tout ce qui regarde la ponctuation, nous n'avons à faire observer que ce qui suit :

Les Espagnols font connaître d'avance, au lecteur, l'intonation de la phrase admirative ou interrogative, en la faisant précéder par le *point* d'interrogation ou d'interjection *renversé*. Cette addition orthographique, qui n'a pas toujours existé dans la langue espagnole, est

ont le plus souvent formé le verbe. *Fin-ir*, *part-ir*, etc. Croire que le verbe *tantalizo* ou le verbe daguerréotyper ont précédé *Tantale* et DAGUERRE n'est pas plus absurde que de supposer que l'on a su *dorer* avant que d'avoir de l'*or*, ou *manier* quelque chose avant que d'avoir des *mains*. Au reste, il y a cent noms sans verbe, et pas un seul verbe sans que l'on puisse indiquer le nom dont il est dérivé. Les seuls noms qui dérivent des verbes sont des noms abstraits.

tout à la fois heureuse et nécessaire, car le plus souvent, l'espagnol n'exprimant pas le pronom-sujet, on ne pourrait la connaître qu'après l'avoir lue.

L'emploi de tous les autres signes ortographiques, moins l'accent, est le même dans les deux langues ; nous avertirons seulement que les Espagnols font un usage plus fréquent de la parenthèse, et qu'au moyen de gérondifs, de participes absolus, de diverses sortes de conjonctions et de relatifs, ils forment des phrases beaucoup plus longues qu'en français.

DE L'ACCENT.

Les mots terminent par une voyelle ou par une consonne.

DES MOTS TERMINÉS PAR UNE VOYELLE.

1° Ceux qui terminent par une voyelle marquent d'un accent aigu la syllabe longue, si cette syllabe n'est pas l'avant-dernière du mot.

2° Si le mot qui reçoit l'accent sur la dernière est un verbe au prétérit (passé défini) ou au futur, ce verbe conservera l'accent, même dans le cas où l'addition d'un pronom fera reculer l'accent sur l'avant-dernière syllabe ou l'antepenultième. *Amó, amóme; cogí, cogíle, cogíselo; dará, daràle, daráselo; haré, haréme, haréselo.*

3° Lorsque l'*i* ou l'*u* (voyelles verticales) sont suivies des voyelles *a, o, e*, (voyelles rondes), elles en sont absorbées et ne forment qu'une syllabe avec elles (v. p. 8). *Ocio, vacuo, miseria, agua*, etc.

4° Mais si la prononciation en décide autrement, c'est-à-dire si elle appuye sur l'*u* ou sur l'*i*, alors il faut marquer ces voyelles d'un accent aigu : *baldío,* stérile ; *ganzúa,* crochet.

5° Les mots qui n'ont que deux voyelles, dont la première est verticale, forment une exception à cette règle : 1° Parce que ces deux voyelles forment toujours deux syllabes, un *duo*, un *lio*, un *dia*, appuyant fortement sur la voyelle verticale, et ensuite, parce qu'il n'est point nécessaire de la marquer de l'accent écrit, puisque cette manière de les prononcer est sans exception.

6° Nous nous sommes assez étendus sur les verbes en *iar* et *uar*, aussi est-il inutile de répéter que lorsque la voyelle verticale est longue, il faut la marquer de l'accent écrit.

7° Lorsque les voyelles verticales se trouvent réunies, l'*u* absorbe le son de l'*i* à la fin des mots *muy*, et les deux ne font qu'une syllabe.

S'il en était autrement, il faudrait accentuer la dernière, *huí*, *benjuí*, excepté lorsque l'*u* est sourd, ce qui arrive quand il est immédiatement précédé du *q*, et quand le *gu* est suivi de l'*e* ou de l'*i*.

8° Lorsque deux voyelles rondes se rencontrent, si celle qui est longue n'est pas l'avant-dernière, comme dans *lee, cae, veo,* alors on marque la dernière de l'accent écrit : *me apeé*, *la hermoseó*.

9° Si la voyelle verticale était suivie d'une voyelle longue ronde, il faudrait aussi marquer cette dernière voyelle de l'accent écrit : *vió*, *continuó*.

10° On accentue toutes les voyelles qui forment un mot à elles seules, excepté l'*y* qui ne reçoit jamais d'accent ; *á* mi ; Pedro *ú* Pablo ; el Perú, *ó* México ; lo que ví *é* indiquéle.

Cet accent, dit l'Académie, est pour éviter que ces voyelles ne soient absorbées par celles qui pourraient terminer ou commencer les mots au milieu desquels elles se trouvent, ce motif n'existant plus lorsque des consonnes accompagnent la voyelle.

11° On n'accentuera jamais les monosyllabes; ils sont toujours longs, soit qu'ils terminent par une voyelle ou par une consonne.

12° Sont exceptés ceux qui prennent l'accent pour se distinguer d'un autre mot écrit de la même manière, ayant une signification différente ; en voici la liste :

El, article.	*Él*, pronom.
Mi, le mien.	*Mí*, abrégé de MIHI, *á mí*, à moi.
Si, conditionnel.	*Sí*, abrégé de SIBI, ou affirmatif *sí*, oui.
De, préposition.	*Dé*, du verbe *dar*.
Se, pronom.	*Sé*, du verbe *saber*.

Sino signifie SI CE N'EST QUE ; *sinó*, SINON.

Ex. : *No hay* SINO *tres dias ;* il n'y a que trois jours.

Vé de seguida, SINÓ *saldrá ántes que le veas* ; va de suite, autrement il partira avant que tu aies pu le voir.

Ve, il voit ou vois.	*Vé*, va : du verbe *ir*.

13° Tout mot terminé par *y* ne prend point d'accent : *voy, comboy, grey, Muley, Uruguay, guirigay.*

14° Enfin, les adverbes terminés en *mente*, comme nous l'avons déjà dit, conservent l'accent écrit sur l'adjectif qui le précède, si cet adjectif est *esdrújulo* ou *dactile : cándidamente, prósperamente*, de *cándido, próspero.*

DES MOTS TERMINÉS PAR UNE CONSONNE.

1° La consonne finale est radicale ou grammaticale (v. la p. 6).

2° Les mots terminés par une consonne radicale sont longs : *amar, ayer, aquel, sarten, mejor.*

3° Si ces mots n'étaient pas longs, il faudrait couvrir d'un accent la syllabe sur laquelle on doit appuyer : *árbol, vírgen, mástil, régimen, Júpiter, Génesis.*

4° La consonne finale grammaticale n'altère point la prosodie d'un mot : *ama, amas ; hará, harás, harán ; bueno, buenos.*

5° Mais si l'addition est d'une syllabe tout entière, alors ; —

Si c'est un nom, et que ce nom ne soit pas *esdrújulo*, l'accent demeure sur la même voyelle, reculant cependant d'une syllabe par le fait de cette addition : *vóz, vóces ; revés, revéses ; mártir, mártires.*

Si le nom est *esdrújulo*, il avancera d'une syllabe pour demeurer *esdrújulo : régimen, regímenes.*

Si c'est un verbe, l'addition sera *verbale* ou *pronominale.*

Nous avons parlé ailleurs de l'addition verbale, et l'addition pronominale suit la règle 6 ci-dessus des noms non *esdrújulos*, la même que nous avons aussi donnée à la page 119. C'est à dire que l'accent n'abandonne jamais la voyelle qu'il affecte, quoique par le fait des additions subséquentes, il change sa place relative, en reculant d'autant de syllabes qu'on lui en ajoute.

CHAPITRE XXI.

DE LA SYNTAXE.

Il n'y a aucune langue dans laquelle la grammaire ait tout réglé; l'on abandonne toujours quelque chose à l'usage qui est capricieux. (SCHLEGEL, *C. de lit. dr.*)

« L'art de bien écrire n'est pas une science exacte ; il n'est pas non plus un art mécanique ; les règles les plus certaines ne sont pour la plupart que négatives, et quelquefois les meilleurs écrivains s'en écartent. Ce qui fait le grand historien, le grand orateur, le grand poète, est une espèce de mystère ; on ne peut s'en former quelqu'idée que par les exemples des ouvrages excellents. » Voilà ce que disait un membre de l'Institut (M. Dacier) à l'Empereur, dans son rapport sur l'histoire et la littérature.

On ne peut pourtant parler ni écrire convenablement une langue sans syntaxe. Elle est aux *mots* ce que les *mots* sont aux *lettres*; la règle de la place qu'ils doivent occuper dans la phrase, l'architecture de l'édifice dont les parties du discours sont les matériaux. — Nous l'avons dit : l'ARCHITECTURE — qui s'apprend beaucoup plus vite par un *dessin* placé devant les yeux, que par un volume de théories abstraites qui ne sont pas toujours vraies ; d'explications fatigantes (1) qu'on ne

(1) Dans le second volume de sa traduction de la grammaire de l'Académie espagnole, M. de Verneuil a consacré un chapitre à la construction ; il contient vingt et une règles : la première est une erreur. Cervantes fait dire à don Quichotte, *la dulce mi enemiga*, ce qui est une charge, une imitation de l'italien *la dolce mia nemica*, et aucunement une tournure GRACIEUSE qu'il soit permis d'imiter. La seconde est encore une erreur : dans la phrase *vestida á lo condesil, á lo de gobernadora*, l'article neutre ne remplace pas ÉLÉGAMMENT *como*, mais il représente

comprend pas toujours, qu'on n'étudie guère, qu'on retient mal et que l'on oublie surtout au meilleur moment : celui où il faut en faire l'application.

Ce *dessin* est le texte des bons auteurs.

L'élève qui apprend l'espagnol sur le français, étant d'ailleurs censé connaître le génie de sa langue, nous nous bornerons à lui faire connaître les différences de *tout genre* qu'on rencontre parfois entre l'une et l'autre.

---

le substantif *uso, estilo*. De même qu'en français, à l'anglaise, à l'espagnole, signifient à la *manière*, à la *mode* anglaise, espagnole. La règle troisième dit qu'il y a des noms qui peuvent s'employer sans article, mais elle ne les désigne pas. Enfin, voici la quatrième :

« Lorsqu'un verbe substantif, actif, neutre ou pronominal est régi, à l'infinitif, par la préposition *de*, la préposition *con*, ou par la préposition *por*, signifiant *parce que*, ce verbe équivaut à la troisième personne (singulière ou plurielle, suivant le nombre de son nominatif) du temps de l'indicatif correspondant à celui de l'infinitif auquel il se trouve, et son nominatif se place toujours après lui, tantôt, immédiatement; tantôt, si c'est un verbe substantif, soit après un adjectif qui peut avoir sous sa dépendance une préposition suivie de son complément, soit après un second verbe qui peut être suivi de son régime; ou si c'est un verbe actif, neutre ou pronominal, après un régime soit direct, soit indirect. » L'intelligence susceptible de la tention d'esprit la plus soutenue est à peine capable de suivre la pensée du grammairien, à travers les diverses distinctions d'une pareille règle. Aussi nous ferons grace des dix-sept autres.

Loin de nous, toutefois, la pensée de méconnaître les excellentes choses que renferme la grammaire de l'infatigable M. de Verneuil; on ne peut que lui savoir gré de la plupart de ses judicieuses REMARQUES DÉTACHÉES; mais elles tiennent depuis la page 590 jusqu'à la page 878, près de 300 pages in-8°, et nous doutons qu'il y ait un élève sur mille qui puisse les comprendre, les retenir et les appliquer à propos, but qu'atteint facilement un enfant, après un an ou deux de conversation ou de lecture.

En traitant chacune des parties du discours, nous avons d'ailleurs eu soin de faire remarquer les principales difficultés quant à leur place relative dans la syntaxe.

CHAPITRE XXII

VIEUX ET NOUVEAU GÉNIE DES LANGUES VIVANTES.

Presque toutes les langues modernes peuvent se diviser au moins en deux classes :

La vieille langue.

Et la langue récente.

LA VIEILLE LANGUE est celle dont ont fait usage les écrivains qui l'ont pour ainsi dire créée en lui donnant une couleur nationale (1).

Les XIVme et XVme siècles sont l'époque à laquelle nous nous rapportons. Les inimitiés internationales, l'esprit local, la différence de race, de sol, de climat et de circonstances avaient alors effacé, dans les diverses langues de l'Europe, la plupart des rapports que les croisades avaient fait revivre dans la grande famille Celto-latine.

Les VIEILLES LANGUES ne furent d'abord que des dialectes.

La prospérité de la république de Florence, et le plus haut degré de civilisation qui en fut la conséquence, produisit, en Italie, ce que

(1) La critique la plus subtile, dit M. Filarete Chasles, ne découvrirait pas de notables différences entre le style et la manière de Villani, de Froissart, de Joinville, de Ramon Muntaner et de tous les chroniqueurs, quelque diversité qu'il y eût entre leurs esprits. La marque des nationalités ne commence à devenir sensible qu'avec Comines et le grand historien Machiavel. Pendant le moyen-âge, la communauté européenne confondait toutes les nuances des races et des idiomes, et c'est une recherche, selon nous assez stérile, que celle qui a préoccupé récemment de bons esprits, curieux de savoir si les chansons de Goste émanent décidément de la Provence ou du Brabant, des troubadours ou des trouvères. Le fond commun, c'est l'esprit chrétien. Les chantres d'amour Allemands, ressemblent aux Foulquiers et aux Bertrand de Born; ils sont même plus éthérés et plus raffinés que les premiers troubadours d'Italie. Les romances d'Espagne regorgent de grands coups d'épée, aussi bien que les poëmes interminables de la langue d'Oïl. Le génie de ces époques tendait vers l'unité, ou, comme disent les philosophes,

la fortune des armes produisit en Castille. Les comtes de Barcelonne auraient eu un *Cid* que l'Espagne aurait parlé catalan ; ou elle continuerait à parler le portugais, si Lisbonne eût eu sur Tolède les avantages que Paris eût sur les peuples auxquels il fait peu à peu oublier le kimre, le basque et la langue d'*Oc*.

Il est encore utile de comprendre la vieille langue, mais on peut se passer d'en imiter les nombreux idiotismes, les fréquentes ellipses, les discordants accords, la syntaxe illogique, la capricieuse orthographe, la ponctuation anarchique, les phrases interminables et le style diffus et obscur.

LANGUE RÉCENTE. Si le génie de la vieille langue était celui de la haine et de l'isolement, celui des langues récentes a soif d'union et d'amour.

Les peuples de l'Europe ont enfin compris que « *Diversitas linguarum alienat hominem ab homine.* » Que Dieu n'a pas donné la parole aux humains pour les aider à cacher leurs idées, mais pour mettre l'homme en rapport avec l'homme. Aussi voyons-nous, entre les peuples modernes, bienfait de la paix, ce besoin de se rapprocher et de s'entendre qui caractérise notre époque et qui se révèle dans leurs langues par une *tendance européenne*.

---

vers la synthèse, et aboutissaient souvent à la confusion. Le même caractère était commun à Occam et à Abeilard, à Malaspina et à Joinville.

Le mouvement uniforme des croisades et l'entraînement général des races les plus diverses qui s'élançaient vers l'Orient, prouvent assez ce que nous venons de dire. Depuis le quinzième siècle, tout a changé ; à la fusion, a succédé le morcellement ; à l'unité, la diversité. Chacun a retrouvé sa nuance, repris son caractère, et a marché dans sa voie séparée.

Du huitième au quinzième siècle, il n'y a pas encore d'histoire nationale proprement dite ; il n'y a qu'une histoire européenne ; on l'appellera, comme on voudra, chrétienne, féodale ou chevaleresque. Il faut la voir d'ensemble et toute entière, sans cela on ne peut en comprendre les détails, tant les élèments y sont mêlés et confondus. C'est un grand mérite de Voltaire d'avoir aperçu et signalé, dans son ESSAI SUR LES MOEURS, cette communauté européenne. (Compte rendu du LIVRE DE LA CONQUÊTE, de 1203 à 1332, publié par Buchon, sur un manuscrit de la bibliothèque des ducs de Bourgogne). (*Débats*, du 22 Mai 1846).

Les erreurs de notre jugement étant toujours l'effet de l'ignorance des données, ou du cercle étroit dans lequel se meuvent nos idées, les langues, comme les hommes, ne peuvent que gagner en se rapprochant; elles s'enrichissent d'une foule de mots, de tours, d'images et d'expressions nouvelles, et elles acquièrent surtout de la précision, de la clarté dans le style, de la logique, et par conséquent de l'homogénéité dans leur syntaxe.

Nous ne prétendons pas que l'allemand ou l'anglais deviennent par là de l'italien ou du français; mais nous assurerons, et sans crainte d'être contredit, que tout en conservant la faculté d'employer les diverses tournures nationales (1), il y aura, dans les langues romanes, une tournure qui sera aussi correcte dans l'une que dans l'autre de ces langues. Cette tournure est celle que nous conseillons à nos élèves; et aux différences près de ce qui constitue l'idiome, ils la trouveront aussi bien dans la langue française que dans les écrivains espagnols, *algo despreocupados*.

Nous ferons donc autre chose que de donner des règles de syntaxe. Nous tâcherons, comme nous l'avons promis, d'initier l'élève aux différences et aux rapports qui existent entre les deux langues.

---

(1) « Si me empeñase en señalar todas las combinaciones que pueden darse á las palabras en la variada, rica y libre lengua espagnola, quiza no bastaría un volúmen diez veces mayor que este, y al cabo no habría agotado los tesoros de tan abundante minero. » (LENGUA CASTELLANA SEGUN AHORA SE HABLA, p. 99.)

CHAPITRE XXIII.

Nous diviserons ce travail en trois parties : **LES MOTS, LES FLEXIONS ET LES IDIOTISMES.**

DES MOTS.

HOMONYMES DES DEUX LANGUES.

Nous ne prétendons donner ici ni tous les homonymes des deux langues, ni toutes les acceptions dont ils sont susceptibles ; nous nous sommes bornés à en faire connaître les principaux, et à indiquer l'acception dont l'ignorance peut induire en erreur ; puisse notre travail diminuer les écueils contre lesquels sont venus échouer les traducteurs eux-mêmes les plus justement renommés.

S'animer, *acalorarse*.
Animarse, se faire courage.
Pari : *apuesta* et *traviesa*.
Pario, marbre de Paros.
Parler, *hablar*.
Parlar, parler vite ; *parla,* facilité de s'énoncer.
Hache, *destral, segur*.
Hacha, hache et flambeau.
Faim, *hambre*.
Fama, renommée.
Courage, *animo, valor*.
Corage, animosité, rancune.
Cigarra, cigale.
Cigarro, cigarre,
Piedra, pierre et grêle.
Hijo, fils et natif.
Gracias, graces et naïvetés.
Discreto, discret, sage et homme d'esprit.
Ladron (augmentatif de *latro)*, brigand, voleur.
Larron (diminutif), *ladroncillo*.

Largo, long (*luengo*, ne s'applique qu'au temps).
Large, *ancho*.
Leyenda, lecture et légende.
Lectura, lecture et érudition.
Coquette, *mujer afectada y presumida*.
Coqueta, coup de férule sur le creux de la main.
Discurso, discours et bon sens.
Disputa, débat et rixe.
Contestar, n., répondre.
Contester, *impugnar*.
Mandar, commander.
Mander, n., *enviar*.
Mander quelqu'un, a., *llamar á alguien*.
Correr que, se dire que.
Correr, n., courir.
Correr á alguien, confondre quelqu'un.
Gastar, dépenser.
Gâter, *echar á perder*.
Perder á alguien, compromettre quelqu'un.
Se composer, *constar; componerse*, s'arranger.
Prendre, *tomar*.
Prender á alguien, arrêter quelqu'un.
Quitter, *dejar*,
Quitar, ôter, enlever.
Heurter, *chocar*, *topar*, *tropezar*.
Hurtar, voler, longer, esquiver.
Entendre, *oïr*, *sentir*.
Entender, comprendre.
Vicioso, vicieux et vigoureux.
Insolencia, insolence et extravagance.
Sentimiento, sentiment et chagrin.
Partes, côtés et qualités.
Affranchir, *liberar*.
Franquear, mettre à la disposition de quelqu'un.
Agréer, *agradece*.
Agriar, irriter, rendre aigre.

Bigot—te, *santurron, falso devoto.*

Bigote, moustache.

Houille, *carbon de tierra.*

Hule, toile cirée.

Quitate de allí, ôte-toi de là, va-t-en.

Placer, *colocar.*

Placer, plaire ou plaisir.

Aimer les personnes, *amar á las personas.*

Aimer les choses, *gustar á uno las cosas.*

Arrêt, *decreto, auto, sentencia, juicio, decision* et *arresto.*

De l'*arrestado* au *preso*, il y a la différence qui existe entre un homme qui est aux arrêts et celui qui est en prison.

Délibérer, *consultar.*

Deliberar, résoudre.

Fondear, sonder et mouiller.

Forme, *forma* et *horma.*

Le frais, *el fresco;* frai, *hueva ;* frêt, *flete.*

Les frais, *el gasto.*

Fouiller, *escudriñar, buscar cavando.*

Follar, souffler avec un sonfflet.

Feuille, *hoja;* d'un livre, *folio ;* d'un manuscrit, *foja.*

Fuelle, soufflet.

Fonda, hôtel.

Funda, fourreau.

Fonte, *hierro colado, fundicion.*

Fonde, *bajamar.*

Fonts, p. *pila bautismal.*

Fonds, *hacienda*, *caudal.*

Visages, *caras. Cara* signifie aussi page

Visages, grimaces.

Paroissien, *feligres.*

Parroquiano, pratique, chaland.

Épices, *especia.*

Especie, espèce, thême, argument.

Servirse, se servir et obliger quelqu'un

Guéri, guérie, *sanado, sanada.*

Guarida, caverne, repaire.

Garde-robe, *guardaropa* et *lugar escusado* ou *commun*.

Génie, *numen*.

Genio, caractère, inclination.

Mirer, *apuntar*.

Mirar, regarder.

Lever, *alzar;* lever le camp, *alzar el real*.

— l'ancre, *zarpar*.

— des troupes, *poner en pié un ejército*.

— le masque, *quitarse la mascarilla*.

— un acte, *sacar copia*.

— une main, *hacer baza*.

— la main, *jurar, poner la cruz* et *amenazar*.

— un plan, *levantar un plano*.

Le vent se lève, *empieza á soplar el viento*.

Le soleil se lève, *sale el sol*.

Llevar, porter, apporter.

Leva, départ d'un navire et enrôlement.

Pan, *palmo*, (mesure).

— d'une robe, *faldon*, ou *limbo del vestido*.

— d'une chemise, *pañal*.

— d'une muraille, *lienzo de pared*.

Paño, drap; *pañuelo*, mouchoir.

Panne, *unto, felpa, biga*.

Être en panne, *estar en facha al pairo*.

Trapo, chiffon, guenille.

Drapeau, *bandera*.

Trapillo, argent mignon et petit chiffon.

Pape, *papa, el padre santo*.

Papo, le jabot des oiseaux ou le fanon des bœufs.

Estar en papo de buitre, se dit d'une chose tombée dans les mains d'un avare.

Hameau, *lugarejo, aldeilla*.

Amo, hameçon.

Hâler, *curtir, tostar, poner moreno*.

Hallar, trouver.

Hanter, *frecuentar.*

Andar, aller, errer.

Hart, *vencejo, atadero, lazo de ahorcado.*

Harto, suffisant ou suffisamment.

Hartura, hartazgo, rassasiement, satiété.

Robe, *vestido.*

Ropa, effets, bagage.

Donner à entendre, *hacer, creer, engañar.*

Dar á entender, faire connaître, faire comprendre.

Salut, *salvacion* ou *saludo.*

Salud, santé.

Toucher, *tocar.*

Tocar, appartenir, jouer d'un instrument, arranger les cheveux.

Plática, conversation et sermon.

Fin (au figuré), *astuto, sagaz.*

Fino (au figuré), affectionné, fidèle, poli, honnête.

Siège, *sitio, asiento, pescante, juzgado, curia* et *sede.*

Silla, selle et siège.

Sitio, siège d'une ville, maison de plaisance, place; *bienes sitios*, biens fonds.

Radis, *rávanos.*

Raiz, racine, *bienes-raices, bienes sitios.*

Les anciens, *los antiguos.*

Ancienneté, *antiguedad.*

Anciano, vieillard.

Ancianía, }
Ancianidad, } antiquité et ancienneté.

Joli, *bonito.*

Beau, *hermoso.*

Bello, accompli.

Hâter, *dar prisa.*

Atar, attacher.

Atajar, prendre le sentier le plus court, d'*atajo*, sentier de traverse, tiré lui-même de *hatak,* vite, en Arabe.

Hanche, *cadera*, partie antérieure du corps humain.

Anca, synonyme de *nalga*, partie postérieure du corps humain.

Hache, *hacha.*
Hache, nom de la lettre H.
Réparer, *recomponer, retocar, remediar.*
Reparar, faire attention.
Expérimenter, *probar por medio de alguna esperiencia.*
Esperimentar, éprouver, souffrir.
Compte, *cuenta.*
Cuento, conte.
Conde, comte.
Égard, *consideracion.*
Regard, *mirada.*
Resguardo, un reçu ; le corps des douaniers.
Retaguardia, l'arrière-garde.
Vérifier, *averiguar.*
Verificar, exécuter.
S'accorder, *estar de acordes.*
Acordarse, se rappeler.
S'accoster, *acercarse.*
Acostarse, se coucher.
Ermitage, *ermita, eremitorio.*
Ermitaño, hermite, solitaire.
Cimiento, fondement, base.
Ciment, *címento.*
Saison, *estacion.*
Sazon, opportunité ; *á la sazon,* alors.
Desazonado, fâché.
Excuser, *dissimular; dissimule*, v. pardonnez.
Escusar, éviter, justifier.
Dissimuler, *celar*, *ocultar su intencion.*
Assommer, *matar*, *moler, aporrear.*
Asomar, n. poindre.
Asomar, a. faire paraître.
Assoler, *dividir el terreno en hojas para sembrarle.*
Asolar, ravager.
Asolear, exposer au soleil.
Azolar, travailler, planer le bois avec l'*azuela* (l'herminette).

Azular, rendre bleu.

Azulear, tirer sur le bleu.

Assurer, *asegurar*.

Azorar, effarer, d'*azor*, l'*autour*, oiseau de proie.

Azorrarse, être étourdi par la migraine.

Tranche, *cacho, lonja, tajada, tarajon, troza, rabanada*.

Tranchée, *janca*.

Tranchée, colique, *retortijon*.

Tranca, barre de bois. *Trancazo*, coup de *tranca*.

Tranco, long pas que l'on fait quand on heurte contre quelque chose pour conserver le centre de gravité; enjambée.

Trance, péril, moment critique.

Tranquera, palissade.

Tranza, en Aragon, signifie la vente des biens.

Trencas, roseaux dont on garnit les ruches pour servir de règle aux éducateurs d'abeilles.

Trenza, tresse.

Propre, *limpio, apto, peculiar*.

Propio, convenable, semblable, identique.

Propio, subs. messager; *lo propio*, l'apanage, la qualité particulière.

Tenir, *tomar, agarrar, tener firme, dividir*.

Tener, avoir, posséder.

Atrasado, arriéré, traînard.

Adelantado, précoce, insolent.

Adelantado, subs., titre de Castille.

Trait, *tira, flecha, rasgo, trago, trecho, facciones, relato*.

Traite, *letra de cambio, tráfico de negros*.

Trato, manières, table, liaison.

Dépêche, *oficio, pliego*.

Despacho, décret, autorisation, vente, bureau, brevet.

Brevet, *despacho, privilegio*.

Breva, figue de printemps.

Higo, figue d'automne.

CHAPITRE XXIV.

DES PLOUSIONYMES OU MOTS RICHES.

§ 1er.

SUBSTANTIFS.

Almendruco,
Alloza, } amandes vertes.

Almendra, amande ordinaire.

Almofrex, sac de toile grossière pour porter un lit de voyage.

Alizace, fossés pour la fondation d'un édifice.

Almalga, portion de terre entre deux grands sillons.

Afresa, préparation pour étourdir et prendre le poisson.

Alambre, fil d'archal.

Albacea, exécuteur testamentaire.

Tapia, mur de torchis.

Adobe, brique crue.

Albarrada, mur de pierre.

Poredon, gros mur.

Horma, muraille de pierres sèches.

Jorfe, mur de pierres sèches.

Tabique, cloison en briques ou en plâtre.

Pretil, mur d'appui.

Abarca, soulier de cuir cru, assuré autour de la jambe par une courroie en spirale.

Alpargata, soulier de corde tressée.

Esparteña,
Espardeña,
Alborga, } soulier de corde de sparte, tressée.

Alcorque, sandale à la semelle de liége.

Indépendamment du *zapato*, soulier; *zueco*, galoche; *sandalia*, sandale de religieux; *almadreña*, sabot; *bota*, botte; *borcegui*, bottine, etc., dont il y a des variétés incroyables.

Tostada, rôtie au beurre.

Pringada, rôtie à la graisse.

Torrija, rôtie au miel.

Rebanada, tranche de pain ou de melon.

Cacho, tranche d'orange ou d'autre fruit.

Tajada, tranche de viande.

Lonja, tranche de jambon.

Tarazon, tranche de poisson.

Troza, tranche de bois.

Alforza, pli pour raccourcir une robe.

Alegija, bouillie de farine d'orge.

Aliça, bouillie de farine d'épautre.

Gachas, bouillie de farine de froment; on l'appelle aussi *puches*.

Migas, des morceaux de mie de pain frits dans la poêle (Castille).

Gaspacho, aliment très-rafraîchissant composé d'un peu d'huile, de vinaigre, d'ail, d'ognons, de tomates et de beaucoup d'eau froide, où l'on fait tremper des petits morceaux de pain (Andalousie).

Farinetas, bouillie de maïs (Catalogne); on l'appelle aussi *faro*.

Olla,
Puchero, } pot au feu.

Menestra,
Potage, } soupe d'autre chose que du produit du blé et du riz.

Olla podrida, pot au feu contenant un quart au moins de poule, du bœuf, du saucisson, du lard, de l'oreille de porc, des pois chiches, et n'importe quels autres légumes.

Agucia, grand désir.

Cachaza, grande paresse.

Les Espagnols ont une manière très brève de rendre l'adjectif grand, assez nombreux, assez grand, assez fort, suffisant; ils suppriment tout simplement l'article : *no es cosa*, ce n'est pas grand chose.

¿ Quien tendrá BRAZO *para pelear con tantos enemigos?* (GRANADA.)
Qui aura un bras *assez puissant* pour combattre tant d'ennemis.

No habrá AGUA *para todo ese ganado.*
Il n'y aura pas *assez d'eau* pour tous ces chevaux.

Chuzona, femme qui veut savoir toutes les nouvelles du quartier et se mêle plus qu'elle ne devrait le faire des affaires d'autrui.

Adiafa, présents et raffraîchissement que l'on donne aux navires qui arrivent dans un port.

Acequia, canal d'arrosement.

Azarbe, rigole pour l'écoulement des eaux d'irrigation superflue.

Almenara, canal de décharge qui rend à la rivière l'eau superflue.

Ador, le temps fixé pour arroser avec l'eau de l'*acequia*.

Alema, portion d'eau d'arrosement, dont chaque particulier profite à son tour.

Alfarda, droit que l'on paie pour les eaux d'arrosement.

Albuera, *albuhera* et *albufera*, lagune formée par les eaux de la mer.

Alcábala, droits sur tout ce que l'on vend et sur les marchandises.

Alcacel, blé ou orge en herbe que l'on donne pour fourrage, aux chevaux.

Alcandorra, feu que l'on fait pour donner des avis.

Alcuzcuz, millet d'Arabie et la bouillie qu'on en fait.

Alforfon, blé noir.

Maiz, blé de Turquie.

Melampiro, blé de vache.

Alfana, coursier fort et vigoureux.

Alaraca, grande démonstration pour peu de chose.

Sábana, drap de lit.

Lechuza, chat-huant.

Murciélago, chauve-souris.

Oídas, oui-dire.

Geera, marais desséché.

Gazuza, faim dévorante.

Suegro, beau-père.

Cuñado, beau-frère.

Racimo, grappe de raisin.

Abalorio, grain de verre.

Semillas, menus grains.

Pepita, grain de melon, de concombre, etc.

Piracanta, graine d'Avignon.

Cardamomo, graine de paradis.

Alpiste, graine de Canarie.

Aljor, pierre à plâtre.

Asperon, pierre à aiguiser.

Pedernal, pierre à feu.

Talco, pierre spéculaire.

Sandía, melon d'eau.

Sargazo, herbe flottante.

Cracas, herbes marines.

Herrax, le noyau de l'olive après en avoir extrait l'huile.

Alpechin, eau qui découle des olives amoncelées.

Almazara, moulin pour écraser les olives.

Agracejo, olive tombée de l'arbre avant sa maturité.

Gallineta, poule d'eau.

Marica, maricon, poule mouillée.

Sisa, ce qu'un domestique vole à son maître quand il va au marché.

Tranzon, champ semé en bois, et hommée.

Husmo, odeur des viandes un peu passées.

Siesta, repos pendant les heures les plus chaudes de la journée.

Dula, troupeau conduit au pâturage par un berger payé par la commune, dans lequel chaque *vecino* (habitant) a le droit d'envoyer son cheval, sa mule, son âne ou sa vache.

Cinquena, le troupeau dans lequel chaque *vecino* a le droit d'envoyer paître cinq *reses lanares.*

Res, tête de troupeau ; *res vacuna*, bête à corne ; *res lanar*, bête à laine (du *rash*, arabe, tête, pris dans le sens français de tant *par tête*, tant par individu).

Recental, agneau qui tête encore.

Choluno, chevreau qui tête encore.

Mesta, assemblée des maîtres de troupeaux que l'on appelle *ganaderos*. Cette société avait au XVe siècle sept millions de *reses.*

Ganado, troupe de n'importe quels animaux ; *ganado mayor,* gros bétail ; *ganado menor,* petit bétail (1).

---

(1) Outre les mots, plus généraux :

Rebaño, troupeau de bêtes domestiques à laine ; *manada,* troupeau de bêtes

Achaquero, fermier des amendes imposées par la *Mesta*.

Dehesa, le terrain destiné au pâturage.

Rabadan, maître berger.

Piara, troupeau de cochons; et par extension, de juments et de mules.

Recua, convoi de bêtes de somme, une à la file de l'autre.

Hato, tout ce qui compose la maison ambulante du berger.

Abigero, voleur de troupeaux.

Zaléo, la peau d'un mouton à moitié dévoré.

Rebujal, le nombre de *reses* qui dépasse la centaine sans arriver à cinquante.

Duelos y quebrantos, abatis de volaille ou de *reses* mortes par quelqu'accident, dans la semaine.

Abocar, saisir avec la bouche.

Cubil, cueva, guarida, tanière.

Cuadra, écurie pour (les solipèdes) le *ganado de pezuña cerrada*.

Tenada, establo, boyera, étable pour les bêtes à corne.

Ovil, redil, cama, aprisco, bergerie.

Zahurda, pocilga, étable pour les cochons.

Camada, portée : on le dit des petits de tous les animaux.

Coto, *corral*, parc. Le mot *majada* sert à indiquer aussi bien le parc et la bergerie que la hutte du pâtre.

Mojadal, terrain qui a servi de *majada*, terrain foulé, broyé (1).

Comme notre intention n'est pas de faire ici le dictionnaire complet de ces sortes de substantifs, nous passerons aux adjectifs.

---

domestiques et fauves; l'espagnol a un mot spécial pour indiquer la composition du troupeau, mot que l'on compose en faisant terminer en *ada* le nom de l'animal : *borregada*, *barricada*, *carnerada*, *corderada*, *torada*, *vacada*, *yeguada*; on dit *boyada* et *bueyada*, en parlant de bœufs; et *muletada*, en parlant de *machos*, mulets et mules; car, *machada* signifie un troupeau de *machos cabrios* (de boucs). *Yeguaceria* répond à haras.

(1) Nous nous sommes un peu étendus sur les mots qui tendent à prouver ce que nous avons plus spécialement avancé à la page 150 de notre ESSAI SUR LES CELTES que « les peuples Ibériens étaient essentiellement bergers. »

§ II.

ADJECTIFS.

Trashumante, nom que l'on donne au troupeau qui passe de la montagne à la *dehesa*, ou vice-versâ.

Churro, troupeau qu'on ne fait jamais voyager et dont la laine est inférieure.

Mostrenco res, qui n'a pas de maître.

Acogido, troupeau admis au pâturage à de certaines conditions.

Entenado, le fils d'un homme ou d'une femme remariés.

Collazo, frère de lait, garçon de ferme.

Helgado, qui a les dents inégales.

Azogado, on le dit des hommes affectés d'un tremblement involontaire auquel sont sujets les travailleurs dans les mines d'*azogue* (vif-argent).

Adamico, on le dit du terrain d'alluvion déposé par le flux de la mer.

Algaido, couvert de chaume ou de branches d'arbres.

Algaida, on le dit de l'*arena* (sable) entassé par le vent ou un courant d'eau.

Duplice, on le disait des monastères composés de deux corps de bâtiments, l'un pour les religieux et l'autre pour les religieuses.

Candeal, } noms qu'on donne au *trigo* (froment) de première
Alborejo, } qualité.

Alicaido, ayant les ailes abattues, humilié, déchu. L'espagnol a formé une grande quantité de ces adjectifs composés en forme d'ablatif absolu.

Aliquebrado, ayant les ailes brisées.

De *barba*, barbe, on a fait :

Barbiteñido, ayant la barbe teinte.

Barbilampiño, imberbe.

Barbiblanco, } à la barbe blanche.
Barbicano, }

Barbinegro, — noire.

Barbirojo, — rouge, etc.

De *boca*, bouche, on a fait *boquiabierto*, *boquirubio*, etc.

De *cabeza,* tête, *cabizbajo, cabiztuerto,* etc.

De *cara,* visage, *cariredondo, carigordo,* etc.

De *cascos,* caboche, *casquilucio, casquivano,* etc.

De *casco,* l'ongle, le sabot du cheval, *casquiblando, casquimuleño,* etc.

De *mano,* main, *maniatado, maniroto,* etc.

De *ojo,* œil, *ojinegro, ojizaino,* etc.

Ojizorco signifie simplement aux yeux bleus, en parlant d'une personne ; mais appliqué à un solipède, il signifie VAIRON, aux yeux inégaux.

De *pata,* pattes, *patituerto, patizambo.*

De *pelo,* poils ou cheveux, *pelicorto, pelitieso.*

De *pierna,* jambe, *perniabierto, perniquebrado.*

De *rabo,* queue, *rabicorto, rabilargo.*

De *rostro,* visage, *rostrituerto.*

De *zanca,* patte d'oiseau, *zanquituerto,* cagneux ; *zanquivano,* aux jambes longues et maigres.

Lorsque ces adjectifs se prennent au figuré, ils sont un peu familiers.

Adonado, comblé des dons de Dieu.

L'espagnol a cent adjectifs terminés de cette manière : *adamado, amugerado, amuchado,* etc., ainsi qu'en *udo, uno, eño, esco, iego, al* et *il,* formés d'un substantif.

Bocudo, qui a la bouche grande.

Narigudo, qui a un grand nez, etc.

Perruno, qui appartient au chien.

Ovejuno, qui tient du mouton ou de la brebis.

Asnal, muleño, frailesco, mugeriego ou *mugeril,* etc. sont de ce nombre.

N. B. Tandis que *barbon* signifie barbu, *pelon* et *rabon* signifient sans poil et sans queue.

§ III.

DES VERBES.

Alborear, } se faire jour.
Amanecer, }

Anochecer, se faire nuit.

Madrugar, se lever de bon matin.

Acorrullar, rentrer les rames quand le vent et le courant le permettent.

Acosar, poursuivre avec acharnement.

Acotar, planter des bornes.

Acreer, prêter sur gage.

Adiar, fixer un jour.

Aferir, marquer les poids et mesures.

Afinojar, mettre à genoux.

Agamitar, contrefaire le cri du jeune daim.

Ajordar, crier jusqu'à s'enrhumer.

Albeldar, séparer la paille du grain avec la fourche.

Holgar, ne rien faire d'utile.

Adocenar, ranger par douzaine; et fam., compter pour peu de chose.

Alfar, lever trop les jambes de devant, en parlant des solipèdes domestiques.

Alancear,
Asaetear,
Apalear,
Abotonar,
Acabar,
Acampar,
Acanalar,
Acarrear,
Abobar,
Abultar,

Il est facile de voir le mécanisme de ces verbes composés de *lanza, saeta, palo, boton, cabo, campo, canal, carro, bobo, bulto*. On leur donne un *a* pour prefixe et la flexion verbale. Il faut pourtant observer que si le substantif est vicieux, le verbe revient, à l'infinitif, au radical étymologique. *Apedrear* de *piedra (petra)*, *apernar* de *pierna, perna* lat. du *berr* *welsh (crus, tibia)*. Si le substantif commence par un *r* qui est toujours fort quand il est initial, on en conserve le son fort en le redoublant: *arrendar* de *renta*, *arracimar* de *racimo*, *arrostrar* de *rostro*. Tous ces verbes indiquent une action faite avec la chose nommée par le substantif, ou à l'imitation de la chose. Ceux qui sont composés d'un adjectif, comme *ablandar, achicar, afear*, etc., de *blando, chico, feo*, signifient faire partager la qualité exprimée par l'adjectif. Quelquefois on met *en*, pour préfixe, au lieu d'*a*.

Ahetrar,
Enhétrar, } embrouiller.

Acorbar,
Encorbar, } courber.

Acumbrar }
Encombrar, } embarrasser.

Les verbes ainsi formés qui trouvent déjà un autre verbe du même radical en *ar*, se terminent en *ear*.

Asolar, ravager ; *asolear,* exposer au soleil.

Colar, couler ; *colear,* remuer la queue.

TERMINAISON QU'ILS PEUVENT PRENDRE AUSSI PAR PURE EUPHONIE.

Hermosear, embellir.

Deletrear, épeler.

OU POUR DONNER LE CARACTÈRE FRÉQUENTATIF AU VERBE.

Pordíosear, aller demandant l'aumône *por Dios* (1).

Pasear, se promener (passer et repasser).

Menudear, répéter, réitérer un acte.

Aldabear, frapper souvent à la porte.

Clamorear, ennuyer avec ses supplications et ses plaintes répétées.

Nous nous arrêterons ici. Pour donner une idée de la richesse relative des deux langues, qu'il suffise de dire que des deux dictionnaires de Taboada, le français n'a pas 1,000 pages, et la partie espagnole 1,392. Or, on voit qu'avec plus de 400 pages sur deux colonnes, en grand in-8°, il y aurait de quoi faire un volume.— Et Taboada a-t-il tout dit dans son dictionnaire ? S'il y a une chose sur laquelle sont d'accord tous les littérateurs qui connaissent bien les deux langues, c'est qu'un dictionnaire international bien fait, complet, est encore un de-

(1) L'espagnol a aussi formé le substantif *pordiosero*. Ce *ero* répond au ier ançais. *Platero, sombrerero, zapatero, de plata, sombrero, zopato*, etc., argenier, chapelier, cordonnier. Cet affixe veut-il dire maître ? En espagnol, *señor maestro* est le titre que l'on donne à l'artisan, pour ne pas l'appeler *señor* tout court, qui équivaudrait à *caballero*. Or *maestro*, maître, était *erer* en sabin, *herus* en latin, *heer* en hollandais, *herr* en allemand, *heere* en flamand, *herre* en suédois et danois, *herra* en finnois, *hærra* en lapon, *ur* en hongrois ; et d'après Saint-Clément d'Alexandrie, *er* était le titre donné à Joroastre, fils de *Pourousha*, le feu ; ce qui rappelle celui de *ro* et *hré* que les Égyptiens donnaient au sole l'*our* hébreu, le *ner* arabe, le *nira* pehlvi, le *noura* chaldéen, le *nouro* syriaque, qui signifient la lumière ou le feu ; et enfin le *ner* kimre et le *har* et *nara* sanscrit, qui, ainsi que le *der* arménien, signifient encore maître, seigneur.

siderátum. Gattel a mieux fait que Cormon : Capmany a sensiblement enrichi ce dernier. Taboada a beaucoup amélioré les dictionnaires français-espagnols et espagnols-français. On doit savoir gré aux travaux de l'infatigable Salvá, et à la critique, quelque peu caustique, de Pedro Martinez Lopez (1); le dictionnaire abrégé du Consul mexicain a son mérite, ainsi que le dictionnaire de poche de Quintana, et les vieux, mais excellents dictionnaires de M. de Séjournant; cependant un bon dictionnaire international *queda todavía por hacer*.

Il y a peut-être une autre espèce de richesse relative dans la langue espagnole, et c'est lorsque le français n'a qu'un mot pour exprimer des idées différentes, tandis que l'espagnol a autant de mots qu'il en faut pour préciser chaque idée. Ainsi, par exemple, le mot RETRAITE a trois acceptions différentes, et chacune d'elles est exprimée par un mot spécial en espagnol (v. p. 200).

Il y a beaucoup d'idées que cette espèce de richesse permet aux Espagnols d'indiquer avec plus de précision, comme nous le verrons aussi en parlant de la deuxième espèce d'ÉBIONISME, p. 205, et dans les SYNONYMES RELATIFS, p. 208.

---

(1) Nous ne parlons pas de son dictionnaire, parce que nous ne le connaissons pas encore.

CHAPITRE XXV.

DE L'ÉBIONISME OU MANQUE DE MOTS.

Il est de deux sortes : il y a des mots qui ne peuvent être rendus par un autre mot, et il y en a qui sont à la fois le signe d'idées diverses.

§ I.

PREMIÈRE ESPÈCE D'ÉBIONISME.

Ce qui est *plousionisme* dans une langue est *ébionisme* dans l'autre; nous avons vu qu'il y a des idées simples et composées que l'espagnol peut rendre par un seul mot, et qui en demandent plusieurs en français.

Embromar, conter des sornettes.

Trillar, battre le blé.

Palmear, battre des mains.

Escaso, qui n'a pas son poids ou sa mesure complète.

Bastidor, métier à broder, etc.

Nous allons donner la liste des idées qui se trouvent dans le cas opposé; bien entendu que nous n'y comprendrons pas ceux dont nous avons parlé dans la page précédente; tels que :

Retiro, retraite du service.

Retirada, retraite, la marche réelle de l'armée qui recule.

Retreta, l'heure à laquelle les militaires rentrent à la caserne, ou le son du tambour qui l'annonce; car ici au lieu de pauvreté, il y a précision; nous donnerons les mots qui n'ont pas de correspondants:

Ferraille, *hierro viejo.*

Écran, *abanico de cheminea*,

Enjouement, *buen humor.*

Fauteuil, *silla de brazos.*

Menthe, *yerba buena.*

Morelle, *yerba carmin.*

Morgeline, *yerba pajarera.*

Seneçon, *yerba cana.*

Fagot, *haz de leña.*

Fromentale, *avena descollada.*

Débacle, *deshielo repentino de un rio.*

Agacerie, *mañas para atraer.*

Fantassin, *soldado de infantería.*

Halle, *lonja cubierta.*

Coquetterie, *afectation en el vestir, hablar, mirar, mover ó colocarse, con el objeto de parecer bien.*

Agrès, *aparejos de un navío.*

Loisir, *tiempo desocupado.*

Arche, arcade, *ojo de puente.*

Arceau, *arco de bóveda, d. ventana, puerta,* etc.

Archet, *arco de violin.*

Arête, *espina de pescado.*

Pose, *postura que toma u bailarin sobre el teatro, la de la persona que sirve de modelo á un pintor, ó el tiempo que se emplea en ello á cada,* séance.

Séance, *el tiempo que queda uno sentado ya como presidente ó miembro de una junta, ya dando ó recibiendo lecciones de alguna ciencia, ya pintando á otro, ya sirviendo de modelo al artista.*

Royauté, *la dignidad real, sus prerogativas y todo lo que forma su esencia.*

Passe-partout, *llave maestra.*

Pelisse, *ropa aforrada con pieles.*

Rasoir, *navaja de afeitar.*

Ratelier, *rastrillo de pesebre.*

Robinet, *llave de fuente, de cuba,* etc., *canilla de tonel.*

Rôle, *papel de comedia.*

Roulis, *balance del navío.*

Sablier, *reloj de arena.*

Salsifis, *barba cabruna.*

Succès, *buen suceso.*

L'ordre, *el buen orden.*

Les mœurs, *las buenas costumbres.*

Le goût, *el buen gusto.*

L'essence, *la quinta esencia.*

Exepté *humeur* qui est pris en mauvaise part en français, et en bonne part en espagnol, tous les substantifs elliptiques se prennent en bonne part en espagnol. Les suivants se rendent ainsi :

Les fortunes, *los bienes de fortuna*; il a de la fortune, *es rico.*

Le globe, *el globo terraqüeo.*

Le linge, *la ropa blanca.*

Épices, *especias aromáticas.*

Le portefeuille, *el portafolio ministerial.*

La Porte, *la Puerta Otomana.*

Les États, *los Estados generales.*

La Charte, *la Carta constitucional.*

Les Pères, *los santos Padres.*

Chance, tact, sort, oreille, sens, sentiment, accompagnés d'une négation, supposent ces substantifs pris en bonne part.

Il n'a pas de chance, de tact, de sort, d'oreille, de sens, de sentiments, etc., signifient donc : de bonne chance, de tact exquis, de sort favorable, d'oreille juste, de bon sens, de sentiments délicats.

Tabatière, *caja de tabaco.*

Taie, *funda de almohada.*

Taillis, *bosque de corte.*

Tannière, *cueva de fiera.*

Tric-trac, *tablas reales.*

Vermeil, *plata sobredorada.*

Volet, *postigo de ventana.*

Principauté, *principado y todo lo que compone la dignidad del principe.*

Guéridon, *mesita redonda para cosas de poco peso.*

Hoyeau, *azada bidente.*

Hure, *cabeza de jabalí.*

Immeuble, *bienes raïces.*

Lande, *arenal inculto.*

Lingot, *barra de metal.*

Manœuvre, *peon de albañil.*

Marguillier, *mayordomo de fábrica.*
Ménagère, *mujer economa.*
Mésalliance, *casamiento con persona de condicion muy inferior.*
Meute, *sarta de perros de caza.*
Mitaine, *guante sin dedos.*
Narines, *ventanas de la nariz.*
Orteil, *dedo del pié.*
Papeterie, *molino de papel.*
Paroissien, *libro de horas.*
Parterre, *cuadro de verdura* ou *de flores.*
Passe-partout, *llave maestra.*
Exclusivisme, *error de los hombres poco ilustrados, que tomando por limites de lo posible los de sus cortos alcances, niegan lo que ignoran, condenan los gustos que no tienen, ó preocupados de un hecho, en lugar de decir que* ECSISTE *dicen que* ES EL SOLO QUE ECSISTE.
Bigot, *Falso devoto, ó de afectada y supersticiosa devocion.*
Bécassine, *gallineta ciega.*
Brigand, *salteador de caminos.*
Brochure, *la accion de encuadernar á la rustica, o libro de pocas hojas sin encuadernar.*
Boulet, *bala de cañon.*
Caserne, *cuartel de soldados.*
Chevet, *cabecera de la cama.*
Côtelette, *costilla de carnero.*
Cognet, *rollo de tabaco.*
Damier, *tablero de damas.*
Écusson, *escudo de armas.*
Édredon, *almohada de plumas ligeras para poner sobre los piés.*
Évier, *vertedero de las enjuagaduras de la cocina.*

ADJECTIFS.

Agé de, *á la edad de.*
Endimanché, *vestido de fiesta.*
Blasé, *se dice de una persona que a fuerza de abusar de toda especie de placeres ha llegado a embotar por tal manera su sensibilidad que todo se le hace ya indiferente ó fastidioso.*

Évasé, *ancho de boca.*
Évincé, *despojado juridicamente.*
Fiancé, *prometido en matrimonio.* L'espagnol *desposado* est trop vague.
Flûté, *sonido de la voz que imita la flauta.*
Garance, *del color que se forma con la raiz de la rubia tintorum.*
Parvenu, *hombre de fortuna.*

VERBES.

Hâter, *dar prisa.*
Gâcher, *amasar el yeso.*
Allaiter, *dar de mamar.*
Coiffer, *componer el pelo de la cabeza* ou *cubrirla.*
Agréer, *aceptar con agrado.*
Déménager, *mudarse de casa.*
Décapiter, *cortar la cabeza.*
Désaltérer, *apagar la sed.*
Démasquer, *quitar la máscara.*
Détailler, *vender por menudo.*
Dégraisser, *quitar la gordura, el sebo, ó las manchas de mugre.*
Déplacer, *mudar de puesto.*
Dépiler, *quitar el vello con algun caustico.*
Brocher, *encuadernar à la rustica.*
Ménager, *tener considéraciones.*
Se ménager, *cuidar de sí, conservarse.*
Brusquer, *tratar con discortesía, obrar sin consideraciones.*
Déborder, *salir de madre.*
Chatouiller, *hacer cosquillas.*
Efflanquer, *poner trashijado.*
Effleurer, *tocar, tratar* ou *quitar la superficie de las cosas.*
Ecourter, *diminuir lo largo de alguna cosa, cortandola.*
Improviser, *hacer versos de repente.*
Lorgner, *mirar de soslayo.*
Patienter, *tener paciencia.*
Patiner, *andar con patines.*
Placarder, *fijar carteles.*
Aviser, *tomar, los soberanos, el parecer de sus consejeros*

Se raviser, *cambiar de parecer.*

Relayer, *mudar de caballos.*

Reprocher, *echar en cara, dar en rostro.*

Retrouver, *volver á hallar.*

Rappeler, *volver á llamar.*

Ramener, *volver á llevar.*

Refaire, *volver á hacer.*

Revoir, *volver á ver,* etc.

Un grand nombre de verbes réitératifs se rendent par le verbe *volver,* comme nous l'avons déjà dit à la page 125.

Riposter, *replicar con agudeza, volver la pelota.*

Sévir, *castigar severamente.*

Tâtonner, *andar á tientas.*

Toiser, *medir á brazas.*

Tourner, *dar vueltas* (arrondir, *tornear.*)

§ II.

Une autre espèce d'*ebionisme* consiste à n'avoir qu'un seul mot pour exprimer des idées différentes.

Le français en a beaucoup. Jet, *tiro, vástago, chorro.*

Quartier, *cuarto, barrio, cuartel, cresciente, menguante, pedazo.*

Enveloppe { de blé, *zurron.*
de maïs, *concho.*
d'une plante, *tela.*
d'une lettre, *cubierta.*

Pouce, *pulgar, pulgada.* Adresse, *sobre, habilidad* et tant d'autres.

L'espagnol en a moins, beaucoup moins, mais il en a aussi.

Perdigon, perdreau et le plomb qui le tue.

Sueño, songe, somme et sommeil.

Pellizco, pincée et pinçon. *Presa,* serre et proie.

Cuarto, étage, chambre et monnaie.

Piedra, pierre, grêle. Il est vrai que dans ce dernier cas on dit aussi *granizo* et *grañuela;* mais certains mots, comme *liga,* qui signifie tout à la fois ligue, alliage, jarretière, gui ou glu, sont des mots absolument pauvres.

CHAPITRE XXVI.

DES SYNONYMES.

Les synonymes sont absolus ou relatifs.

DES SYNONYMES ABSOLUS.

Asno, *burro*, *jumento*, *borrico*, âne.

Entenado, *alnado*, *hijastro*, beau-fils, quand il ne signifie pas *yerno*, gendre.

Alhucema, *espliego*, lavande.

Alfóndiga, *alfolí*, dépôt public de grains.

Afrecho, *salvado*, son.

Agebe, *alumbre*, alun.

Acrebite, *azufre*, soufre.

Almocrate, *aguajaque*, *armoniaco*, amoniaque.

Ahorro, *economía*, économie. L'effet et la cause.

Alambique, *alquitara*, alambic.

Alarife, *sobrestante*, maître maçon.

Albedro, *madroño*, arbousier.

Alauda, *alondra*, alouette.

Alboheza, *malva*, mauve.

Alcaller, *alfarero*, potier.

Alcazuz, *oroguz*, *regaliza*, reglisse.

Oliva, *aceituna*, olive.

Alohela, *endivia*, endives.

Alcroco, *azafran*, safran.

Alcuza, *aceitera*, l'huilier.

Alajú, *joya*, *alhaja*, bijou.

Alfadía, *cochecho*, *soborno*, concussion.

Alfagema, *barbero*, barbier.

Alfalfa, *mielga*, luzerne.

Alfayate, *sastre*, tailleur.

Alferez, subteniente, sous-lieutenant.
Alpicoz, cohombro, pepino, concombre.
Alfombra, alquetifa, tapete, tapis.
Alfoz, comarca, distrito, district.
Alhadida, malaquita, oxide de cuivre.
Aliara, cuerna; corne de cerf ou de daim.
Aljaba, carcax, carquois.
Aljaraz, campanilla, esquila.
Almofariz, almirez, mortier pour piler.
Almiar, fenil, grenier à foin, etc.

Quelques uns de ces mots, il est vrai, sont plus en usage dans une province que dans l'autre; un petit nombre a vieilli, et nous concédons encore que quelques autres seraient plus élégamment employés dans un style que dans l'autre, mais si l'on pense que nous n'avons fait qu'effleurer l'initial *a*, il restera plus que prouvé qu'il existe des *synonymes absolus.*

L'Espagnol ne fait absolument aucune exception aujourd'hui entre :
Asno et *burro,* âne.
Burla, chufa et *mofa,* moquerie,
Oliva et *aceituna,* olive.
Puerco et *cochino,* } cochon.
Cerdo et *marrano,* }
Patarata et *chilindrina,* sornette.
Giba et *joroba,* bosse.
Manojo et *hacecillo,* } botte de fourrage.
Haz et *atado,* }
Broquel et *adarga,* bouclier.
Abismo et *sima,* } abîme.
Precipicio et *despeñadero,* }
Cerro et *collado,* colline.
Fin et *termino,* fin.
Bosque et *selva,* forêt.
Acaecer, suceder et *acontecer,* arriver.
No obstante et *sin embargo,* néanmoins.
Bobo et *tonto,* sot, etc.

Et la raison est que la synonymie est ici naturelle, c'est-à-dire formée par des mots qui signifiaient la même chose dans des langues différentes, comme l'*oliva* latin, et la *zeytuna*, arabe, ou par la conservation habituelle d'un mot qui a survécu à la chose qu'il désignait, en concurrence avec celui qui nomme celle qui l'a remplacée, comme *alferez* et *subteniente*. Et pour faire voir que notre opinion n'est pas absolue et que nous savons fort bien qu'il y a des mots qui ne sont représentés que par un seul, en français ou en latin, et ne sont cependant pas synonymes, nous rappellerons la liste que nous avons déjà donnée, des plousionymes, et qu'il nous serait facile de grossir à la simple inspection de presque chaque page du dictionnaire.

SYNONYMES RELATIFS.

Dent, *diente; muela*, dent de devant et dent molaire.

Pouce, *pulgar ; pulgada*, pouce, le doigt et la mesure.

Poussière, *polvo* ; *polvareda*, poussière et tourbillon de poussière.

Prochain, *prójimo ; psócsimo*, le substantif et l'adjectif.

Feuille, *hoja ; foja*, la feuille d'un arbre et celle d'un manuscrit.

De HOSTIS, *hueste* et *huesped*, l'ennemi et l'hôte.

De OVUM, *huevo* et *hueva* ; de SPINA, *espina*, *espino*, *espinazo*, etc.

DES PARONYMES.

Il y en a de deux espèces :

Ceux qui le sont également en espagnol et en français, comme :

Recorrer, parcourir.

Recourir, *recurrir*, *acudir*.

Nous avons donné assez d'exemples de ces paronymes dans les homonymes ; nous ne nous occuperons ici que de ceux qui le sont uniquement par rapport à l'espagnol.

Nous n'appellerons pas paronymes, les mots qui ont la même signification, et auxquels une altération dans l'orthographe a seul fait éprouver quelque modification ; ainsi :

Admósfera et *atmosfera*, atmosphère.

Alfóndega, alhóndiga et *alfóndiga*, halle aux blés.

Almóndiga et *albóndiga*, boulette de viande.

Aljofaina et *jofaina*, cuvette.

Agrimonia et *acrimonia*, acrimonie, etc.
ne sont qu'un mot pour un autre ou plutôt le même mot.

Nous augmenterons la liste de ceux que nous avons déjà fait connaître dans l'exercice de lecture, page 10.

Azafata, dame d'honneur.
Azafate, bassin, plateau.
Alarida, vacarme, plusieurs voix.
Alarido, cri, hurlement.
Albarran, célibataire, sans feu ni lieu.
Albaran, écriteau des maisons à louer.
Alcausil, artichaut sauvage.
Alguacil, sbire.
Alcalde, le maire.
Alcaide, le concierge, le geôlier, le châtelain.
Aborrir, *aborrecer*, haïr, aborrer.
Aburrir, ennuyer.
Abalorio, grain de verre.
Abolorio, héritage paternel.
Canas, cheveux blancs.
Cañas, des roseaux.
Sandia (de *sandio*, *necio*, sot), sotte.
Sandía, melon d'eau.
Acoro, flambe (plante).
Acorro, *socorro*, secours.
Acarado, confronté; *careado*.
Acarrado, mis à l'abri du soleil, en parlant du bétail.
Aforar, accorder des priviléges, jauger les liquides.
Aforrar, doubler une robe, un habit.
Acibarar, rendre amer.
Acibarrar, jeter avec force une chose contre l'autre.
Troba, pièce de poésie.
Tropa, troupe.
Cero, zéro; *cerro*, colline.
Sebo, suif; *cebo*, amorce.
Ceño, regard courroucé.
Seno, sein; *señal*, signe; *sueño*, songe.

CHAPITRE XXVII.

DES FLEXIONS RELATIVES.

Ble, *ble*, abominable, invisible, noble, insoluble (1)

Age,
- *aje:* potage, page, passage, abordage, *potaje, paje, pasaje, abordaje.*
- *ago:* aréopage, *areópago*; ictyophage, *ictiófago*; et les autres dérivés du grec.

Aire - *ario*, arbitraire, salutaire, salaire — *arbitrario, salutario, salario.*

Al, El, — *al:*
- végétal, minéral, national — *vejetal, mineral, nacional.*
- sel, missel, manuel — *sal, misal, manual.*

Eau, — *el:*
- cordeau, pinceau, tonneau — *cordel, pincel, tonel.*
- cartel, miel, fiel — *cartel, miel, hiel.*

An, Ain, *ano:* tyran, paysan, gallican, *tirano, paisano, galicano*; main, nain, sain, *mano, enano, sano.*

Ance, Anse,
- *ancia:* France, élégance, pétulance, *Francia, elegancia, petulancia.*
- *anza:* défiance, pitance, danse, *desconfianza, pitanza, danza.*
- *cion, sion:* vacance, *vacacion*; délivrance, *liberacion*; séance, *sesion.*

---

(1) Il ne faut pas s'imaginer que les analogies, indiquées dans cette liste, soient générales; c'est au contraire l'écueil des paresseux qui, pour ne pas chercher dans le dictionnaire, croient avoir traduit le mot français en espagnol, en lui donnant certaine désinence. Ainsi on trouvera beaucoup de mots comme les suivants :

Charitable, *caritativo.*	Semence, *semilla.*	Caractère, *carácter.*
Honorable, *honroso.*	Savant, *sabio.*	Danseur, *bailarin.*
Nuisible, *nocivo.*	Mordant, *mordente.*	Vie, *vida.*
Puissance, *potencia.*	Singulier, *singular.*	Age, *edad.*
Bienveillance, *cariño.*	Amer, *amargo.*	Humide, *húmedo*, etc.

AN, ANT, | *an, ante:* faisan, *faisan;* forban, *forbante;* négociant, *negociante;* galant, *galan.* Les participes de la première conjugaison *ando: formando;* les autres: *iendo, siendo, durmiendo.*

ENCE, *encia:* déférence, connivence, clémence, *deferencia, connivencia, clemencia.*

ENT, | *ente:* président, équivalent, négligent, *presidente, equivalente, negligente.*
iente: dent, quotient, serpent, *diente, cociente, serpiente.*
ento: violent, instrument, tourment, *violento, instrumento, tormento.*
iento: cent, vent, sarmant, *ciento, viento, sarmiento.*

ÈRE, subs. *erio:* mesentère, ministère, baptistère, *mesenterio, ministerio, bautisterio.*

ÈRE, adj. *ero:* austère, sincère, sévère, *austero, sincero, severo.*

ERT, *ierto:* ouvert, concert, couvert, *abierto, concierto, cubierto.*

ÈS, *eso:* accès, congrès, progrès, *acceso, congreso, progreso.*

EUR, subs. *or:* fleur, faveur, douleur, *flor, favor, dolor.*

EUR, EUSE, adj. *dor-á:* pécheur, pécheresse, *pecador, pecadora.* (V. la page 88).

EUX, EUSE, *oso-a:* fâmeux, douteux, vicieux, *famoso, dudoso, vicioso.*

ICE, | *icio*, m. solstice, novice, préjudice, *solsticio, novicio, perjuicio.*
icia, f. malice, milice, avarice, *malicia, milicia, avaricia.*

IDE, | *a:* noms *communs* se rapportant à l'homme, *homicida* (1), et les subs. *Armida, cantárida, hidátida.*
o, adj. torride, lucide, sordide, *tórrido, lúcido, sórdido.*

---

(1) Les Espagnols terminent en *a* beaucoup de noms grecs et latins (communs) se rapportant à l'homme.

Persa, profeta, levita, bautista, helenista, artista, coronista ou *cronista, articulista, tetrarca, exarca, patriarca, sibarita, cura, ebanista, publicista, molinista, ipócrita, eremita, consueta, areopagita, jesuita, poeta, trapista.* Mais les noms *propres* terminent ordinairement en *o*: MARCO, ARISTARCO, PLUTARCO, CRISTO, SISTO, ARIOVISTO, RITO, VITO, AGAPITO, etc.

IE, *ía*, *ia* : théologie, magie, astronomie, *teología*, *magia*, *astronomía*.

IER, IERE, *ero*, *era* : fier, portier, carrière, *fiero*, *portero*, *carrera*.

ITE, { *ita*, *ite*, } masc. (communs) se rapportant à l'homme, *levita*, *jesuita*, *sibarita*; et les fém. *mita*, *órbita*; *límite*, *anfitrite*.

ISTE, *ista*, artiste, trapiste, liste, ***artista***, ***trapista***, ***lista***.

MENT, { subs. ***ento*** : aliment, ornement, serment, *alimento*, ***ornamento***, ***juramento***. ***iento***: régiment, ***regimiento***; entendement, ***entendimiento***; assortiment, ***surtimiento*** (1).

OIRE, { ***oria***: victoire, gloire, mémoire, ***victoria***, ***gloria***, ***memoria***. *orio* : conservatoire, directoire, auditoire, *conservatorio*, ***directorio***, ***auditorio***.

ON et SION : pion, coton, cession, vision, ***peon***, *algodon*, *cesion*, ***vision***.

SON, *zon*: raison, tison, salaison, fig. ***razon***, ***tizon***, *salazon*.

TION, *cion* : attention, portion, ration, *atencion*, *porcion*, *racion*.

TÉ, *dad* : bonté, probité, charité, ***bondad***, ***probidad***, ***caridad***.

U et UDE, *ud et umbre* : vertu, gratitude, servitude, *virtud*, *gratitud*, ***servidumbre***.

---

(1) Malgré cela, les noms qui terminent en *miento*, en espagnol, ne dérivent pas ordinairement du *ment* français : *Escarmiento*, exemple; *cimiento*, base; *agradecimiento*, reconnaissance; *atrevimiento*, audace; *ardimiento*, hardiesse; *nombramiento*, nomination, etc. Ce *miento*, mis à la place de l'*r* de l'infinitif, signifie *l'action* exprimée par le verbe. *Cerramiento*, l'action de *cerrar*; *pronunciamento*, l'action de prononcer ou de se prononcer, etc.

Est-ce une altération de l'*amentum*, *omentum*, *momentum* latin (lien, enveloppe, intensité du mouvement)? Est-ce le *ment* celte (grandeur)? le *mendi* cantabre (tas)? le *munat* arabe (pouvoir)? Nous ne le dirons pas. Sur huit cents noms français en *ment*, il n'y en a pas vingt tirés du latin. Et ce ne sont que ceux qui ont conservé l'orthographe et la signification latine, qui terminent en *mento* en espagnol : *elemento*, *condimento*, *sacramento*, *fondamento*, etc.; mais *libramiento*, qui signifie délivrance et non pas balancement, termine en *miento* ainsi que *sarmiento* et *mandamiento*, que l'on peut regarder comme deux exceptions à cette règle.

CHAPITRE XXVIII.

DES IDIOTISMES.

Idios en grec signifie *propre*, *particulier*, *séparé*, *isolé*, et c'est de ce mot que l'on a fait celui d'*idiotisme*, qui signifie *locution nationale*.

S'il faut qu'un bon traducteur connaisse à fond la langue du texte, et possède toutes les richesses de celle dans laquelle il veut le rendre, il lui faudra surtout la science des idiotismes.

Quand un élève rencontre une phrase dont il ne comprend pas le sens, il doit d'abord s'assurer : 1° de la valeur directe et figurée des mots qui la composent ; 2° en faire l'analyse, ajoutant ce que le génie de la langue a permis de supprimer, et redressant ce que l'inversion a déplacé ; mais si après ce travail il ne comprend pas encore le sens de la phrase, il doit supposer que c'est un idiotisme.

Pour comprendre l'idiotisme, il faudrait se transporter dans le pays habité par le peuple dont on traduit la langue, afin d'en connaître et en étudier le climat, le sol, les produits, la religion, les habitudes, l'histoire, les lois. C'est ce qu'ont dû faire ceux qui les ont recueillis et expliqués.

La septième loi de Romulus était ainsi conçue :

« Qui fruges excantassit Cereri sacer esto. »
Qui les blés aurait ensorcelé, à Cérés sacré soit.

Ceci n'aurait pas de sens si l'histoire ne nous faisait connaître la superstition des Romains à cette époque reculée, et si Trebatius, dans Macrobe, ne nous eut dit qu'être sacré aux Dieux, était synonyme d'être égorgé sur leurs autels, et que *hominem sacrum jus erat occidi*, qu'il était permis de tuer partout où on le rencontrerait, l'homme voué aux Dieux. (Sat. lib. III, ch. VII.)

Il en est de même de l'idiotisme suivant :

« *Ad pileum servos vocare* » donner la liberté aux esclaves.

Il faut savoir que le bonnet était le signal de liberté, pour en trouver le sens.

Nous allons diviser les idiotismes de la langue espagnole en plusieurs paragraphes.

RELIGION.

Ave Maria, dit en frappant à la porte, signifie *puis-je entrer?*

Un ave Maria, en parlant de temps, signifie *un instant.*

Al ave Maria, sur le fait de la nuit, *à l'Angelus.*

Alma de Dios, bon diable.

Alma en pena, homme plein de tristesse.

Como canta el abad, responde el sacristan, tel maître, tel valet.

Habla el évangelio, il dit vrai.

Dineros del sacristan cantando se vienen cantando se van, ce qui vient au son du tambour s'en va au son de la flûte.

Tiene bula para todo, il a carte blanche.

Muchas candelillas hacen un cirio pascual, les petits ruisseaux font les grandes rivières.

La noche es capa de pecadores, la nuit sert de voile aux méchants.

Veremos en que pararán estas misas, nous verrons comme ceci finira.

Encomendarse a un buen santo, choisir un bon protecteur.

Irse con la limosna y el santo, s'emparer du bien administré, ou de la volonté d'une personne dont on s'est fait le directeur.

Si deux personnes se quittent, celle qui reste dit à celle qui s'en va : *vaya v. con Dios*, adieu, portez-vous bien ; et celle qui part dit : *quede v. con Dios*, restez avec Dieu.

Il n'y a pas longtemps, et cela arrive encore dans quelques provinces, à l'un ou à l'autre de ces deux saluts on répondait : *y v. con la virgen*, et vous avec la Vierge.

El santo signifie le mot d'ordre, qui est toujours le nom d'un saint en Espagne, uni à celui d'une ville qui commence par la même initiale.

Estar entre la cruz y el agua bendita, être à deux doigts de sa perte.

Hacer cruces, être à jeûn ; *hacerse cruces,* être étonné.

Es para alabar á Dios, c'est à n'y rien comprendre.

Decirse los nombres de las pascuas, se dire des choses très-désagréables.

No estar para fiestas, être de mauvaise humeur.

USAGES.

Hubo toros y cañas, il y eut de grands débats.

No deja meter baza, il parle sans relâche.

En buena mano está el pandero, l'affaire est en bonnes mains.

La cabra siempre tira al monte, on en revient toujours à ses premières habitudes.

Vete á la dula, va-t-en au diable.

Hacer buenas migas, être bien d'accord.

Despues de Dios la olla, gardez une poire pour la soif.

Se parecen los cascos á la olla, bon chien chasse de race.

Tomar el sol, se promener au soleil.

CLIMAT ET PRODUIT DU SOL.

Poner piés en polvorosa, se sauver ; mot à mot, fouler la poudreuse. On sent bien que l'on n'en dirait pas autant du climat de Londres ou de Paris, où il y a ordinairement plus de boue que de poussière.

La sécheresse du climat est telle en Espagne, que le crieur de nuit, qui annonce en même temps l'état de l'atmosphère, porte le nom de *sereno*, parce qu'on ne l'entend presque jamais dire autre chose. Le chapeau aussi s'appelle *sombrero*, comme s'il ne servait qu'à faire *sombra*, ombre ; et le parapluie s'appelle le *quitasol*, dans les trois quarts de l'Espagne.

Con el tiempo maduran las uvas, avec le temps chaque arbre donne son fruit.

Echar por esos trigos, courir à travers champs.

Mas el ruido que las nueces, plus de bruit que de besogne.

Mas blando que una breva, souple comme un gant.

Catar el melon, sonder le terrain.

Dar calabaza, désappointer quelqu'un.

Quand on achette un melon, si, au lieu d'être au point de maturité requis, il est trop vert ou trop passé, on dit qu'il a le goût d'une citrouille, et *dar* ou *tener calabaza*, veut dire donner ou recevoir une citrouille à la place d'un melon, c'est-à-dire une chose mauvaise quand on en attendait une agréable.

Aceituna una, si es buena media docena, c'est-à-dire que les olives sont bonnes quand on en mange un très-petit nombre.

On dit aussi *la primera es oro, la segunda es plata, la tercera mata.*

Tomar el rabano por las hojas, prendre martre pour renard.

Echar chufas, faire le rodomont.

¡Ahí es un grano de anis! ce n'est rien, va!

L'ironie est fréquemment employée en espagnol : une femme paraîtra avec un grand peigne — *no tiene peine* — elle n'a pas de peigne. Un militaire traînera un gros sabre — *se ha olvidado el sable* — il a oublié le sabre. *Esta tiene gracia,* mot à mot : celle-ci est plaisante, pour exprimer le mécontentement. V. le N. B. de la p. 196.

Quelque fois aussi une phrase perdrait tout son charme si elle n'était interrogative.

¿ Por donde va la danza? Où en sont les choses?

¿ Estas en tu juicio? Tu plaisantes?

¿ Como has de saber eso? Comment peux-tu le savoir?

¿ Como diablos? Cela est-il possible?

¿ Como se entiende? Qu'est-ce que cela signifie?

LOCALITÉ.

Es la obra del Escorial, c'est un ouvrage qui n'est jamais terminé.

Hablar romance, parler français, parler clair, (parler espagnol.)

Cuando el loto da en la dula guay de quien no tiene sino una, souris qui n'a qu'un trou est bientôt prise.

Hubo una de St-Quintin, ce fut une affaire terrible.

No se cogió Zamora en una hora, Paris n'a pas été fait dans un jour.

Las cuentas del gran capitan, un mémoire d'apothicaire.

Allá va Sancho con su rocin, voilà saint Roch et son chien.

Caro como aceite de Aparicio, excessivement cher.

V. no sabe quien es Calleja, vous ne savez pas à qui vous avez à faire.

No le entenderá galvan, qui voulez-vous qui le comprenne?

Parece al perro de Juan de Ateca, antes que se le dé se queja resemble aux anguilles de Melun, il crie avant qu'on l'écorche.

RIME.

Quelquefois, comme on vient de le voir, la singularité de la locu tion est due au désir de faire la rime, dont les Espagnols ont de deu sortes, l'asonante:

Quien se aventura, *Pierde caballo y mula.*	Mieux vaut un bon *tiens* que deux *tu l'auras.*
A quien madruga, *Dios le ayuda.*	Aide-toi, le ciel t'aidera.
Fraile que pide por Dios, *Pide por dos.*	Le prêtre vit de l'autel.

Et la consonante:

Al yerro caliente, *Batir de repente.*	Il faut battre le fer tant qu'il est chaud.
A buen entendedor, *Breve hablador.*	Le sage entend à demi-mot.
En tomar y dar, *Es fácil errar.*	A donner et à prendre, On peut se méprendre.
Nombra al ruin de Roma, *Y luego asoma.*	On n'a pas plutôt parlé du loup qu'on en voit la queue.

Il nous reste à parler de certains idiotismes que nous passerions volontiers sous silence si on ne les rencontrait souvent dans les ouvrages des meilleurs auteurs.

Pour les expliquer, il faut encore avoir une idée plus juste des Espagnols que ne la donnent les impressions de voyage d'un bel esprit qui va à Madrid en diligence et parle à son retour de l'Espagne. Qu'un géographe parle de l'Espagne, nous concevons celà; on peut dire qu'elle ne tient au continent que du côté de la France. Mais rien ne démontre davantage l'ignorance de ce pays, que l'expression : *l'Espagne*, quand on veut parler de l'ethnographie de ce peuple Tant sous le rapport du climat, du sol, des races, de l'idiome, des usages, que sous celui du caractère des habitants, il y a autant de différence entre le *Gallego* et l'Aragonais, le Biscaïn et le

Valenciano, le Murcien et le *Navarro*, le *Manchego* et l'Asturien, l'Andaloux et le Catalan, qu'il y en a entre le climat de Jaca et celui de Cadix.

Si dans cette variété de mœurs et d'usages, il y a quelque trait général bien établi, c'est la bonhommie de ce peuple que l'on a appelé fier, et qui est certainement le plus communicatif de tous les peuples. En Angleterre, l'étiquette a creusé un abîme entre le *gentleman* et le *mechanic*. En Espagne, le général mange, cause, joue et plaisante avec le dernier *cadete* de l'armée, qui, à son tour, se confond avec les autres soldats du régiment, et rien n'est plus commun que de voir un charretier arrêter un Monsieur au milieu de la rue, pour allumer sa cigarrette à son cigarre. C'est sans doute ce *laisser-aller* tout espagnol, que l'on trouve aussi bien chez le grand d'Espagne que chez le berger ou le campagnard, qui a fait que certaines locutions, par trop patriarchales, ou restes de cette irritation que la guerre civile ne tend rien moins qu'à détruire, se sont glissé et conservées même dans la bonne société qui n'a pas les mêmes facilités de communication avec le monde civilisé, que le reste de l'Europe, et que de fâcheux antécédents ont prévenus contre tout ce qui vient du dehors. Les expressions suivantes sont du nombre de ces locutions :

Caerse á uno la bava, éprouver beaucoup de plaisir.

No tener cera en las orejas, n'être pas sourd.

A comer y rascar todo es empezar, l'appétit vient en mangeant.

Tomar una mujer en camisa, prendre une femme sans dot.

Echar los bofes, faire des efforts.

Mujer de pelo en pecho, femme robuste, résolue.

Dar con el culo en las goteras, manger tout son bien.

Tener malas pulgas, n'être pas endurant.

Caer como chinches, tomber comme des mouches.

Mear agua bendita, affecter une mine hypocrite.

Quitar los mocos, donner un soufflet.

Al asno muerto la cebada al rabo, après nous le déluge.

Hasta las cachas, jusqu'à l'excès, etc.

Nous ne donnerons pas d'autres exemples.

FIN.

LISTE

DES ABRÉVIATIONS LES PLUS USITÉES DANS LA LANGUE ESPAGNOLE, D'APRÈS L'ACADÉMIE.

A. C.	Año cristiano ou comun.
(a).	arroba (25 livres).
AA.	Autores.
adm^{or}.	administrador.
Ag^{to}.	Agosto.
am^{o}.	amigo.
Ant^{e}.	Antonio.
app^{co}.	apostólico.
Art. Art^{o}.	Artículo.
Arzbpo.	Arzobispo.
B.	Beato.
B^{r}.	Bachiller.
B. L. M.	beso la mano ou las manos.
B. L. P.	beso los piés.
B^{mo} P^{e}.	Beatísimo Padre.
C. M. B.	cuyas manos beso.
C. P. B.	cuyos piés beso.
cám^{ra}.	cámara.
cap.	capítulo.
cap^{n}.	capitan.
capp^{n}.	capellan.
col.	columna.
comis^{o}.	comisario.
comp^{a}.	compañía.
Cons^{o}.	Consejo.
conv^{te}.	conveniente.
corr^{te}.	corriente.
c^{do}.	cuando.
c^{to}.	cuanto.
D^{n}.	Don.
D^{a}.	Doña.
DD.	Doctores.
D^{r}.	Doctor.
dho.	dicho.
dro.	derecho.
Diz^{re}.	Diciembre.
Dom^{o}.	Domingo.
ecc^{o}.	eclesiástico.
En^{o}.	Enero.
Exmo.	Excelentísimo.
fha.	fecha.
Feb^{o}.	Febrero.
fol.	folio.
Fr.	Fray ó Frey.
Fran^{co}.	Francisco.
Frnz.	Fernandez.
g^{de}., gue.	guarde.
gra.	gracia.
Genl.	General.
gral.	general.
Intend^{te}.	Intendente.
Ill^{e}.	Ilustre.
Illmo.	Ilustrísimo.
Jhs.	Jesus.
Jph.	Josef.
Ju^{n}.	Juan.
lib.	libro.
lib^{s}.	libras.
lin.	línea.
Lizd^{o}.	Licenciado.
M. P. S.	Muypoderoso Señor.
m^{e}.	madre.
M^{r}.	Monsieur.
m^{or}.	mayor.
m^{s} a^{s}.	muchos años.
Mag^{d}.	Magestad.
Man^{l}.	Manuel.
MS.	Manuscrito.
May^{mo}.	Mayordomo.
Mig^{l}.	Miguel.
minro.	ministro.

mrd.	merced.
Mrn.	Martin.
Mrnz.	Martinez.
mro.	maestro.
mrs.	maravedis.
N. S.	Nuestro Señor.
N. S^{a}.	Nuestra Señora.
nro.	nuestro.
Nov^{re}, 9re.	Noviembre.
Obpo.	Obispo.
Oct^{re}, 8re.	Octubre.
órn.	órden.
on.	onza *ú* onzas.
P. D.	Posdata.
p^{a}.	para.
p^{e}.	padre.
P^{o}.	Pedro.
p^{r}.	por.
p^{ta}.	plata.
p^{te}.	parte.
p^{to}.	puerto.
pág.	página.
pl.	plana.
pp^{co}.	público.
pral.	principal
pror.	procurador.
Prov^{or}.	Provisor.
q^{e}.	que.
q^{n}.	quien.
R^{l}, R^{les}.	Real, Reales.
r^{s}.	reales (pièces de 26 c^{mes}.)
R^{mo}.	Reverendísimo.
R^{do}.	Reverendo.
Rvi.	recibí.
S. A.	Su Alteza.
S^{n}.	San *ó* Santo.
S^{to}.	Santo.
S. M.	Su Magestad.
S. S^{d}.	Su Santidad.
S^{or}, S^{ra}.	Señor. Señora.
Seb^{n}.	Sebastian.
Se^{re}, 7re	Setiembre.
Ser^{mo}.	Serenísimo.
serv^{o}.	servicio.
serv^{or}.	servidor.
sig^{te}.	siguiente.
SS^{mo}.	Santísimo (el Sacramento).
SS^{mo} P^{e}.	Santísimo Padre.
SS^{no}.	Escribano.
súp^{ca}.	súplica
supp^{ca}.	suplica.
sup^{te}.	suplicante.
Super^{te}.	Superintendente.
Ten^{te}.	Teniente.
tpo.	tiempo.
tom.	tomo.
V^{e}, Ven^{e}.	Venerable.
V. A.	Vuestra Alteza.
V. B^{d}.	Vuestra Beatitud.
V. Ex.	Vuecelencia.
v. g.	verbigracia.
V. M.	Vuestra Magestad.
vm vmd.	vuesamerced *ó* usted.
V. P.	Vuesa Paternidad.
V. R^{a}.	Vuesa Reverencia.
V. S.	Vueseñoria *ó* Usia.
V. S^{d}.	Vuestra Santidad.
v^{n}.	vellon.
vol.	volúmen.
vro.	vuestro.
x^{mo}.	diezmo.
Xptiano.	Cristiano.
Xpto.	Cristo.
Ygla.	Iglesia.
Ynq^{or}.	Inquisidor.

TABLE DES MATIÈRES.

FIN DE LA TABLE.

ERRATA.

Page 9, *Dios diaz* et *diez*, lisez : *Dios* et *diez*.
Page 30, **DE LOS DIOS LOS NOMBRES**, lisez : **DE LOS RIOS**.
Page 36, *hueste colle*, lisez : *hueste calle*.
Page **124**, *ser ester y haber*, lisez : *ser estar y haber*.
Page **125**, *ocabo de*, lisez : *acabo de*.

www.ingramcontent.com/pod-product-compliance
Ingram Content Group UK Ltd.
Pitfield, Milton Keynes, MK11 3LW, UK
UKHW020135220726
13923UKWH00001B/174